DIRITTO PRIVATO DELL'ECONOMIA

FABRIZIO MARINELLI

DIRITTO PRIVATO DELL'ECONOMIA

Appunti delle lezioni

Quarta edizione

G. Giappichelli Editore

VIA PO, 21 - TEL. 011-81.53.111 - FAX 011-81.25.100
http://www.giappichelli.it

ISBN/EAN 978-88-921-3424-9

Stampa: Stampatre s.r.l. - Torino

Indice

pag.

Prefazione alla quarta edizione 9

Prefazione alla terza edizione 13

Prefazione alla seconda edizione 17

Prefazione alla prima edizione 21

Premessa
Il diritto privato

1. Il diritto e la legge 27
2. Diritto privato e diritto pubblico 30
3. I codici civili europei 33
4. Il codice civile italiano 38
5. Le formanti del diritto 41
6. Il diritto comunitario 43
7. La norma, la fattispecie e il diritto soggettivo 46
8. L'interpretazione della legge 51
9. I principi generali 55

pag.

10. Il diritto internazionale privato 59
Bibliografia essenziale 61

Capitolo primo

Il diritto delle persone e della famiglia

11. Capacità giuridica e capacità di agire 67
12. La privazione della capacità di agire 72
13. I diritti della personalità 74
14. Gli enti non commerciali: le associazioni 80
15. *Segue*: le fondazioni 83
16. La famiglia 84
17. Il matrimonio 87
18. I regimi patrimoniali della famiglia 91
19. La filiazione naturale 94
20. *Segue*: la filiazione adottiva 95
Bibliografia essenziale 97

Capitolo secondo

Gli atti mortis causa

21. La successione a causa di morte 103
22. Eredità e legato 107
23. La successione legittima 110
24. La successione testamentaria 112
25. La divisione ereditaria 116
26. Le donazioni 117
Bibliografia essenziale 120

pag.

Capitolo terzo

La proprietà ed i diritti reali

27. I beni 125
28. La proprietà 129
29. L'acquisto e la perdita della proprietà 135
30. I diritti reali 139
31. La comunione ed il condominio 143
32. Il possesso 146
Bibliografia essenziale 149

Capitolo quarto

Le obbligazioni

33. Le fonti dell'obbligazione 155
34. La disciplina delle obbligazioni 158
35. Il contratto 164
36. I requisiti essenziali 170
37. Gli elementi accidentali 177
38. L'interpretazione del contratto 179
39. La rappresentanza 182
40. Le patologie del contratto: nullità ed annullabilità 184
41. *Segue*: rescissione e risoluzione 188
42. I contratti del consumatore 190
43. I contratti di trasferimento dei beni 192
44. I contratti di godimento dei beni 194
45. I contratti di produzione 197
46. I contratti bancari 200
47. I contratti aleatori 202
48. Gli altri contratti atipici 204
49. La responsabilità civile 206
Bibliografia essenziale 211

pag.

Capitolo quinto

L'impresa e il lavoro

50. L'imprenditore 217
51. L'impresa collettiva 224
52. Il lavoro autonomo 230
53. Il lavoro subordinato 232
Bibliografia essenziale 235

Capitolo sesto

La tutela dei diritti

54. La tutela giurisdizionale 239
55. La trascrizione 242
56. L'ipoteca ed il pegno 245
57. La responsabilità patrimoniale 248
58. I mezzi di conservazione della responsabilità patrimoniale 250
59. Le prove 252
60. La prescrizione e la decadenza 254
Bibliografia essenziale 256

Indice analitico 257

Prefazione alla quarta edizione

Quando licenziai, era il mese di giugno del 2014, le bozze della prima edizione di questo manuale, inizialmente pensato per i miei allievi soprintendenti della Guardia di finanza, e quindi adottato nei corsi di laurea ad indirizzo economico dell'Università dell'Aquila, non avrei mai immaginato che si sarebbero succedute in un tempo relativamente breve diverse edizioni, giungendo, con la presente, sino alla quarta. D'altra parte il diritto privato è in continuo movimento, e se il legislatore non rinuncia ad intervenire, magari in modo episodico, nella trama delle disposizioni, la dottrina e la giurisprudenza ne arricchiscono l'ordito con interventi quasi sempre meditati e puntuali.

Il problema di fondo, tuttavia, resta quello di dare un senso complessivo alla propria riflessione, perché le categorie, i modelli, gli strumenti del civilista si collochino all'interno di un disegno più ampio che in una prospettiva storica contribuisca a spiegare il ruolo del diritto, e del diritto privato in particolare, all'interno della società contemporanea. In primo luogo il ruolo del codice civile, che è l'oggetto di queste pagine e che più di quaranta anni fa è stato discusso in un elegante e fortunato saggio di Natalino Irti intitolato L'età della decodificazione. *Un fenomeno, quest'ultimo, che sembra voler superare la centralità del codice e di conseguenza esaltare il ruolo dell'interprete non quale mero esegeta di un testo, ma quale ricostruttore della logica sistematica dell'ordinamento, sulla base di disposizioni spesso disomogenee tra di loro, e che non necessariamente deve porsi in posizione antitetica con l'idea stessa di codice e con il suo ruolo preminente all'interno del sistema giuridico civilistico.*

Infatti è pur sempre il codice che stabilisce i principi, i criteri interpretativi, l'insieme degli strumenti, collegati tra di loro, concessi ai privati al fine di regolare i loro rapporti; in questo senso la sempre maggiore insofferenza dei privati alle regole del codice appare strettamente collegata al rifiuto, che negli ultimi anni ha avuto un'improvvisa accelerazione, della tipicità, intesa quale controllo sociale sulle singole operazioni economiche. Ne sono esempi in tema di diritti reali l'utilizzo della multiproprietà, che aggiunge ai confini geometrici delle cose anche il confine temporale, ed in tema di contratti il grande sviluppo dei contratti atipici, per lo più importati dall'esperienza anglosassone. Così come la pratica degli affari, in un'economia globalizzata e quindi ordinata su pari livelli, spesso riferiti ad ordinamenti nazionali diversi, si va imponendo nelle transazioni internazionali, con un ritorno paradigmatico a quella lex mercatoria *che nell'autunno del Medioevo permise il grande sviluppo dell'economia europea.*

Il giurista, da un lato, e l'operatore economico, dall'altro (sia o non sia imprenditore in senso tecnico, si pensi alla più volte riformata disciplina delle professioni liberali, che nel codice sono appena sfiorate), tendono ad individuare nel codice uno strumento di per sé conservatore, quanto meno perché volto a conservare, si potrebbe dire a cristallizzare, gli istituti propri di una data società in un determinato momento storico. Quindi ad un ordinamento in continuo divenire si contrappone una legge (il codice appunto, che è legge ordinaria in senso formale, anche se dalla particolare incisività in senso sostanziale) dall'impianto sostanzialmente statico, volto per definizione – da Giustiniano a Napoleone – a stabilizzare l'instabile, come ha avuto modo di notare Paolo Grossi.

Tale discorso, che porterebbe a collegare indissolubilmente (ma così non è) il codice civile vigente al regime sotto cui è stato pro-

mulgato, non tiene però conto di due elementi. Il primo consiste nella capacità interna al sistema codicistico di aggiornarsi e di integrarsi adeguando, grazie all'apporto della dottrina e della giurisprudenza, vecchie norme a nuove esigenze: si pensi alla disciplina della responsabilità civile, che non solo si è trasformata passando a privilegiare la tutela del danneggiato rispetto a quella del danneggiante, ma ha saputo anche divenire, da strumento meramente risarcitorio, incisivo strumento di prevenzione. Il secondo, consistente nel fatto che le leggi speciali, proprio per la loro particolarità, gravitano pur sempre intorno al codice, mettendone in luce, attraverso la complessità dei rapporti e dei collegamenti, la sottile trama di concetti di cui è composto, e dalla quale si ricavano i principi applicabili anche alle leggi speciali.

La problematica intorno all'attualità del codice civile ed al suo contenuto tecnico deve confrontarsi poi con un altro problema ancor più generale, e cioè con la sempre più discussa capacità della legge di regolare compiutamente la vita di una società, in quanto il suo tradizionale carattere di generalità e astrattezza viene ad essere complessivamente disconosciuto. La legge viene sempre più considerata non quale astratta regola, bensì quale messaggio inviato dalla classe dirigente (quello che un tempo si chiamava, con rispetto non sempre ben riposto, il legislatore) alla società civile, non soltanto per dirimere conflitti od imporre delle scelte, ma per tutelare quei gruppi sociali che si riteneva di dover privilegiare in un dato momento, come, ad esempio, i lavoratori, gli inquilini, gli imprenditori.

Il che comporta come le leggi siano sempre più effimere e provvisorie, nel senso che chi le produce (un insieme complesso, che va dai politici ai loro consiglieri, quasi sempre portatori di interessi particolari) guarda sempre più all'immediato e dunque produce leggi destinate al breve periodo, onde massimizzare (o quanto meno tentare di massimizzare) un consenso anch'esso sempre più provvisorio e volatile. D'altro lato gli elettori non votano più, come in passato, per coloro di cui condividono le idee e che ritengono siano in grado di risolvere i loro problemi, ma votano per coloro che con maggiore enfasi denunciano l'esistenza dei problemi e sottolineano l'incapacità di risolverli, senza preoccuparsi se chi sarà eletto saprà poi, a sua volta, in grado di risolverli o meno. La legge perde così di autorevolezza e di autorità, e il giurista è spesso chiamato a ricomporre un'unità che sembra perduta.

Un compito, questo di ricomporre l'unità perduta, che però non può essere svolto senza una profonda consapevolezza dei valori che la storia ha espresso, e dunque grazie ad una conoscenza storica delle vicende sociali economiche e giuridiche. Il che dimostra, l'ho già scritto in passato, che il diritto non è altro che la storia del diritto, e che lo storico del diritto, come nota ancora Paolo Grossi, deve rappresentare la coscienza critica del giurista positivo. Se poi il giurista positivo possiede anche una coscienza storica, questo compito sarà sicuramente più agevole.

Fabrizio Marinelli

L'Aquila, maggio del 2020

Prefazione alla terza edizione

La terza edizione di questo manuale presenta un accrescimento del numero delle pagine dovuto in parte alle novità legislative intervenute negli ultimi due anni (ad esempio la legge 112/2016, volta ad aiutare le persone con disabilità gravi prive del sostegno familiare, la legge 168/2017, sui domini collettivi, la legge 219/2017, sul consenso informato nei rapporti tra medico e paziente e sulle disposizioni anticipate di trattamento) ed in parte ad un maggiore approfondimento di alcuni argomenti trattati e di alcuni aspetti specifici della materia. Tra tutti la disciplina del cosiddetto terzo settore e dell'impresa sociale, che tra il 2016 ed il 2017 ha subito rilevanti interventi, il testo unico in materia di società a partecipazione pubblica, l'ennesima delega al governo per la riforma della crisi d'impresa e dell'insolvenza.

Anche questa ulteriore revisione non ha modificato l'impostazione generale del volume, che resta incentrato sui profili economici del diritto civile. In questi anni, infatti, l'economia globalizzata ha dimostrato la propria capacità di modificare in profondità, spesso in modo non positivo, i rapporti tra soggetti privati. Si pensi soltanto all'evoluzione della responsabilità civile nei suoi riflessi tra professionista e cliente, o il rilievo della buona fede nei rapporti contrattuali bancari.

Certo, nulla di definitivo. Ma le pagine che seguono iniziano a trascendere l'elaborazione scritta di un corso di lezioni per tentare di costruire un discorso complessivo, che tenga conto e sappia rappresentare un preciso indirizzo nello studio del diritto privato. Un indirizzo che parte dalla storia per spiegare la trama degli istituti, ma che giunge all'attualità per verificarne – nell'ordito – l'aderenza ad una società civile che, lasciatasi ormai alle spalle la modernità, fatica a comprendere ed a riconoscersi in quella che Paolo Grossi definisce "pos-modernità". Un diritto privato che nella mia concezione, e nonostante tutto, continua da un lato testardamente a riflettersi nei valori costituzionali della libertà, della dignità e della solidarietà, e dall'altro continua a credere in una dimensione europea del diritto, fondata sugli ideali di pace, di tolleranza e di giustizia sociale che dalla fine della seconda guerra mondiale in poi hanno ispirato convintamente il pensiero europeista.

Lo dico perché questi sono tempi difficili, che mettono a dura prova la coscienza di un civilista e di uno storico del diritto educato ad alcuni valori che oggi sembrano dimenticati. L'educazione, la tolleranza, la competenza, la cultura sono sempre stati valori universalmente rispettati, ed al massimo ritenuti, in negativo, quale espressione dell'ipocrisia borghese. Oggi sono al contrario espressione del disfavore con cui il popolo guarda alle élites, *per cui la politica, che non riesce a governare né un'economia globalizzata né una società liquida, ritiene di trovare una legittimazione nell'insulto, nell'intolleranza, nella maleducazione, nell'ostentata mancanza di competenza e di cultura. Ulteriore legittimazione della politica viene individuata nella fretta, per cui le decisioni devono essere prese in fretta, senza troppa riflessione, e devono essere comunicate in tempo reale con modalità informatiche, dunque necessariamente sintetiche ed essenziali. La fretta che, come veniva insegnato, è sempre una cattiva consigliera, genera un'ansia diffusa, per cui tutti corrono pur non sapendo bene in che direzione andare. Si tratta dello smarrimento di un presente che è disancorato totalmente dal passato, inteso come esperienza e dunque come storia, e dal futuro, inteso come capacità di pro-*

grammare responsabilmente le proprie attese e le proprie speranze. Non lo dico io, ma lo diceva più di millecinquecento anni fa Sant'Agostino, quando rifletteva sul rapporto tra passato, presente e futuro. Era già allora chiarissimo in Sant'Agostino l'inutilità di un presente che non fosse illuminato dall'esperienza del passato e dalla speranza del futuro, ma era altrettanto chiaro al Vescovo di Ippona che solo nel presente il passato ed il futuro hanno un senso.

Per cui non posso che elogiare la lentezza e la profondità di un pensiero lento che, per quanto assai poco di moda, resta il fondamento di qualsiasi riflessione che voglia andare oltre l'effimero e l'inconcludente. Mi auguro dunque che i giovani di oggi, e soprattutto i miei studenti, non smarriscano il senso, appunto, di un divenire che attraverso una riflessione lenta e profonda li renda migliori: perché soltanto migliorando noi stessi possiamo migliorare il mondo che stiamo vivendo oggi e quello che vivremo domani.

Fabrizio Marinelli

L'Aquila, settembre del 2018

Prefazione alla seconda edizione

La seconda edizione del presente libro vede accresciute tutte le sue parti, attraverso un'opera di revisione che ha tenuto conto, oltre che delle novità legislative, dei suggerimenti emersi nei due anni in cui esso è stato utilizzato nei corsi di laurea economici delle Università dell'Aquila e di Teramo, nonché nei corsi della Scuola ispettori e sovrintendenti della Guardia di finanza dell'Aquila.

Questa revisione non ha modificato l'impostazione generale del volume, incentrato sui profili economici del diritto civile e sulla sua aderenza alla storia, pur rispecchiando sempre le inclinazioni, gli interessi e le convinzioni del proprio autore. Il che non vuol dire che delle scelte e delle interpretazioni prevalenti non si sia dato ampiamente conto, ma che tali scelte ed interpretazioni sono sempre state inserite nel loro contesto di riferimento, e spiegate sulla base del momento storico, della valutazione ideologica oltre che tecnica del legislatore, delle suggestioni provenienti dalla società civile, degli effetti che si riteneva di dover realizzare, degli impulsi provenienti da esperienze straniere e dal diritto dell'Unione europea. In questo senso non posso dimenticare la mia personale esperienza: studente di diritto privato nei primi anni Settanta alla Sapienza di Roma avevo utilizzato in un primo momento il manuale di Roberto De Ruggero e Fulvio Maroi attraverso una vecchia edizione che era servita prima di me a mio padre ed a mio zio, e che mi introdusse nei principi della materia;

quindi scoprii il manuale di Andrea Torrente, eccezionale per chiarezza di esposizione e per capacità di rendere comprensibili i problemi anche a chi studiava per la prima volta le istituzioni civilistiche. Tuttavia, non appena iniziai ad occuparmi di diritto privato dopo la laurea con intenti scientifici, mi venne consigliato lo studio del Manuale del diritto privato italiano di Pietro Rescigno. Tale lettura fu decisiva per la mia formazione, facendomi comprendere come il diritto civile fosse lo specchio di una società plurale e complessa, che si evolveva dal basso delle formazioni sociali e che trovava nella storia il proprio punto di riferimento. Il mio rifiuto del positivismo, la mia attenzione alle tesi meno convenzionali, la mia ricercata aderenza alla storia e la mia consapevole insoddisfazione di fronte ai crescenti problemi del diritto privato sono frutto di quelle pagine: d'altra parte il lettore attento non mancherà di rinvenire in questo manuale, si parva licet componere magnis, *l'impostazione culturale e giuridica del Maestro salernitano. Devo però ricordare alcuni ulteriori maestri che hanno influenzato la mia formazione scientifica: da Natalino Irti, che nei primi anni Ottanta mi ha insegnato il necessario rigore dello studioso e l'importanza della logica giuridica, ad Antonio Masi, che oltre ad avermi sostenuto con affetto nelle difficoltà della carriera accademica mi ha fatto comprendere in profondità la derivazione romanistica del diritto civile italiano, aiutandomi anche a perfezionare un metodo didattico che coniugasse insieme alla problematicità delle soluzioni una assoluta semplicità di esposizione. Masi diceva sempre che ogni lezione deve essere costruita come un problema di cui si offrono allo studente gli elementi essenziali, quindi attraverso un ragionamento lo si accompagna a trovare le possibili soluzioni. Infine mi sia concesso di ricordare Paolo Grossi che, in anni più recenti, ha saputo stimolare la mia propensione a collegare insieme i profili istituzionali e quelli storici della materia, accompagnandomi in un cammino, quello degli assetti fondiari collettivi e degli usi civici, che sarebbe stato im-*

possibile senza una visione complessiva e coerente del diritto e della storia.

Tutti questi aspetti mi confermano nella convinzione di come lo scopo ultimo di un manuale di diritto privato non sia soltanto quello di fornire delle nozioni o di illustrare il contenuto del codice civile, ma anche (e forse soprattutto) di stimolare la coscienza critica del lettore, permettendogli di meglio comprendere sia le concrete scelte del legislatore positivo, sia la loro ragione storica e la loro derivazione ideologica. In questo senso la scelta di qualificare un manuale di diritto privato come diritto privato dell'economia continua a sembrarmi coerente con la scelta del legislatore del '42 (non difformemente da quello francese del 1804, da quello italiano del 1865 e da quello tedesco del 1900) di attenersi ad una visione dell'uomo, e della società in cui vive, strettamente incentrata sull'economia.

Ciò premesso, desidero sottolineare come neanche questa seconda edizione abbia la pretesa di rappresentare un manuale completo e definitivo, ma soltanto di realizzare un piccolo passo in avanti sulla strada della definizione di uno strumento didattico che si propone di essere di qualche utilità nell'attuale articolazione degli studi giuridici. Gli anni che verranno – se il Signore lo permetterà – dovrebbero assicurare ulteriori apporti, che rendano il testo sempre meno provvisorio. Senza dimenticare che la provvisorietà, di una vita così come di un libro, è la condizione naturale dell'esistenza.

Fabrizio Marinelli

L'Aquila, agosto del 2016

Prefazione alla prima edizione

Il libro che si propone, in forma assolutamente provvisoria, all'attenzione dei lettori e particolarmente allo studio degli allievi dei corsi di laurea in economia, è frutto di una riflessione maturata in un ventennio circa di lezioni svolte nell'ambito dell'Università dell'Aquila.

Si tratta di una riflessione insieme qualitativa e quantitativa, che si fonda sulla sostanziale mancanza di un manuale di diritto privato specifico per gli studenti di economia, i quali sono costretti ad utilizzare o un manuale pensato per gli studenti di giurisprudenza, quindi troppo complesso, o manuali di basso profilo, per lo più anonimi. All'interno di questi due estremi esiste uno spazio per un manuale che sia agile ma nel contempo completo e soprattutto caratterizzato da una specifica attenzione ai temi dell'economia: un'attenzione che giustifica il titolo proposto e che contemporaneamente indirizza lo studio verso tematiche proprie degli studi giuridico-economici.

Dunque alcune parti del diritto delle persone, della famiglia, delle successioni e della tutela dei diritti sono state raccontate in modo semplificato, mentre le parti più attinenti ai profili economici, in particolare i diritti reali, il contratto e la responsabilità civile, sono state trattate con maggiore adeguatezza. Le finalità didattiche del libro hanno consigliato, conformemente alla tradizione della manualistica italiana, di evitare le note, sostituite da una bibliografia essenziale alla fine di ogni capitolo, che permetta un eventuale approfondimento della materia trattata.

Il libro è volutamente diviso in una premessa di carattere generale e sei capitoli che corrispondono esattamente alla numerazione dei libri del codice civile, corrispondenza che dovrebbe favorire l'apprendimento attraverso la lettura combinata del manuale con il testo del codice. Non sembri strano che la parte dedicata all'impresa ed al lavoro sia particolarmente ridotta: tale parte verrà infatti approfondita e studiata nei corsi dedicati rispettivamente al diritto commerciale ed al diritto del lavoro, per cui è apparsa sufficiente una descrizione semplificata che desse al lettore l'idea di una dimensione complessiva del disegno codicistico, ma che non appesantisse lo studio con nozioni, in questa ottica strettamente didattica, inutili. D'altra parte i capitoli dedicati al diritto commerciale ed al diritto del lavoro nei tradizionali manuali di diritto privato vengono esclusi dai programmi e totalmente trascurati dagli studenti dei corsi di diritto privato, per cui è apparso ragionevole ometterli.

Sotto un diverso profilo questo libro non vuol essere né un saggio di analisi economica del diritto, né un saggio sul diritto privato dell'economia in contrapposizione a quella materia che si è andata strutturando come "diritto pubblico dell'economia". In relazione al primo aspetto si consideri come l'analisi economica del diritto sia un metodo d'indagine che ha per oggetto le conseguenze economiche dei diversi tipi di regolazione giuridica, e che quindi pone l'accento sugli effetti delle scelte giuridiche: effetti che sono trattati nel libro ma che non ne costituiscono la cifra fondamentale. In relazione al secondo aspetto si deve rilevare come il diritto privato dell'economia non si sia ancora strutturato come materia autonoma, a differenza del diritto pubblico dell'economia, e non è certo questa la sede per proporre una nuova ed autonoma ripartizione della conoscenza giuridica incentrata sul diritto privato dell'economia. D'altra parte, come è stato sottolineato da Thierry Kirat nel suo libro Economie du droit *(Paris, 1999, trad. it. Milano, 2013), le possibili iterazioni tra diritto ed economia sono molteplici, ed ogni sistema giuridico tende a privilegiarne alcune a scapito di altre.*

Tutte queste considerazioni sulla struttura del libro non hanno però fatto dimenticare al suo autore la necessità che chi si avvicina allo studio del diritto privato colga non soltanto la dimensione conoscitiva e precettistica della materia, ma anche la dimensione storica e critica degli istituti. Infatti lo scopo dei corsi di diritto privato, un tempo significativamente definiti come "istituzioni", non è solo quello di fornire nozioni, ma quello di porre le basi del ragionamento giuridico. Ovviamente soltanto i suoi fruitori saranno in grado di dire se l'ambizione di coniugare insieme la complessità della materia con la semplicità dell'esposizione sia stata raggiunta.

Fabrizio Marinelli

L'Aquila, giugno del 2014

Premessa
Il diritto privato

Sommario: 1. Il diritto e la legge. – 2. Diritto privato e diritto pubblico. – 3. I codici civili europei. – 4. Il codice civile italiano. – 5. Le formanti del diritto. – 6. Il diritto comunitario. – 7. La norma, la fattispecie e il diritto soggettivo. – 8. L'interpretazione della legge. – 9. I principi generali. – 10. Il diritto internazionale privato.

1. *Il diritto e la legge.*

Sin dai tempi più antichi gli uomini hanno avuto bisogno di regolare in qualche modo la loro convivenza, dandosi delle norme da rispettare: ove a queste non venga prestata obbedienza, interviene lo Stato attraverso i suoi organi quali la polizia, i giudici, la pubblica amministrazione. Paolo Grossi, uno dei maggiori giuristi europei, ci parla al riguardo di una dimensione misteriosa del diritto, poiché "*il diritto non appartiene al mondo dei segni sensibili*"; una dimensione misteriosa ed insieme sgradevole, proprio perché assai spesso viene percepita come obbligo, divieto, punizione.

In passato tali norme, che dunque chiameremo giuridiche, erano collegate a precetti morali o religiosi, mentre al giorno d'oggi si tende a separare la norma giuridica da fonti che non siano esattamente quelle previste dall'ordinamento. Tuttavia il fondamento del diritto, quel diritto moderno che in qualche misura è incentrato sulla legge (una legge intesa come comando autorevole ed insieme necessariamente autoritario), si rinviene secondo una accreditata opinione in tre principali teorie, le quali pongono alla base dell'ordinamento giuridico altrettanti profili specifici di quella dimensione che solitamente definiamo come diritto.

La prima teoria è quella *normativa*, che individua nella norma soprattutto un comando, come detto autorevole, perché dovrebbe rappresentare la volontà dello Stato-ordinamento, o almeno della maggioranza dei suoi rappresentanti, ed autoritario, perché deve essere obbedito a prescindere dalla sua intrinseca corrispondenza al concetto di "giusto". Questa teoria si pone alla base del cosiddetto positivismo giuridico, discendente dal latino *ius positum*, ovvero diritto concretamente espresso da chi ha il potere di farlo, un indirizzo prevalente nella cultura giuridica europea dell'Ottocento e della prima metà del Novecento, una cultura che era appunto incentrata su uno stretto legame tra comunità nazionale, società e Stato. La principale critica a questa teoria è stata espressa negli anni successivi alla seconda guerra mondiale, quando si è evidenziato come norme intollerabili, quali le disposizioni in materia di razza, fossero state adottate sulla base di leggi formalmente legittime: in altre parole è stato diffusamente compreso, e quindi sottolineato, come un sistema giuridico meramente formale non fosse in grado di affermare e far rispettare i diritti fondamentali dell'uomo ed i valori di libertà, di democrazia, di solidarietà ad essi collegati, con la conseguenza di un consistente ridimensionamento degli attuali sostenitori di tale impostazione strettamente positivistica e normativa.

La seconda teoria è quella *relazionale*, fondata sull'idea che il diritto ha lo scopo di permettere le relazioni tra gli uomini, ovvero di farli incontrare, di farli comprendere, di farli comunicare in un quadro di sicurezza e di stabilità: come ha scritto un filosofo del diritto francese, Paul Ricoeur, "esistere è coesistere". La teoria relazionale è di grande interesse, anche se poco seguita tra i giuristi positivi, e fa riferimento soprattutto ad alcuni pensatori e filosofi cristiani. Eppure essa permette, più di altre, di valorizzare l'idea di esperienza giuridica come personale contributo del giurista all'evoluzione, in senso sia storico che sociale, dell'ordinamento giuridico e dunque della società nel suo complesso.

La terza teoria è quella *istituzionale*, tradizionalmente riferita ad un grande giurista italiano della prima metà del Novecento, Santi Romano, che individua nell'istituzione, ovvero in un gruppo di persone organizzato, il fondamento del diritto. Questa teoria, oggi sostanzialmente prevalente, permette di esprimere una dimensione plurale del diritto, che non è soltanto quello dello Stato (che pur continua ad avere un ruolo primario all'interno del diritto positivo), ma anche quello dell'Unione europea, della Chiesa cattolica, degli ordinamenti sportivi. Insomma, dovunque vi è una istituzione, statale o meno che sia, vi è un ordinamento in qualche misura rispettato: questo ordinamento è pertanto un ordinamento giuridico.

Ognuna di queste teorie coglie un singolo aspetto del diritto e quindi esse non devono venir considerate – isolatamente – come esaustive ed appaganti; infatti ogni aspetto considerato merita attenzione, ed è stato apprezzato e valorizzato variamente in diversi luoghi ed in diversi tempi dell'esperienza giuridica. La loro conoscenza permette, comunque, sia di comprendere quali siano le motivazioni profonde che sono alla base di quel fenomeno che chiamiamo diritto, sia di porsi criticamente rispetto ad esse, non dimenticando mai che l'ordinamento giuridico non è neutrale rispetto alle aspirazioni degli uomini e dei gruppi sociali, ma anzi è l'espressione più diretta dei rapporti di potere che intercorrono all'interno della società. La presunta neutralità del diritto rispetto alle scelte economiche e sociali è stata sostenuta sia in passato sia recentemente, ed anzi tale argomentazione ha costituito il fondamento di impostazioni che avevano proprio lo scopo di separare il diritto dalla realtà, a volte per motivi nobili, più spesso per non doversi assumere la responsabilità di soluzioni inique. Impostazioni, queste ultime, comuni al giurista europeo dell'Ottocento, che riteneva le disuguaglianze sociali non di propria competenza, ed al giurista italiano sotto il regime fascista che – tranne poche eccezioni – non riteneva fosse un proprio preciso dovere morale quello di criticare una forma di stato totalitaria e non democratica.

Ma così non era, e non è: dunque comprendere questo aspetto assiologico, ovvero basato sui valori, e porsi sempre in posizione dialettica rispetto alle scelte operate dal legislatore positivo, permette quanto meno di rapportare il proprio comportamento a quell'esigenza di giustizia universale che, in ultima analisi, dovrebbe essere l'aspirazione di ogni giurista consapevole del proprio ruolo. In verità, nulla di nuovo. Più di duemila anni fa Sofocle, uno dei maggiori tragici greci, ci racconta di Antigone, donna coraggiosa che disubbidisce alla legge positiva, quella del tiranno Creonte, che gli impedisce di seppellire il corpo del fratello Polinice ucciso da Eteocle, ritenendo prevalente la legge degli dei che impone di seppellire i defunti affinché possano scendere nel regno dei morti. Antigone sarà condannata a morte, ma con il suo sacrificio ricorderà per sempre che non solo si può disubbidire alla legge positiva, quando questa confligge con il diritto naturale (oggi con i valori dell'Unione europea e della Costituzione italiana) ma che, in determinati casi, si deve disobbedire.

2. *Diritto privato e diritto pubblico.*

Una distinzione che è insieme antica (perché risale al diritto romano) e moderna (perché è uno dei fondamenti dello stato contemporaneo) è quella tra diritto privato e diritto pubblico.

Ma i confini di tale distinzione, in un primo tempo sicuri ed immutabili, sono divenuti con il passare del tempo assai incerti. Se da un lato il diritto pubblico è stato visto come il diritto dello Stato e delle sue articolazioni centrali e periferiche, dall'altro – in tempi più vicini all'oggi – si è voluto riferire il carattere pubblico del diritto al suo profilo autoritario, nel senso che lo Stato è per sua intrinseca natura in grado di imporre con la forza la propria volontà ad altri soggetti. Se non paghi le imposte dovute, l'Amministrazione finanziaria ti costringe a farlo, se parcheggi dove vige un divieto di sosta, il Comune ti fa pagare una multa. Al contrario, il diritto privato regola tendenzialmente i rapporti tra soggetti privati, i quali si trovano su di un piano di parità giuridica (ovviamente solo giuridica, perché ad esempio le loro condizioni economiche e psicologiche possono essere molto diverse, con la conseguenza che si può parlare di soggetti forti e di soggetti deboli) e su questo piano volontaristico regolano, con maggiore o minore consapevolezza, i loro interessi.

Più di recente è stato notato come lo Stato moderno frequentemente non persegua, come in passato, i propri interessi solo attraverso provvedimenti autoritativi, ma sempre più spesso li persegua attraverso accordi, che trovano nell'adesione volontaria dei soggetti privati interessati il loro fondamento: si pensi alle convenzioni urbanistiche, che mediano la pianificazione territoriale, un tempo riservata esclusivamente alla potestà amministrativa dei Comuni, attraverso accordi con i privati che si trovano nella condizione di edificare i propri terreni, e che possono avere interesse a che siano contemporaneamente realizzate delle infrastrutture, come le strade, le fognature, le linee elettriche, le scuole e gli impianti sportivi. Questi accordi contribuiscono a mettere in crisi la bipartizione accennata, perché corrispondono all'esercizio di un potere discrezionale che si autolimita e che concorre con l'autonomia dei privati a realizzare soluzioni che si reputano ragionevoli; insomma, sono esercizio di un potere in parte pubblico ed in parte privato. Un potere che rinuncia al suo profilo autoritario per sperimentare soluzioni fondate sul consenso dei soggetti coinvolti: il che a volte può portare a risultati positivi, dato il coinvolgimento degli interessati, ma a volte può anche portare al sacrificio di valori (ad esempio la tutela dell'ambiente o del paesaggio) che non vengono sufficientemente apprezzati e dunque tutelati dai soggetti che partecipano all'accordo. Si pensi alla necessaria razionalizzazione del ciclo dei rifiuti soprattutto nelle grandi città: pur ritenendolo assolutamente necessario, nessuno vuole che discariche e inceneritori siano collocati vicino alla propria abitazione. Come dicono efficacemente gli inglesi: *not in my back yard.*

Anche sotto il profilo della proprietà, che l'articolo 42 della Costituzione definisce esclusivamente come proprietà pubblica e proprietà privata, è in corso un significativo ripensamento, in quanto la recente elaborazione della categoria dei cosiddetti *beni comuni*, quali l'acqua, le montagne, i boschi, tende ad incrinare tale semplicistica dicotomia, per affrontare altre prospettive di indagine più elaborate, che distinguono il profilo della proprietà di cui è titolare una collettiva diffusa con il profilo della gestione dei beni e con quello dell'accesso agli stessi. Peraltro, di recente, tutti gli Stati europei sono stati interessati dal fenomeno della cosiddetta privatizzazione dei beni e dei servizi, per cui molti beni (l'acqua, il gas, l'energia elettrica) e servizi (la sanità, i trasporti, l'igiene urbano) che tradizionalmente venivano forniti ai cittadini da poteri pubblici, sono oggi in varia misura affidati a soggetti privati: si pensi alle ferrovie o alla raccolta ed allo smaltimento dei rifiuti, tutti aspetti che sempre più spesso vengono affidati nella loro realizzazione e nella loro gestione ad imprenditori privati, nella speranza di una maggiore efficienza ed economicità del servizio (circostanza peraltro non sempre realizzatasi). Lo stato moderno, dunque, tende ad alleggerirsi di una serie di poteri pubblici che vengono ceduti a soggetti privati, nella convinzione che in tal modo il servizio prodotto risulterà migliore ed a prezzi più contenuti. Non sembra che l'esperienza concreta di questi anni abbia dimostrato la fondatezza di tale tesi, in quanto molti servizi sono nettamente peggiorati, il risparmio di risorse che sarebbe stato lecito aspettarsi non c'è stato ed i settori che dopo la privatizzazione hanno avuto un miglioramento del servizio ed un abbassamento dei costi sono quelli (ad esempio la telefonia e le linee ferroviarie ad alta velocità) in cui le condizioni economiche e di mercato avrebbero comunque realizzato un sistema maggiormente efficiente. Altro discorso è verificare se i mancati risultati raggiunti siano colpa del sistema (perché l'integrazione pubblico-privato a volte funziona e funziona anche bene) o al contrario dell'incapacità della classe dirigente di governare con efficacia ed onestà tali processi.

In tale prospettiva latamente solidaristica si inserisce il valore costituzionale della sussidiarietà (si veda l'art. 118 Cost. nel testo riformato dalla l. cost. 18 ottobre 2001 n. 3), intesa in senso verticale ed orizzontale: la sussidiarietà verticale ritiene che le scelte della Pubblica amministrazione debbano essere prese al livello decisionale più vicino al cittadino, solitamente il Comune, mentre la sussidiarietà orizzontale favorisce l'intervento volontario dei privati (singoli o associati) nei compiti di natura sociale comunemente attribuiti allo stato inteso come amministrazione.

3. *I codici civili europei.*

Troviamo la parola *codice* utilizzata come raccolta di leggi e di documenti giuridici già con riferimento sia all'imperatore Giustiniano che, intorno al sesto secolo d.C., raccolse nel *Corpus iuris civilis* la legislazione e la dottrina del periodo romano classico sia a Federico il grande, imperatore di Prussia sul finire del Settecento, che raccolse in un unico testo tutte le leggi dello stato. Tuttavia non si trattava di veri e propri codici, bensì di consolidazioni, ovvero di raccolte di leggi che non avevano quelle caratteristiche che oggi riteniamo necessarie per potersi parlare a ragione di codice: la novità, la completezza, l'organicità, l'autonomia.

Il primo codice sicuramente moderno è il *code civil* francese, fortemente voluto da Napoleone ed entrato in vigore nel 1804. Si tratta di un codice che intendeva tradurre sul piano della legislazione privatistica le conquiste che la rivoluzione del 1789 aveva portato sul piano politico, in particolare l'uguaglianza, l'eliminazione dei ceti, la laicizzazione dello stato, la parità dei figli legittimi (maschi) in materia successoria, la cittadinanza come espressione di appartenenza alla nazione, la possibilità per tutti di essere proprietari e di far circolare i propri beni attraverso il contratto: aspetti – questi – che in precedenza erano assenti o comunque fortemente limitati.

Ma oltre a tali profili, sicuramente assai innovativi rispetto alla società di antico regime, il codice si proponeva come un insieme completo ed organico di norme, norme che coprivano tutta la vita dell'uomo, dalla nascita alla morte. Proprio questi caratteri di completezza ed organicità – insieme all'aspirazione di una profonda riforma dell'ordinamento giuridico rispetto al passato – sono caratterizzanti non solo del *code civil*, ma di ogni codice. E dunque la parola "codice", che in realtà indica la forma libro, sostituitasi nei primi secoli dopo la nascita di Cristo al più risalente (e scomodo) rotolo di papiro o alla tavoletta di cera, assumerà su di sé non solo l'idea di un testo legislativo di particolare importanza, ma anche tutte le suggestioni naturalmente collegate alla completezza ed all'organicità delle norme in esso contenute. E che le suggestioni del codice siano assai avvertite anche al giorno d'oggi è dimostrato dall'uso (e spesso dall'abuso) di indicare con tale parola ogni raccolta di leggi destinata a regolare una specifica materia: ad esempio codice della strada, codice del consumo, codice della *privacy*, codice dei contratti pubblici, ecc. Un utilizzo, quello dei cosiddetti codici di settore, attraverso il quale il legislatore, nella sua innata e perenne superbia, ritiene di assicurare un futuro al proprio lavoro di produzione legislativa, sottraendolo all'effimero destino cui tante leggi, destinate all'oblio o all'irrilevanza, vanno incontro; ma anche un utilizzo che ha la non sempre consapevole finalità di creare dei sottosistemi ordinamentali dotati di una logica propria, che spesso non appare coerente con i principi generali dell'ordinamento e che anzi a volte sembra addirittura contrapporsi ad essi.

Il *code civil* segnerà dunque uno spartiacque nella storia del diritto privato, perché con esso inizia il diritto moderno, quel diritto che con le sue luci e le sue ombre giungerà sino a noi: ne sia prova la circostanza che in Francia il codice di Napoleone è ancor oggi il codice civile vigente, seppur con ampie manipolazioni succedutesi negli anni. Un codice che avrà una grande fortuna nell'Ottocento, adottato dagli stati che le armate napoleoniche annettevano all'impero e che sostanzialmente viene mantenuto in vigore anche successivamente, quando a seguito della restaurazione i vecchi sovrani torneranno sui loro troni: il che dimostra come gli sviluppi socio-economici collegati ai valori contenuti nel codice civile fossero non soltanto una ben precisa scelta ideologica, ma anche una scelta di efficienza e di modernità soprattutto per quanto riguardava l'economia della produzione e dello scambio, dalla quale non si poteva più tornare indietro. E sotto questo profilo non c'è dubbio che il codice civile francese abbia permesso alla Francia uno sviluppo economico incessante, superando indenne rivoluzioni, repubbliche, monarchie ed imperi. In tal senso si è parlato del codice civile francese come di un codice incentrato sulla proprietà, in quanto l'individuo veniva visto nell'ottica del soggetto proprietario ed il contratto veniva visto nell'ottica degli strumenti atti ad acquistare la proprietà. Tuttavia la moderna scienza giuridica, più attenta alla trasformazione dell'individuo in persona e quindi alla sua dimensione esistenziale, è riuscita, pur mantenendo l'impianto tradizionale del *code civil* e dei codici civili che lo seguiranno in Italia ed in Germania, a spostare l'accento dall'avere all'essere. Ovvero dalla dimensione totalizzante della proprietà e della ricchezza ad una dimensione che, senza trascurare il dato economico, riconosca all'uomo una dimensione personalistica complessa, ispirata a valori che non sono esclusivamente quelli patrimoniali.

Per restare all'Europa continentale dell'Ottocento, il secolo lungo (detto così perché da un punto di vista culturale inizia con la rivoluzione francese, nel 1789, e termina con la prima guerra mondiale, nel 1914) si chiuderà con l'approvazione del codice civile tedesco, il cosiddetto *Burgerliches Gesetbuch*, Codice civile del popolo tedesco (in breve B.G.B.) che, approvato nel 1896, entrerà in vigore il 1° gennaio del 1900. Il codice tedesco non è tributario dell'illuminismo rivoluzionario, bensì è il frutto maturo di una stagione di studi condotti dai giuristi delle università tedesche, impegnati ad elaborare il modello giuridico romanistico in senso moderno, attraverso quella che sarà chiamata pandettistica (dalle cosiddette *Pandette*, ovvero quella parte del codice di Giustiniano che raccoglieva i frammenti delle opere dei giuristi romani di età classica). Ne discenderà un codice per molti aspetti moderno e raffinato, centrato sull'istituto del negozio giuridico, che raccorda intorno alla propria disciplina, contenuta nella parte generale del codice, tutti i fenomeni nei quali l'autonomia e la volontà del soggetto produce effetti giuridici volontari e consapevoli. Estraneo alla tradizione del diritto romano (anche se, secondo i giuristi tedeschi, l'idea di negozio giuridico vi era presente pur non avendosene consapevolezza da parte dei giureconsulti romani) così come a quella francese, il negozio giuridico influenzerà comunque in modo rilevante tutto il dibattito giuridico civilistico del Novecento, non soltanto in Italia.

Le diverse caratteristiche dei codici francesi e tedeschi comporteranno anche un diverso approccio dei giuristi nei confronti dell'applicazione e dell'interpretazione delle norme. Mentre in Francia si svilupperà la cosiddetta scuola dell'esegesi, che svilisce il ruolo del giudice obbligandolo ad attenersi strettamente al testo della norma (se la norma è espressione della volontà della nazione, espressa dall'assemblea legislativa, essa non può essere interpretata, perché interpretarla corrisponderebbe a tradirla), in Germania si svilupperà, dopo un'iniziale elaborazione del metodo storico, il

In Germania si sviluppa il

cosiddetto metodo sistematico, che attribuisce alle norme l'intrinseca capacità di collegarsi ad altre norme e di generare quindi insiemi di norme, gli istituti giuridici, i quali si giovano di una logica interna che permette loro di espandersi autonomamente. In questo caso il ruolo del giudice è più ampio, ed alla sua autonomia è rimessa non solo la mera applicazione della norma, ma anche il controllo della sua aderenza alla realtà sociale ed umana che deve regolare. Più semplice e maggiormente popolare il codice francese (Napoleone voleva che qualsiasi cittadino francese potesse facilmente leggerlo e comprenderlo), più complesso ed aristocratico quello tedesco, elaborato all'interno delle università, essi comunque consentiranno nei due paesi uno sviluppo economico enorme, privilegiando la produzione e la circolazione della ricchezza e di conseguenza sacrificando a tali esigenze, nella sostanza, tutti gli altri valori che in varia misura venivano espressi da una società che, oltre al grande sviluppo industriale di fine Ottocento, iniziava a fare i conti con l'affermarsi del movimento sindacale e dei partiti politici, nonché delle istanze di democrazia che essi propugnavano.

Va segnalato, conclusivamente sul punto, che l'Inghilterra non si è mai dotata di un codice civile, essendo il suo ordinamento (chiamato di *common law*, in contrapposizione a quello continentale, definito come *civil law*) fondato principalmente sull'efficacia normativa del precedente giudiziario, integrato dalla cosiddetta *equity*. Ragioni storiche, derivanti sia dalle minori influenze che il diritto continentale è riuscito ad esercitare in Inghilterra, sia dalla tradizione centralizzata della corte di Westminster e dalla sua particolare tecnica di redazione delle sentenze, sia dalla fermezza con cui l'ordinamento di *Common law* ha saputo difendere la propria originalità, hanno permesso l'elaborazione e lo sviluppo di un diritto assai particolare, che negli anni più recenti, grazie al suo sostanziale accoglimento negli Stati Uniti d'America, si propone, in una economia globalizzata, come il sistema giuridico maggiormente utilizzato nelle transazioni internazionali degli affari e della finanza.

4. *Il codice civile italiano.*

Subito dopo l'unificazione italiana, avvenuta nel 1861 sotto la monarchia dei Savoia, si reputò necessario elaborare un codice civile che armonizzasse le varie discipline privatistiche in vigore negli stati preunitari, spesso assai diverse tra di loro. La scelta seguita fu una sostanziale traduzione del *code civil*, che rappresentava un modello autorevole già adottato in vari stati italiani a seguito delle conquiste napoleoniche e che era stato, lo si è visto, mantenuto in vigore nella maggior parte dei casi. Peraltro, la cultura francese era assai presente nell'Italia del Risorgimento, basti pensare che gli eserciti che sconfissero gli austriaci nelle guerre d'indipendenza erano in parte piemontesi, ma in parte anche francesi, guidati da Napoleone Terzo, e che alla corte torinese si parlava prevalentemente francese. Ed anche la cultura giuridica italiana guardava alla Francia, ove l'autorevolezza del *code civil* e del suo metodo interpretativo, la già citata scuola dell'esegesi, costituiva un caposaldo apparentemente intoccabile della scienza giuridica europea. La biblioteca del civilista italiano della prima metà dell'Ottocento era composta esclusivamente dalle traduzioni dei trattati della dottrina francese. Rare le opere italiane, rarissime quelle tedesche.

Il codice civile del 1865 ebbe una vita lunga, quasi ottanta anni, prima di essere sostituito dal codice attualmente vigente, approvato nel marzo del 1942 ed entrato in vigore il 21 aprile di quell'anno, in omaggio al Natale di Roma che nella mistica fascista doveva collegare i fasti dell'antica Roma con quelli contemporanei dell'Italia di Mussolini. Ma nonostante tale manifesta volontà politica il codice civile italiano del '42 non risentì se non marginalmente delle idee sociali ed economiche del fascismo, tanto che bastò espungerne qualche articolo per renderlo perfettamente compatibile con l'Italia repubblicana nata con la Costituzione del 1948, che poneva i valori della libertà, della democrazia, del pluralismo e del rispetto della persona al primo posto. In effetti i compilatori del codice erano soprattutto professori universitari poco caratterizzati in senso ideologico e politico, i quali si preoccuparono principalmente di redigere un codice moderno ed attuale, caratterizzato da quella espansione del concetto stesso d'impresa (non solo privata, ma anche pubblica) che era stato il principale legato dell'ideologia corporativa all'economia italiana *entre deux guerres*. Di conseguenza la novità più importante del codice sarà proprio l'unificazione del diritto civile con il diritto commerciale, superandosi in tal modo una separatezza non soltanto formale che perdurava dall'Ottocento e che pur con alcuni distinguo era diffusamente avvertita come superata.

Ovviamente unificare il diritto civile ed il diritto commerciale (e quindi il diritto del lavoro) in un unico testo favoriva le contaminazioni tra le varie parti del codice, per cui si potrà parlare di un fenomeno di commercializzazione del diritto civile, che si viene a caratterizzare nello spostamento del centro economico della società dalla proprietà all'impresa. Mentre il codice civile del 1865, sulla scia del codice civile francese, aveva come idea fondante il concetto di proprietà, soprattutto immobiliare, quale centro della ricchezza, il codice del 1942 individua nell'imprenditore, e non più nel proprietario, il principale attore dell'economia. D'altra parte, il codice del 1942 non poteva non fare i conti anche con le modificazioni che nei venti anni precedenti avevano interessato la società italiana e la sua economia, da un lato la compressione dei diritti dei soggetti privati, che troveranno nella Costituzione, al contrario, il loro riconoscimento e la loro valorizzazione; dall'altro, l'intervento dello Stato in tutti i settori dell'economia, attraverso la creazione di società pubbliche (si pensi soprattutto all'IRI, ovvero l'Istituto per la ricostruzione industriale) che svolgevano funzioni sino a quel momento rigidamente riservate ai privati. L'intervento dello stato nell'economia, pur con tutta la prudenza usata dal regime per non irritare i grandi imprenditori, costituirà una significativa innovazione del fascismo, che permetterà di superare all'economia italiana il rigido liberalismo ottocentesco, ormai ritenuto diffusamente superato. Per cui, quando in un'Italia profondamente rinnovata si ebbe modo di riflettere su di un codice che, nonostante apparisse espressione del regime fascista, in realtà non ne rappresentava se non del tutto marginalmente l'ideologia, le forze politiche della Repubblica assunsero una posizione attendista e prudente, rinviando ad un futuro indeterminato gli eventuali cambiamenti; cambiamenti che giunsero, quando giunsero, assai tardivamente ed in misura assai limitata. Tuttavia, come si è cercato di far comprendere, i codici civili sono strumenti legislativi estremamente delicati, destinati per loro natura a durare nel tempo, espressione di una società sempre più complessa e dei suoi valori consolidati, per cui la sostanziale capacità del codice civile italiano del 1942 di superare indenne la caduta del fascismo deve essere considerato senza dubbio un merito per coloro che lo hanno ideato e realizzato; così come esso rappresentava un indubbio vantaggio per l'economia e per la società italiana, che usciva da una guerra rovinosa e si affacciava per la prima volta ad una democrazia reale e partecipata, in cui tutti i cittadini, uomini e donne, senza limiti di censo e di istruzione, potessero esprimere liberamente le proprie idee e partecipare con consapevolezza alle scelte politiche ed istituzionali.

5. *Le formanti del diritto.*

Sebbene le più moderne tendenze storico-filosofiche dell'Europa continentale riservino alla legge un ruolo centrale nella elaborazione del diritto (tendenze parlamentaristiche che discendono, lo si è accennato, dal ritenere che solo il prodotto delle assemblee rappresentative possa costituire l'autentica volontà della nazione), di fatto numerosi altri elementi giocano un ruolo rilevante all'interno dell'ordinamento giuridico. Tali elementi sono indicati come *formanti*, mutuando un'espressione che appartiene principalmente alla linguistica ma che rende bene l'idea di un insieme di elementi che concorrono alla formazione di un risultato, consistente nella disposizione (astratta) che si applicherà al caso (concreto) che deve essere deciso. Le formanti del diritto, dunque, sono, oltre ovviamente alla legge, la consuetudine e gli usi, la dottrina, la giurisprudenza.

Sebbene ritenute (non sempre a ragione) secondarie sotto un profilo formale, tali formanti incidono profondamente soprattutto in alcuni settori del diritto, ad esempio gli usi nel diritto commerciale (si veda, *infra*, la disciplina dell'anatocismo, dove gli usi prevalgono eccezionalmente sulla legge) e le consuetudini, soprattutto nel diritto agrario (la consuetudine è costituita da un elemento oggettivo, consistente nella ripetizione costante e uniforme di un certo comportamento da parte dei cittadini, e soggettivo, consistente nella convinzione di tenere un comportamento giuridicamente dovuto), ponendosi sotto un profilo sostanziale sullo stesso piano della legge. Quando parliamo di usi, a proposito delle fonti del diritto, intendiamo i cosiddetti usi normativi che non debbono essere confusi con gli usi negoziali che, al contrario, sono delle clausole che normalmente vengono apposte in un determinato tipo di contratto e che si presumono volute dai contraenti anche quando manchi un'espressa dichiarazione in tal senso.

Tuttavia, specialmente negli ultimi decenni la crisi degli istituti rappresentativi, come il Parlamento e le assemblee regionali, e la loro incapacità a rappresentare ed esprimere con autenticità ed immediatezza gli interessi e le aspirazioni degli individui, farà sì che un ruolo sempre più centrale venga ricoperto dalla giurisprudenza, ovvero dalle concrete decisioni dei giudici pronunciate a seguito dell'instaurarsi dei giudizi. Una giurisprudenza che ovviamente non è rappresentata esclusivamente dal documento finale del processo, cioè la sentenza, ma da tutto il complesso lavoro che si produce e si accumula nel corso stesso del procedimento giurisdizionale, e che risente sia dell'apporto degli avvocati sia dell'apporto della dottrina giuridica, intendendosi con tale termine l'insieme delle riflessioni teoriche dei giuristi, riflessioni che in ultima analisi si caratterizzano soprattutto per la loro autorevolezza: nel senso che le indicazioni che contengono non hanno alcun valore formale, se non quello di essere convincenti.

Poiché i giudici sono chiamati a dover sempre decidere le questioni che gli vengono sottoposte (tale principio non esisteva negli ordinamenti di antico regime, ma dopo il *code civil* è ormai pacifico nel diritto moderno), essi sono i più esposti al problema delle cosiddette lacune dell'ordinamento, consistenti nella circostanza che il legislatore non riesce a regolare tutte le situazioni possibili nella vita dei cittadini. Si pensi all'evoluzione della scienza e della tecnica, che a volte possono produrre dei danni di cui non si ha immediata percezione (ad esempio, le radiazioni nucleari), e della medicina, che rende possibili situazioni in passato neanche ipotizzabili, come la fecondazione artificiale o l'accanimento terapeutico per i malati cosiddetti terminali. Si tratta di aspetti che necessitano di risposte normative che troppo spesso il legislatore non fornisce, o che comunque fornisce con estremo e colpevole ritardo, e che lasciano al giudice l'onere di una decisione difficile quando non addirittura tragica per le sue potenziali conseguenze (si pensi al caso delle acciaierie di Taranto, in cui affermare il diritto alla salute confligge irrimediabilmente con il diritto al lavoro). Vedremo più avanti quali risposte l'ordinamento tenta di fornire a tali esigenze, di certo esse sottolineano il ruolo fondamentale di supplenza dei giudici rispetto alle esigenze della società moderna, in cui i problemi si susseguono senza che il legislatore sia in grado di disciplinarli tempestivamente. La classe dirigente troppo spesso insegue il facile consenso, e dunque evita di compiere scelte divisive ed in quanto tali difficili. Di qui la sempre crescente importanza della giurisprudenza tra le varie formanti del diritto: chi ricorda il caso di Eluana Englaro, una sfortunata ragazza da molti anni in coma, morta nel 2009, ricorderà anche che la parola definitiva sulla richiesta dei genitori di sospendere l'accanimento terapeutico (pur nella sua forma meno incidente di una alimentazione e una idratazione forzata) è stata presa da un giudice. E se dunque, in passato, la vita e la morte erano territori in cui il diritto non poteva e non doveva avventurarsi, oggi è proprio il diritto a stabilire i tempi ed i modi del nascere e del morire.

6. *Il diritto comunitario.*

L'articolo 11 della Costituzione, entrata in vigore il 1 gennaio del 1948, stabilisce che l'Italia "*consente, in condizioni di parità con gli altri Stati, alle limitazioni di sovranità necessarie ad un ordinamento che assicuri la pace e la giustizia fra le Nazioni: promuove e favorisce le organizzazioni internazionali rivolte a tale scopo*". Il 9 maggio 1950 il ministro degli esteri francese Robert Schuman tiene un importante discorso in cui propone la creazione di un'organizzazione aperta alla partecipazione degli altri paesi europei al fine di proporre un'unificazione economica come primo passo di una federazione europea, ritenuta indispensabile per la salvaguardia della pace. La tragedia che l'Europa aveva appena vissuto fa sì che le speranze di pace e di giustizia divengano norme giuridiche, e l'intera classe dirigente italiana guarda all'Europa come ad un baluardo della democrazia e della libertà. Per cui viene stabilito il principio che la Repubblica italiana possa accettare alcune limitazioni di sovranità, le quali vengono attribuite alle istituzioni che con varie denominazioni hanno rappresentato via via nel corso degli anni l'insieme degli stati aderenti all'Unione europea. Una grande realtà, quest'ultima, che con il passar del tempo ha saputo allargarsi a nuovi paesi dandosi nel contempo sia istituzioni più democratiche, come il Parlamento europeo, che viene eletto da tutti i cittadini dell'Unione con suffragio diretto, sia realizzazioni concrete, come l'abolizione delle frontiere, la libera circolazione delle persone, delle merci e dei capitali, la creazione di una moneta unica. Un grande ideale, quello europeo, che non può non tradursi anche in un sistema normativo altamente complesso, dove coesistono diritti, istituti, tradizioni, modelli, tecniche legislative ed ordinamenti giuridici molto diversi tra di loro, perché espressione di sistemi storicamente diseguali e di mentalità giuridiche profondamente eterogenee. Un sistema normativo che non rinuncia, peraltro, ad affermare i propri valori: l'art. 2 del Trattato sull'Unione europea (TUE) pone il rispetto della dignità umana come primo dei valori fondanti l'Unione europea insieme a quelli di libertà, democrazia, uguaglianza, Stato di diritto e rispetto dei diritti umani.

Soprattutto negli ultimi decenni, accanto all'evoluzione strettamente politica dell'Unione europea, si è manifestato un notevole sviluppo del diritto comunitario ed in particolare delle cosiddette fonti comunitarie. Si è soliti distinguere tali fonti in fonti primarie, costituite dai *trattati* istitutivi dell'Unione e dalle relative modificazioni, e fonti secondarie, a loro volta distinte in *regolamenti comunitari* e *direttive comunitarie*. Mentre il regolamento comunitario ha una portata generale ed un'efficacia diretta (nel senso che esso è norma immediatamente applicabile in tutti i paesi dell'Unione), la direttiva comunitaria vincola esclusivamente gli Stati membri, che devono adeguare in un determinato periodo di tempo la loro legislazione interna ai principi contenuti nella direttiva. Tuttavia già negli anni Novanta si era andato affermando il principio che qualora le direttive comunitarie fossero sufficientemente dettagliate e non si limitassero a porre degli obiettivi generici e come tali indeterminati, le stesse direttive erano immediatamente applicabili all'interno degli stati membri senza la necessità di una normativa di recepimento: il che si concretizzava, quanto meno, in una garanzia minima a vantaggio dei cittadini che potevano invocare a loro favore anche una singola disposizione normativa che fosse comunque contenuta in una direttiva.

Nell'ordinamento europeo la funzione giurisdizionale è affidata alla Corte di giustizia dell'Unione europea, con sede in Lussemburgo, che comprende al proprio interno sia la Corte di giustizia vera e propria, composta da un componente per ogni stato aderente all'Unione, sia i tribunali e i tribunali specializzati. Essa si pronuncia sui ricorsi presentati da uno stato membro, da un'istituzione o da una persona fisica o giuridica, nonché, in via pregiudiziale, su richiesta delle giurisdizioni nazionali, sull'interpretazione del diritto dell'unione o sulla validità degli atti adottati dalle singole istituzioni. Come è agevole comprendere, la Corte di giustizia, proprio perché qualsiasi cittadino dell'Unione può rivolgersi ad essa proponendo un ricorso contro gli atti adottati nei suoi confronti o che lo riguardino direttamente, ha svolto e svolge un ruolo di grande rilievo nel far rispettare i diritti fondamentali dell'individuo, condannando quegli stati che in determinate situazioni non li rispettano pienamente. Tra l'altro la presenza nella Corte di giustizia di giudici di diverse estrazioni nazionali e culturali favorisce un incontro tra sistemi giuridici diversi che ne esalta la capacità creativa, con importanti ricadute anche nei diritti nazionali dei vari paesi membri.

Al riguardo, occorre riflettere sul possibile contrasto tra norme dell'Unione europea e norme nazionali: dopo una serie di decisioni non univoche, la tendenza attualmente più diffusa è quella che qualsiasi giudice italiano può disapplicare la norma nazionale quando questa sia in contrasto con una norma comunitaria. L'unico limite riguarda il carattere inderogabile dei principi fondamentali dell'ordinamento costituzionale italiano che la Corte costituzionale ha ribadito con due decisioni del 1973 e del 1984, sposando in tal modo la cosiddetta *teoria dei controlimiti*. Si viene così a creare un ordinamento giuridico circolare, in cui i principi vengono elaborati sia dalle Corti nazionali sia da quelle europee, senza una vera e propria gerarchia, bensì attraverso un dialogo tra fonti diverse e Corti diverse, che si confrontano e si influenzano vicendevolmente. Ad esempio, numerose decisioni della Corte europea dei diritti dell'uomo (CEDU), con sede a Strasburgo, hanno stimolato il legislatore nazionale ad intervenire su questioni che in una dimensione nazionale potevano apparire non attuali. Naturalmente, un elevato numero di Corti che si occupano a livelli diversi degli stessi problemi può generare a volte delle contraddizioni; tuttavia, se si esamina il sistema in una dimensione più ampia, bisogna riconoscere che l'articolarsi dei giudizi ed il concorso di esperienze e di mentalità diverse può positivamente contribuire sia all'evoluzione dell'intero ordinamento europeo, sia a quello dei singoli Stati che fanno parte dell'Unione.

7. *La norma, la fattispecie e il diritto soggettivo.*

L'elaborazione del diritto civile da parte della dottrina tedesca di fine Ottocento, quella che abbiamo indicato come *pandettistica*, una dottrina che è stata recepita soprattutto in Italia e che ha influenzato in misura rilevante i giuristi italiani dalla fine dell'Ottocento agli anni Sessanta del Novecento, ha permesso di definire con sufficiente precisione concetti astratti quali la norma giuridica, la fattispecie ed il diritto soggettivo. Un lavoro, quello dei pandettisti, certamente utile nel proporre un ordine complessivo nel quale inserire coerentemente i singoli istituti, ma che dagli anni cinquanta del Novecento in poi è stato avvertito come complessivamente arretrato, più portato ad una ricerca formale dell'ordine che non ad una attenzione ai valori ed ai principi che l'Italia repubblicana esprimeva ed insieme richiedeva.

Se tradizionalmente il diritto soggettivo viene definito come un obbligo di conformare il proprio comportamento ad un volere altrui (mi obbligo a restituire un prestito, sono obbligato a non molestare ed a non sottrarre la cosa altrui), esso può utilmente essere ricompreso all'interno della categoria generale identificabile nel cosiddetto *giudizio ipotetico*, schema ordinante che viene ad essere applicato a tutte le norme. Infatti il giudizio ipotetico consiste nel collegare una fattispecie, ovvero la descrizione astratta di un fatto, ad un effetto giuridico determinato, ed il collegamento trova la sua giustificazione proprio attraverso una norma.

Vediamo di cosa si tratta. Se si verifica una determinata fattispecie, ne conseguirà – per mezzo di una norma che disciplina tale fattispecie – un effetto giuridico: se a), allora b). Se si verifica nel mondo dei fatti la fattispecie a), la norma x) produrrà l'effetto giuridico b). Si parla in questo caso di causalità giuridica, nel senso che il verificarsi della fattispecie causa l'effetto giuridico, ma è bene sottolineare come non si tratti di una causalità naturale (quale quella discendente dalle leggi della natura) quanto di una causalità logica. Questo schema di giudizio ipotetico può sostanzialmente essere adottato ad ogni diritto, e soprattutto esso appare neutrale, ovvero non modifica quello che è il contenuto normativo voluto dal legislatore, permettendo al giudice di applicarlo senza estensioni o riduzioni che – nella mente del legislatore – rappresenterebbero delle indebite intromissioni in una sfera assiologica (ovvero riferita a dei valori) che è propria solo e soltanto del legislatore.

In realtà, anche in questo caso, le scelte concrete possibili sono più ampie di quelle ipotizzate, perché assai spesso la norma appare applicabile ad un numero abbastanza ampio di fattispecie, e dunque già il decidere se applicare o meno la norma, e dunque realizzare l'effetto giuridico, comporta delle valutazioni. Con la conseguenza che il brocardo latino "*In claris non fit interpretatio*", pur se intuitivo ed in definitiva semplificatorio, non appare condivisibile, perché già stabilire se una norma è chiara o meno è una forma di interpretazione. Anche in questa prospettiva si può dire che assai spesso si crea un dialogo, a volte consapevole ed a volte involontario, tra il legislatore ed il giudice, volto a stabilire i precisi confini di competenza tra le due funzioni, quella legislativa e quella giurisdizionale; confini che, come è ovvio, in tempi storici ed in ordinamenti diversi possono apparire assai distanti. Ma questo non è un difetto degli ordinamenti giuridici, è anzi una loro ricchezza, che permette al diritto vivente (ovvero quello che "vive" nelle aule di giustizia) di adeguarsi, in modo rapido ed efficace, all'evoluzione sociale ed economica della società.

Abbiamo detto che il diritto soggettivo può essere definito come l'obbligo di conformare il proprio comportamento ad un volere altrui, ed effettivamente questo è il punto di vista, ad esempio, del debitore, che deve restituire il prestito che gli è stato concesso. Ma dal punto di vista del creditore il diritto soggettivo è il diritto di pretendere un determinato comportamento, quello, per restare nell'esempio dato, di ricevere il pagamento del debito scaduto. Per cui il diritto soggettivo è bifronte, nel senso che presenta insieme due profili simmetrici e contrari, quello del diritto e quello del dovere. Inoltre, tradizionalmente, i diritti soggettivi si distinguono in assoluti, come il diritto di proprietà ed i diritti della personalità, e relativi, come il diritto di credito. Mentre i diritti assoluti sono esercitabili *erga omnes*, nel senso che tutti devono astenersi dall'interferire con la mia persona o con la mia proprietà, i diritti soggettivi relativi sono esercitabili solo nei confronti di una persona determinata: se ho prestato del denaro a Tizio, sarà soltanto Tizio a dovermelo restituire. La distinzione in parola ha avuto rilevanti conseguenze nell'ordinamento civilistico, come si avrà modo di esaminare più avanti, ad esempio in tema di ingiustizia del danno. Sotto un diverso profilo la categoria del diritto soggettivo è stata utilizzata per distinguere la giurisdizione del giudice ordinario dalla giurisdizione del giudice amministrativo: il giudice ordinario (Tribunale, Corte d'appello e Corte di Cassazione) giudicava i diritti, assoluti e relativi, mentre il giudice amministrativo (Tribunale regionale amministrativo e Consiglio di Stato) giudicava gli interessi legittimi, ovvero l'eventuale lesione da parte della Pubblica Amministrazione dell'interesse di tutti i cittadini ad un trattamento uguale, ragionevole e proporzionato. Tale distinzione, tipica dell'ordinamento giuridico italiano, elaborata già nella seconda metà dell'Ottocento con la creazione della quarta sezione del Consiglio di Stato, con funzioni giurisdizionali, da parte di Silvio Spaventa, è andata con il tempo affievolendosi, ed oggi è praticamente sostituita da un sistema che affida al legislatore il compito di stabilire la giurisdizione delle singole materie (cosiddetta giurisdizione per materia). Anche in questo caso le esigenze di semplificazione hanno prevalso su quelle concettuali, sebbene gli obiettivi che si sperava di raggiungere non si sono realizzati e le decisioni contrastanti in materia di giurisdizione sono assai frequenti.

Altro profilo di rilievo è quello dell'efficacia delle norme nel tempo. Infatti le norme entrano in vigore in un determinato momento, che di regola è quindici giorni dopo la pubblicazione della legge sulla gazzetta ufficiale, tranne che la legge stessa (circostanza, quest'ultima, sempre più frequente) stabilisca un periodo di *vacatio legis* più breve.

Inoltre la legge può essere abrogata sia direttamente, ad opera di una legge successiva che ne dichiara espressamente l'abrogazione, sia indirettamente, perché la materia trattata dalla legge viene disciplinata nuovamente con disposizioni incompatibili con la vecchia normativa. La legge, inoltre, non è retroattiva, tranne il caso in cui essa venga dichiarata tale dal legislatore (il che è espressamente vietato per le leggi penali); ipotesi particolare quella dell'interpretazione autentica, ovvero dell'attribuzione ad una legge di un particolare significato da parte del legislatore stesso; e tuttavia anche in tali situazioni devono essere sempre fatti salvi i cosiddetti diritti quesiti, ovvero quei diritti che sono ormai entrati definitivamente nel patrimonio dell'individuo, e che in quanto tali non possono essere modificati da norme successive. Il principio dei diritti quesiti è stato recentemente oggetto di dibattito in relazione ai provvedimenti di riduzione, da parte del legislatore, delle indennità e delle pensioni reputate eccessivamente ed immotivatamente alte. Un recente orientamento della Corte costituzionale ha ritenuto che il principio di irretroattività non fosse assoluto, ma potesse essere superato quando vi siano esigenze di ordine pubblico o si evidenzino motivi imperativi di interesse generale; nello stesso senso appare la giurisprudenza delle Corti europee. Se tale problematica viene vista sotto il profilo egoistico del titolare del diritto, non vi è dubbio che il superamento del principio appaia discutibile, per esempio con riferimento all'aspetto dell'affidamento ragionevole; tuttavia l'attuale difficoltà della finanza pubblica ed in particolare la incerta sostenibilità del sistema pensionistico rendono il superamento del principio di irretroattività – per ben precisi e giustificati motivi di interesse generale – una scelta tanto dolorosa quanto necessaria. Si tratta di una ipotesi in cui le scelte politiche, e quindi giuridiche, devono tener conto sia degli interessi delle persone viventi in un determinato momento (che sono poi quelle che indirizzano l'opinione pubblica e che esprimono le loro preferenze attraverso il voto) sia delle generazioni future, che non sono in grado di esprimere le proprie preferenze ma che devono essere allo stesso modo adeguatamente tutelate: aumentare il debito pubblico oggi significa scaricare quel debito, appunto, sui cittadini di domani.

8. *L'interpretazione della legge.*

Il legislatore, lo si è già notato, non si accontenta di dettare le norme che l'interprete, sia esso giudice, avvocato o professore dovrà applicare, dovrà difendere, dovrà spiegare, ma si spinge sino a stabilire in che modo la norma dovrà essere concretamente attuata ed applicata all'interno dell'ordinamento. Ragioni storiche e sistematiche hanno condotto alla formulazione dell'articolo 12 delle disposizioni sulla legge in generale, chiamate in linguaggio semplificato, *preleggi,* il quale stabilisce che la fondamentale attività ermeneutica (da *Ermes*, il dio greco latinizzato in Mercurio, che aveva tra gli altri il compito di spiegare agli uomini la parola degli dei) è una interpretazione letterale, appena temperata da un pallido riferimento all'intenzione del legislatore (l'intenzione del legislatore è normalmente contenuta nella relazione che si accompagna al testo di legge o ai lavori parlamentari, ma il significato di tali atti perde di importanza con il passare degli anni).

Conseguentemente i margini che gli interpreti, nel nostro ordinamento, dovrebbero avere nella loro attività ermeneutica appaiono assai stretti. Tuttavia, nella realtà, la tendenza contemporanea in materia è quella di allargare in misura rilevante gli spazi dell'interprete, utilizzando, come si è già detto, sia l'elaborazione delle Corti (la cosiddetta *giurisprudenza*, nel suo significato più esatto) sia l'elaborazione che i professori di diritto costruiscono nei libri e nelle riviste specializzate (la cosiddetta *dottrina*). Si ricordi, inoltre, che spesso il legislatore allarga gli spazi dell'interprete anche attraverso l'uso della cosiddetta integrazione, che estende gli effetti di una determinata disposizione anche a fattispecie ulteriori; a ben vedere, però, l'integrazione in realtà non è altro che una particolare forma di interpretazione. Si pensi all'articolo 1340 del codice civile, che estende gli effetti del contratto anche al non previsto ed al non voluto: si tratta pur sempre di una tecnica per autorizzare l'interprete a stabilire in concreto gli effetti del contratto, effetti ulteriori rispetto a quelli espressamente voluti dalle parti.

Tradizionalmente si parla di interpretazione letterale, che è quella il più possibile aderente al testo della norma; di interpretazione funzionale, che è quella ispirata alla *ratio* della disposizione, e che dunque può essere estensiva o restrittiva, a seconda che attribuisca alla norma un significato più ampio, o meno ampio rispetto a quello risultante dalla mera interpretazione letterale; di interpretazione sistematica, che inserisce la singola norma nel sistema giuridico complessiva e la rapporta agli altri interessi espressi da altre norme; di interpretazione evolutiva, che adegua il significato della norma all'evolversi dei valori, evoluzione sempre presente e di cui il giurista attento non può non tener conto.

Inoltre, come si è visto, poiché il giudice deve sempre decidere il caso che gli viene sottoposto, non potendo rifiutarsi di farlo sul presupposto che non esista una norma a regolare la fattispecie che gli viene sottoposta, il sistema deve necessariamente contenere al proprio interno la possibilità di decidere ogni situazione. A ciò si perviene tramite l'analogia, ovvero la possibilità di applicare al caso non regolato le "*disposizioni che regolano casi simili o materie analoghe*". Ove il caso in esame non possa essere deciso neanche in tal modo, si deciderà "*secondo i principi generali dell'ordinamento giuridico dello Stato*" (articolo 12, secondo comma, delle disposizioni sulla legge in generale). Nel primo caso si parla di *analogia legis*, mentre nel secondo di *analogia iuris*. L'utilizzo dell'analogia è di fondamentale ausilio per l'interprete, in quanto gli permette di colmare le cosiddette lacune, derivanti dal fatto che il legislatore, per quanto minuzioso e pervasivo (e non è affatto detto che debba esserlo), non potrà mai regolare tutte le vicende della vita, in via di principio infinite, ma soltanto quelle più ricorrenti.

Tuttavia non sempre l'analogia può essere utilizzata. Il legislatore (così l'articolo 14 delle disposizioni sulla legge in generale) esclude che essa possa essere applicata in due casi: nel caso delle norme penali e nel caso delle norme eccezionali. Per quanto riguarda le norme penali si vuole evitare che attraverso l'analogia si crei incertezza in una materia che, al contrario, richiede assoluta chiarezza in ordine alla determinazione dei comportamenti illeciti, che devono essere tipizzati per poter essere facilmente identificabili. Per quanto riguarda invece le norme eccezionali, si vuole evitare di estendere una disciplina dettata per una specifica situazione, caratterizzata in modo particolare ed esclusivo da circostanze non comuni, a situazioni simili che però sono regolate sulla base di principi e presupposti diversi. Si viene quindi a creare un sistema che permette di applicare l'analogia alle norme generali ed alle norme speciali, ma non alle norme eccezionali.

Per poter comprendere quando una norma sia generale, speciale od eccezionale occorre però compiere un giudizio comparativo. Una norma, isolatamente considerata, non è né generale, né speciale né eccezionale, perché il giudizio su tali caratteristiche è un giudizio comparativo, che deve prendere in considerazione almeno due elementi. In un insieme, la classe più comprensiva e meno definita è generale rispetto alla classe speciale, che risulterà meno comprensiva e più definita: la classe degli animali è più generale di quella dei gatti, che però è maggiormente definita. Tuttavia il rapporto di genere e specie mantiene degli elementi comuni, perché il gatto è comunque un animale. L'eccezione si ha, invece, quando l'elemento comune viene meno: nel diritto la norma eccezionale si ha quando l'effetto che essa produce è diverso (e non solo più o meno ampio) rispetto alla generalità dei casi. Facciamo un esempio applicando questi principi al giudizio ipotetico: se possiedo per venti anni un terreno, ne divento proprietario, come recita l'articolo 1159 del codice civile. Tale norma è generale rispetto all'articolo 1159 *bis* del codice civile, che stabilisce che se possiedo un terreno di montagna per soli quindici anni, ne divento proprietario. Infatti il concetto di terreno è più comprensivo e meno definito del terreno di montagna, il cui possesso è dunque regolato da una norma speciale. Norma generale e norma speciale producono lo stesso effetto (divento proprietario del terreno) in relazione a presupposti diversi, ma con effetti più o meno ampi. Se, al contrario, prendo in considerazione la norma sui terreni demaniali, di proprietà pubblica, la stessa (articolo 823 del codice civile) stabilisce che per quanto lungo sia il mio possesso non diverrò mai proprietario. Dunque l'effetto non è più o meno ampio, ma diverso, anzi addirittura contrario. Pertanto la norma sui beni demaniali non potrà applicarsi ad altri casi che a quelli strettamente contenuti nell'articolo 823 del codice, ovvero: "*I beni che fanno parte del demanio pubblico*".

Questi meccanismi ermeneutici sono alla base del lavoro dell'interprete, ma non sono i soli che concretamente conducono all'applicazione della norma astratta al caso concreto. In realtà è stato dimostrato in modo convincente che spesso chi deve giudicare decide sulla base di una personale intuizione, e solo successivamente argomenta la decisione attraverso un formale processo interpretativo. Il che non esclude comunque una certa razionalità, perché l'intuizione del giurista è frutto di studi, di esperienze, di convinzioni che vengono elaborate all'interno di una comunità scientifica e di una tradizione culturale consolidata, che orienta anche inconsciamente il pensiero dell'interprete. In questo senso si può parlare di una interpretazione che prescinde sostanzialmente dal rigido schematismo degli articoli 12 e 14 delle disposizioni sulla legge in generale e che trova i suoi riferimenti anche nella funzione della norma, ovvero dello scopo che è chiamata a realizzare, nei suoi effetti economici, nella condizione delle parti, nel momento storico in cui la norma è stata posta ed in quello in cui dovrà essere applicata. Insomma, la libertà che l'ordinamento affida al giudice è molto maggiore in concreto di quella che in astratto gli viene riconosciuta, e tale aspetto – per molti versi positivo – trova il suo limite nella motivazione, ovvero nella capacità di convinzione del processo logico adottato: infatti, è proprio la motivazione che, attraverso la sua controllabilità da parte di altri giudici e, in senso più generale, da parte sia della dottrina sia della pubblica opinione, permette alla libertà dell'interprete di non trasformarsi in arbitrio.

Saranno poi i meccanismi del processo, i controlli preventivi (cosiddetti "filtri") e quelli successivi, gli appelli, la funzione unificatrice della giurisprudenza da parte della Cassazione, a far sì che le diverse interpretazioni vengano ricondotte ad una unità logica e giuridica, e che sia possibile identificare, sia pur in via relativa e storicamente variabile, quella nozione che si suole chiamare "certezza del diritto", tanto carica di suggestioni quanto ormai esclusivamente simbolica. È evidente, infatti, che l'assoluta prevedibilità di un giudizio non sia mai in astratto possibile, ed anche le recenti proposte di utilizzare degli algoritmi a fini decisori (o, quanto meno, a fini di semplificazione delle decisioni), siano destinati a scontrarsi con gli evidenti limiti del pensiero formale (basato su modelli matematici) rispetto al pensiero umano. Personalmente, inoltre, ritengo che un ordinamento in continua evoluzione sia molto migliore di un ordinamento che cristallizza le proprie decisioni attraverso schemi non modificabili o comunque difficilmente modificabili. Tuttavia mi sembra che l'evoluzione attuale della giurisdizione, incentrata su una non sempre corretta ricerca di efficienza, vada in direzione contraria, e cioè preferisca favorire gli indirizzi giurisprudenziali consolidati.

9. *I principi generali.*

L'attività interpretativa permette, attraverso la sua elaborazione sia storica sia sistematica, di elaborare dei principi generali, che costituiscono una formante del diritto per molti aspetti diverso dalla regola. La norma, od un complesso di norme, può dar vita a delle regole, anzi normalmente la norma giuridica ha lo scopo di produrre una o più regole; tuttavia essa può – da sola o in connessione con altre norme – dar vita a dei principi, che dunque si applicheranno anche a fattispecie diverse da quella considerata. Si può dunque affermare che, sebbene la nozione di principio si connoti per avere diversi significati, essa in linea di massima si contrappone concettualmente alla nozione di regola. Val la pena di insistere sul punto. La norma può esprimere delle regole o dei principi: nel primo caso la regola si applica solo ad una fattispecie specifica, ed al massimo a fattispecie simili grazie all'*analogia legis*. Nel secondo caso il principio, ed i valori in esso contenuti, si applicheranno a tutta una serie astratta di fattispecie, ovvero a tutte le situazioni cui il principio può astrattamente collegarsi. In quest'ultimo caso la soluzione del caso concreto si baserà, quindi, su di un'applicazione di valori maggiormente elastica ed indeterminata in quanto il valore espresso dal principio si cala nella realtà senza una specifica norma di riferimento. Si pensi al principio di ragionevolezza o a quello di proporzionalità. Si tratta di principi che possono ben essere fatti discendere da svariate norme positive che li esprimono o li sottintendono, ma essi verranno applicati in via generale senza la necessità di un loro specifico riferimento, necessariamente positivo, nel senso di dover essere contenuto in una norma positiva.

Se da un lato i principi esprimono dei valori, mentre le regole esprimono un giudizio ipotetico, anche il loro funzionamento è diverso, perché i principi, per loro natura, non possono essere interpretati in senso letterale e dunque tendono ad essere utilizzati anche per interpretare delle norme. In questa ipotesi possono generarsi dei conflitti, ma il rapporto tra norma e principio non può essere risolto, come nel caso del contrasto tra norme, sulla base dell'ordinaria gerarchia delle fonti: la norma di rango maggiore prevale su quella di rango minore; la norma speciale prevale su quella generale; la norma più recente prevale su quella più antica. In questo caso, invece, la soluzione del conflitto è affidata ad un bilanciamento di valori, che deve tener conto di tutti gli aspetti che nel caso concreto si influenzano vicendevolmente. Una soluzione assai meno agevole di quella fondata sulla gerarchia delle fonti, ma non per questa meno corretta e soprattutto meno "giusta", anzi.

In realtà, si deve ritenere che mentre alcune disposizioni sono interpretate dai giuristi come principi, altre sono interpretate come norme, e non esiste un canone cui attenersi sempre ed in ogni situazione. Tuttavia la normazione per principi va sempre più estendendosi, ed i principi stessi vengono utilizzati anche come elemento unificante dei vari ordinamenti, perché i principi si prestano assai meglio delle regole ad influenzare sistemi diversi. Dunque essi hanno sia una funzione interpretativa, sia una funzione integrativa, sia una funzione programmatica. Il che non toglie che non siano possibili conflitti anche all'interno degli stessi principi, perché alcuni potrebbero collidere con altri. Ma anche in questo caso è possibile individuare una differenza tra i diversi principi per importanza, valorizzando quelli tra di loro che esprimono i valori base dell'ordinamento, come – ad esempio – il principio di uguaglianza, rispetto a quelli via via meno caratterizzanti.

I principi generali dell'ordinamento, dopo il 1948, sono stati storicamente individuati soprattutto nella Costituzione repubblicana, che esprimeva valori nuovi, tuttavia essi sono estrapolabili da qualsiasi complesso di norme: si pensi proprio al codice civile, il quale ha permesso e permette di individuare al proprio interno dei principi generali che sono espressione della sua articolazione sistematica, quali il rilievo della buona fede, la tutela dell'affidamento, il cosiddetto profilo del *neminem laedere* su cui si fonda la responsabilità extracontrattuale. Ed anche la Costituzione, nella sua evoluzione, fa emergere nuovi principi: si pensi al quarto comma dell'art. 118 Cost., nella versione riformata dalla legge costituzionale 18 ottobre 2001 n. 3, che recita "Stato, Regioni, Città metropolitane, Province e Comuni favoriscono l'autonoma iniziativa dei cittadini, singoli e associati, per lo svolgimento di attività di interesse generale, sulla base del principio di sussidiarietà". Tale principio (di sussidiarietà, appunto) prescrive che le scelte della Pubblica Amministrazione devono essere sempre attuate al livello più vicino al cittadino, livello che in linea generale viene indicato nel Comune. La sussidiarietà si divide in sussidiarietà verticale ed orizzontale: la prima esprime il valore della prossimità dell'ente locale alle popolazioni amministrate, la seconda il principio della necessaria cooperazione tra Stato, formazioni sociali, cittadini singoli od organizzati, per la realizzazione di attività di interesse generale.

Un posto a parte, in questo discorso, va riservato all'equità. Può infatti verificarsi un caso in cui l'applicazione di una norma giuridica porti ad una palese ed evidente ingiustizia, in quanto il legislatore non aveva tenuto conto del possibile verificarsi di una circostanza particolare che incide sulla questione in esame. In questo caso può essere applicata l'equità per evitare l'ingiustizia in quel determinato caso, e dunque essa viene solitamente definita come la giustizia del caso concreto.

Assai poco accettata da un legislatore che resta ostinatamente positivista, e che diffida dell'ampio margine di libertà che l'equità consentirebbe ai giudici, essa al contrario permetterebbe all'ordinamento nel suo complesso di colmare quelle lacune che inevitabilmente vengono a crearsi, e che non sempre possono utilmente risolversi attraverso l'analogia. Ristretta dal codice in ambiti assai limitati (equità interpretativa, articolo 1371 del codice civile, o equità integrativa, articolo 1374 del codice civile), l'equità ben si presta ad essere utilizzata per applicare alla fattispecie, anche al di fuori di uno specifico riferimento normativo, alcuni principi generali, quali – ad esempio – la ragionevolezza e la proporzionalità. Principi generali che la giurisprudenza dell'Unione europea ha più volte sottolineato come espressioni di un ordinamento europeo che si pone come sistema aperto, che favorisce lo scambio di esperienze all'interno dell'unione quali occasioni per una crescita ed un miglioramento di una comunità che si riconosce nei valori comuni della civiltà europea. In questo senso merita un cenno l'istituto del *drittwirkung*, elaborato dalle Corti tedesche, che consentirebbe (l'istituto è ancora poco utilizzato in concreto) l'applicazione immediata in tutti gli stati dell'Unione dei principi costituzionali a prescindere dall'esistenza o meno di una norma positiva dei singoli Stati che li recepisca.

10. *Il diritto internazionale privato.*

Tradizionalmente contenuto all'interno delle disposizioni sulla legge in generale, proprio perché regolava l'applicabilità della legge italiana allo straniero, il diritto internazionale privato nel 1995 è stato trasferito in una legge autonoma, la legge 31 maggio 1995, n. 218 (che ha abrogato gli articoli che vanno dal 17 al 31 delle preleggi), rendendo più agevole il suo aggiornamento a seguito della rapida evoluzione della materia, soprattutto con riferimento all'ordinamento sempre più pervasivo dell'Unione europea. Un ordinamento, quest'ultimo, che non ha mancato di incidere profondamente negli ultimi decenni sul diritto italiano, favorendo una omogeneizzazione significativa delle varie culture giuridiche nazionali europee che, come si è visto, a volte erano molto distanti tra di loro. Si è venuto così a creare un diritto europeo uniforme, ove convergono norme che si occupano dei diritti fondamentali, della protezione dei minori, della circolazione dei titoli di credito, e la tendenza che si manifesta è nel senso che le materie interessate dal fenomeno vanno ampliandosi sempre di più. D'altra parte l'unificazione monetaria europea e la possibilità di scambi di persone e merci sempre più agevoli non poteva non condurre ad una marcata unificazione anche nelle altre materie che regolano il diritto dei soggetti privati.

Il diritto internazionale privato disciplina il potenziale conflitto tra la legge italiana e la legge straniera, ed in particolare si occupa dei rapporti del cittadino italiano con gli stranieri, regolandone sia gli aspetti personali (si pensi al matrimonio tra persone di nazionalità diversa) sia quelli patrimoniali (si pensi all'acquisto, da parte di un cittadino italiano, di un immobile a Parigi), sia quelli successori (in base a quale legge è devoluta agli eredi la casa di Parigi di un cittadino italiano). Restano salve, per espressa volontà del legislatore, tutta una serie di convenzioni internazionali sottoscritte dall'Italia in relazione a specifici aspetti. In termini molto generali si può affermare che mentre la tutela dell'individuo viene affidata alla legge nazionale (ad esempio in relazione ai rapporti familiari e successori), la cura degli interessi patrimoniali disponibili viene quasi sempre affidata alla volontà ed all'autonomia delle parti, che possono liberamente stabilire quale legge applicare.

Il criterio principale che il nostro legislatore ha utilizzato è quello del *rinvio*, un istituto che permette di stabilire quale sia la legislazione applicabile alla fattispecie in esame. Regolato dall'articolo 5 della legge n. 218 del 1995, esso è permesso sia quando è posto nei confronti della legge italiana (cosiddetto rinvio-indietro), sia quando è posto con riferimento alla legge straniera (cosiddetto rinvio-avanti). In ogni caso l'evoluzione della legislazione in materia, nonché dell'interpretazione delle Corti, è nel senso di ampliare l'àmbito di libertà personale ed economica dei soggetti, escludendo però quelle situazioni in cui un eccessivo riconoscimento dell'autonomia privata può mettere in discussione – anche solo potenzialmente – i valori fondamentali dell'individuo. Si pensi al caso di un lavoratore che per motivi economici si trovi nella condizione di dover accettare un lavoro molto duro e scarsamente retribuito; la tutela dei suoi diritti potrà esser fatta valere sulla base della legislazione dello stato ove si trova a vivere e lavorare, a prescindere dalla sua nazionalità e dalla sua cittadinanza, in quanto è possibile che nel suo paese di origine tali diritti siano scarsamente tutelati. Un importante passo avanti rispetto a tali situazioni è stato compiuto nel 2000 con la cosiddetta Carta di Nizza, ovvero la Carta dei diritti fondamentali dell'unione europea. Alla carta di Nizza ha poi fatto seguito la dichiarazione di Laeken sul futuro dell'Europa, del 2001, che nel prefigurare una costituzione europea afferma come l'Europa debba "iscrivere la mondializzazione entro un quadro etico", ovvero "calarla in un contesto di solidarietà e di sviluppo sostenibile": parole che – oggi più che mai – andrebbero attentamente meditate.

La più recente tendenza dell'ordinamento giuridico internazionale è comunque quella di favorire l'adozione di leggi uniformi, ovvero di norme che disciplinano una materia in modo comune rispetto ad ordinamenti diversi. Ad esempio, già nell'aprile del 1980 è stata approvata dalla Conferenza di Vienna la convenzione delle Nazioni Unite sui contratti di vendita internazionale di beni mobili, cui sono seguite numerose altre convenzioni. Non vi è dubbio, infatti, che l'aumento degli scambi economici tra paesi diversi renda necessaria una politica del diritto che – nel favorire ed assecondare tale tendenza – garantisca la stabilità degli acquisti ed eviti per quanto possibile incertezze e contenziosi.

Bibliografia essenziale.

ALEXY R., *Teoria dei diritti fondamentali*, Bologna, 1994.

ALPA G., *L'arte del giudicare*, Roma-Bari, 1996.

ALPA G., *La cultura delle regole. Storia del diritto civile italiano*, Roma-Bari, 2000.

ALPA G., *Storia, fonti, interpretazione*, Milano, 2000.

BARCELLONA P., *Le norme giuridiche e i soggetti*, Milano, 1984.

Betti E., *Teoria generale dell'interpretazione*, Milano, 1990.
Bianco F., *Introduzione all'ermeneutica*, Roma-Bari, 1998.
Capograssi G., *Il problema della scienza del diritto*, Milano, 1937.
Caroni P., *Saggi sulla storia delle codificazioni*, Milano, 1998.
Cassese S., *I Tribunali di Babele. I giudici alla ricerca di un nuovo ordine globale*, Roma, 2009.
Castignone S., *Introduzione alla filosofia del diritto*, Roma-Bari, 2009.
Castronovo C., *Eclissi del diritto civile*, Milano, 2015.
Cerulli Irelli V., *Amministrazione pubblica e diritto privato*, con prefazione di N. Irti, Torino, 2011.
Cesarini Sforza W., *Il diritto dei privati*, Milano, 1963.
David R., Jauffret-Spinosi C., *I grandi sistemi giuridici contemporanei*, a cura di R. Sacco, trad. it., Padova, 2004.
Engisch K., *Introduzione al pensiero giuridico*, Milano, 1970.
Gentili A., *Il diritto come discorso*, Milano, 2013.
Gorla G., *L'interpretazione del diritto*, Milano, 1941.
Grossi P., *Assolutismo giuridico e diritto privato*, Milano, 1998.
Grossi P., *Scienza giuridica italiana*, Milano, 2000.
Grossi P., *L'Europa del diritto*, Roma-Bari, 2007.
Grossi P., *Prima lezione di diritto*, Roma-Bari, 2007.
Grossi P., *L'invenzione del diritto*, Roma-Bari, 2017.
Guastini R., *Le fonti del diritto e l'interpretazione*, Milano, 1993.
Irti N., *Scuole e figure del diritto civile*, Milano, 1982.
Irti N., *L'età della decodificazione*, 3ª ed., Milano, 1999.
Larenz K., *Storia del metodo nella scienza giuridica*, Milano, 1966.
Lipari N., *Le fonti del diritto*, Milano, 2008.
Marinelli F., *La cultura del code civil. Un profilo storico*, Padova, 2004.
Marinelli F., *Scienza e storia del diritto civile*, prefazione di P. Grossi, Roma-Bari, 2009.
Marinelli F., *Le regole del gioco. Itinerari giuridici della modernità*, Milano, 2014.
Marinelli F., *Il diritto e la vita. Le "spirituali conversazioni" tra Giuseppe Capograssi e Salvatore Satta*, in *Giust. civ.*, 2015, 4, p. 833 ss.
Modugno F., *Principi generali dell'ordinamento* (voce), in *Enciclopedia giuridica italiana*, vol. XXIV, Roma, 1991.
Pascuzzi G., *La creatività del giurista. Tecniche e strategie dell'innovazione giuridica*, Bologna-Torino, 2013.

PATTI S., *Codificazioni ed evoluzione del diritto privato*, Bari, 1999.
PERLINGIERI P., *Il diritto civile nella legalità costituzionale secondo il sistema italo comunitario delle fonti*, 3ª ed., Napoli, 2006.
POLITI F., *Interpretazione giudiziale e (in)certezza del diritto*, in *Il diritto tra interpretazione e storia. Liber amicorum in onore di Angel Antonio Cervati*, Roma, 2010.
POLITI F., *Diritto pubblico*, Torino, 2013.
POLITI F., *Temi di diritto dell'Unione europea*, 3ª ed., Torino, 2017.
RENNER K., *Gli istituti del diritto privato e la loro funzione sociale. Un contributo alla critica del diritto civile*, Tubingen, 1929, tr. it., Bologna, 1981.
RESCIGNO P., *Introduzione al codice civile*, Roma-Bari, 1991.
RESCIGNO P., *Codici. Storia e geografia di un'idea*, Roma-Bari, 2013.
RODOTÀ S., *Repertorio di fine secolo*, Roma-Bari, 1992.
RODOTÀ S., *Il diritto di avere diritti*, Roma-Bari, 2012.
SACCO R., *Il concetto di interpretazione della legge*, Torino, 2003.
SCOCA F.G., *L'interesse legittimo. Storia e teoria*, Torino, 2017.
VETTORI G., *Diritto privato e ordinamento comunitario*, Milano, 2009.
ZAGREBELSKY G., *Il diritto mite*, Torino, 1992.

Capitolo primo

Il diritto delle persone e della famiglia

Sommario: 11. Capacità giuridica e capacità di agire. – 12. La privazione della capacità di agire. – 13. I diritti della personalità. – 14. Gli enti non commerciali: le associazioni. – 15. *Segue:* le fondazioni. – 16. La famiglia. – 17. Il matrimonio. – 18. I regimi patrimoniali della famiglia. – 19. La filiazione naturale. – 20. *Segue:* la filiazione adottiva.

11. *Capacità giuridica e capacità di agire.*

Sia nelle società più antiche, sia in quelle più moderne, il diritto è costantemente riferito all'uomo ed incentrato sulla persona nella sua corrente accezione fisica e biologica (ovviamente il termine "uomo" va inteso con comune riferimento ai generi uomo e donna, evidenziandosi in tal modo un classico esempio, forse il più importante, delle influenze antropologiche e culturali sulla struttura logica del linguaggio, e dunque anche del linguaggio giuridico).

Quindi non è un caso che il primo libro del codice civile, dedicato alle persone ed alla famiglia, si apra con un riferimento, che è insieme materiale e giuridico, alla persona fisica: "*La capacità giuridica si acquista al momento della nascita*". La capacità giuridica è dunque un'attribuzione di esistenza, perché la persona fisica acquista al momento della nascita lo statuto della sua esistenza giuridica, ovvero la capacità di essere titolare di diritti e di doveri. Senza la capacità giuridica, un soggetto non potrebbe avere alcun rapporto giuridico con gli altri soggetti, e dunque non potrebbe far parte delle comunità in cui vive ed in cui si realizza la sua personalità. I principi costituzionali moderni affermano conseguentemente che la capacità giuridica è un diritto innato, naturale di tutti gli uomini; essa non viene concessa né dallo Stato né da altre istituzioni, per cui, appartenendo all'uomo in quanto uomo, nessuno ne può essere privato. La stessa Costituzione, all'articolo 22, lo afferma in modo solenne.

In tempi lontani gli schiavi non avevano la capacità giuridica, e pertanto non erano considerati individui ma cose, e come le cose potevano essere utilizzati, venduti, persino uccisi. Ma non si creda che la privazione della capacità giuridica sia un problema tanto antico quanto superato, perché nella civilissima Europa degli anni Trenta e Quaranta del Novecento gli ebrei sono stati privati della capacità giuridica e trattati come cose, tanto che ne veniva teorizzata addirittura la definitiva soppressione, purtroppo in seguito concretamente perseguita. La storia deve insegnarci sempre a diffidare delle conquiste della cosiddetta civiltà (e dunque anche della civiltà giuridica) nella consapevolezza che il male è per sua natura presente tra gli uomini in tutte le epoche ed in tutte le civiltà. E non solo negli stati a regime dittatoriale, ma anche nelle moderne democrazie occidentali (cosiddette democrazie mature) è possibile un ritorno di situazioni in cui i diritti conseguenti alla capacità giuridica non vengono riconosciuti, magari prendendo a pretesto la sicurezza nazionale, l'ordine pubblico o una pandemia come giustificazioni di uno stato di eccezione che consentirebbe (ma così non è) di negare i diritti, anche quelli fondamentali: la tragica esperienza di quanto accaduto nella scuola Diaz di Genova in occasione del G8 del 2001 ne è un sintomatico esempio, tanto da rappresentare veramente una brutta pagina della storia italiana degli ultimi anni.

Tornando al primo articolo del codice, lo stesso afferma nel secondo comma che "*i diritti che la legge riconosce a favore del concepito sono subordinati all'evento della nascita*". Dunque la capacità giuridica (sia pur in qualche misura limitata) preesiste alla nascita, ed è propria anche del concepito. In passato si riteneva che soltanto i diritti patrimoniali potessero appartenere al nascituro, ma tale concezione si è ben presto dimostrata superata, perché non vi è ragione – ove gli si riconoscano i diritti patrimoniali – di non riconoscergli anche i diritti personali, ad esempio quello alla salute. Si dirà che tale impostazione collide con la legge sulla interruzione della gravidanza (legge n. 194 del 1978), ma a ben vedere il legislatore non ha inteso regolare le nascite, bensì stabilire che nelle prime settimane dal concepimento il diritto della madre alla propria salute fisica e mentale prevalga sul diritto alla salute del concepito, mentre dopo tale termine è il diritto alla vita del nascituro a prevalere. Non è questa la sede per una valutazione di tipo etico, estranea al nostro discorso: basti sottolineare come tale scelta sia stata confermata sotto il profilo dell'opportunità politica dal referendum del 17 maggio 1981 nonché, sotto un profilo più strettamente di legittimità giuridica, da diverse decisioni della Consulta che ne hanno riconosciuto la legittimità costituzionale.

Strettamente collegato al tema della capacità giuridica è quello della cittadinanza, che il codice non contempla, ma presuppone. Ed infatti la cittadinanza appare attualmente come lo snodo della capacità inclusiva di uno Stato, in quanto la sua più o meno facile attribuzione rivela in profondità le scelte sociali di una società complessa e multietnica come quella attuale: il dibattito è aperto in relazione al cosiddetto *ius soli*, ovvero alla scelta di attribuire la cittadinanza italiana a chiunque nasca sul territorio italiano, così come avviene, ad esempio, negli Stati uniti d'America. Al contrario, in Italia e nella maggior parte degli stati europei, è cittadino italiano solo chi nasce da genitori italiani, per cui è allo studio una riforma che si fondi sul cosiddetto *ius soli* temperato, consistente nell'attribuzione della cittadinanza a chiunque sia nato sul territorio italiano purché abbia frequentato almeno un ciclo di scuole in Italia. Si viene in tal modo a favorire l'inclusione e l'integrazione, che vengono coniugate unitamente alla necessità che tutti i cittadini italiani ne conoscano la lingua e la cultura, e ne condividano e ne rispettino i valori di fondo.

Venendo alla capacità di agire, la stessa costituisce un passo ulteriore rispetto alla capacità giuridica. Con la capacità di agire non soltanto sono titolare di diritti e doveri, ma posso anche concretamente esercitarli. Per cui attraverso la capacità di agire non soltanto posso compiere atti spiccatamente personali, come sposarmi o fare testamento, ma mi è permesso di entrare nel sistema economico descritto e regolato nel codice, e dunque potrò fare acquisti utilizzando il contratto ed acquisendo la proprietà dei beni, potrò studiare, lavorare, associarmi con altri, insomma compiere ogni attività lecita ed essere sottoposto alle relative responsabilità.

La capacità di agire si acquista al compimento del diciottesimo anno di età, mentre prima di tale età, presupponendosi una non ancora completa capacità di autodeterminazione, si è sottoposti alla potestà dei genitori. Questa è di natura sia personale, perché i genitori hanno la rappresentanza legale dei figli, sia di natura patrimoniale, perché essi hanno l'usufrutto sui beni dei figli minori. Ovviamente tale potestà deve essere utilizzata nell'interesse dei minori e della famiglia in modo ragionevole (non si dimentichi che i genitori hanno l'obbligo di mantenere e di educare i figli minori, sino a che questi, anche in ragione degli studi compiuti, non siano in grado di provvedere autonomamente al proprio sostentamento), e per quanto riguarda gli atti di straordinaria amministrazione deve essere sempre sottoposta ad una autorizzazione del giudice tutelare, che può confermare (o meno) l'esigenza sottesa alla scelta compiuta.

La capacità di agire può essere attribuita, eccezionalmente, al minore di età quando questi contragga matrimonio, mediante l'istituto dell'*emancipazione*. Poiché il matrimonio non si può contrarre prima dei sedici anni, l'ipotesi è limitata al periodo che va dai sedici ai diciotto anni. Il minore emancipato può compiere tutti gli atti di ordinaria amministrazione, ma non quelli di straordinaria amministrazione, ovvero quelli che incidono sul patrimonio, come vendere un appartamento (infatti per questi ultimi è necessario il consenso del curatore e del giudice tutelare). Il minore emancipato che eserciti un'attività commerciale può, al contrario, compiere anche gli atti di straordinaria amministrazione, non potendo altrimenti gestire efficacemente la propria attività economica. Così come il minore che lavori (si pensi che alcune attività artigianali o agricole, soprattutto in passato, tendevano ad utilizzare ragazzi poco più che bambini) ha ovviamente la possibilità di utilizzare il denaro che ha guadagnato. Tuttavia una riflessione sul punto è in corso, perché sebbene l'inizio dell'attività lavorativa ed il formarsi di una famiglia tendono a spostarsi avanti nel tempo, di fatto i minori degli anni diciotto compiono sempre più spesso attività che richiedono una consapevolezza matura ed una attenzione significativa, come andare in vacanza da soli anche all'estero, oppure guidare una motocicletta, o ancora compiere sport pericolosi. Il che induce a ripensare il tradizionale rapporto che lega la responsabilità del minore a quella dei genitori, proponendosi nuovi strumenti a tutela di una fascia di età non ancora pienamente matura ma sempre più autonoma nei comportamenti singoli e collettivi dai legami familiari.

In realtà l'uguaglianza che la capacità di agire tende a realizzare è un'uguaglianza meramente formale, che pone tutti i cittadini sullo stesso piano, ma che è ben lontana dal realizzare un sistema socio-politico in cui tutti sono e si sentono realmente uguali. Le difficoltà economiche, le differenze psicologiche, le diverse abilità di lavoro e di studio rendono la società un insieme di persone diverse sotto molteplici aspetti, alcuni dei quali ineliminabili: tuttavia l'articolo 3, secondo comma, della Costituzione stabilisce che "*è compito della Repubblica rimuovere gli ostacoli di ordine economico e sociale che, limitando di fatto la libertà e l'uguaglianza dei cittadini, impediscono il pieno sviluppo della persona umana e l'effettiva partecipazione di tutti i lavoratori all'organizzazione politica, economica e sociale del Paese*". A prescindere del suo attuale grado di attuazione, tale articolo, assai apprezzato per la sua modernità e per la sua lungimiranza, è stato il fondamento delle politiche attive volte a favorire pari opportunità per tutte le categorie di persone: uomini e donne, diversamente abili, giovani e anziani, lavoratori, consumatori, malati e così via.

Accanto al generale concetto di capacità l'ordinamento regola delle situazioni chiamate *status*, che in passato costituivano il riconoscimento di una particolare condizione sociale (ad esempio lo *status* di nobile) e che oggi riguardano soprattutto situazioni all'interno della famiglia (ad esempio lo *status* di coniuge, o di figlio). Esse attribuiscono al titolare un insieme di diritti e di doveri, e mentre l'impostazione codicistica ottocentesca tendeva ad eliminarli in quanto espressione della società cetuale di *Ancien Régime* e dei suoi privilegi, in tempi più recenti gli *status* sono stati recuperati in senso contrario, ovvero per favorire categorie svantaggiate, come i diversamente abili.

12. *La privazione della capacità di agire.*

Al giorno d'oggi, sebbene non sia possibile privare un soggetto della capacità giuridica, è tuttavia possibile privarlo, in determinate e specifiche circostanze avallate dall'Autorità giudiziaria, della capacità di agire. Tradizionalmente tale privazione veniva collegata alla presenza di disabilità congenite, quali l'assenza della vista, dell'udito (e conseguentemente della parola) e del normale equilibrio mentale. Oggi tali disabilità non conducono necessariamente alla privazione della capacità di agire, ed anzi si ritiene correttamente che una partecipazione dei non vedenti o dei non udenti alla vita attiva della comunità, per esempio attraverso il formarsi di una famiglia e lo svolgimento di un lavoro compatibile, possa aiutare in modo significativo i soggetti diversamente abili a sentirsi parte attiva della società in cui vivono e dunque a migliorare la loro qualità della vita. Principi questi che hanno ispirato negli ultimi decenni molte delle leggi a tutela dei soggetti affetti da particolari disabilità, soprattutto nel settore del diritto del lavoro.

Resta però il caso dei malati di mente, per i quali non appare sempre possibile ed opportuno un mantenimento della loro piena capacità di agire. In passato si ricorreva, ed ancora oggi è possibile, agli istituti dell'*interdizione* e dell'*inabilitazione*, che privano il soggetto proprio della capacità di agire, la prima totalmente, e la seconda parzialmente. L'interdetto non può compiere né atti di ordinaria amministrazione né atti di straordinaria amministrazione; è di fatto escluso dalla società, dalla famiglia, dal lavoro. L'inabilitato, in virtù della minor gravità della propria malattia, può al contrario compiere gli atti di ordinaria amministrazione, ma non quelli di straordinaria amministrazione.

Si trattava e si tratta di provvedimenti di rilevante impatto umano ed emotivo sia per chi li subisce sia per i suoi familiari, con ricadute sociali importanti, che hanno consigliato la creazione e l'utilizzo di un nuovo istituto, chiamato *amministrazione di sostegno* (legge n. 6 del 2004). Si è ritenuto infatti che fosse necessario un rimedio non più fondato sulla filosofia dell'escludere il soggetto dalle dinamiche soprattutto economiche, ma anche sociali, della vita (non si può vendere o acquistare, non si può fare testamento, non ci si può sposare: tutte ipotesi il cui divieto viene ipocritamente giustificato sulla base di un presunto dovere di difendere il soggetto interdetto o inabilitato) bensì fondato sulla necessità di aiutare il soggetto in difficoltà, attraverso un provvedimento di competenza del Tribunale che sia però limitato e specifico nei suoi effetti e soprattutto nel tempo di efficacia.

La pur breve esperienza dell'amministrazione di sostegno e la sua concreta applicazione da parte dei Tribunali della Repubblica permette di darne un giudizio ampiamente positivo. Anzi, tale istituto sembra aver dimostrato un sua propria forza espansiva in quanto un soggetto, prevedendo che potrebbe trovarsi in una situazione di difficoltà futura, ad esempio a causa dell'evolversi di una malattia invalidante, può dettare delle volontà future, stabilendo in anticipo chi dovrà essere (o chi non dovrà essere) il proprio amministratore di sostegno, in quali casi dovrà essere nominato, quali dovranno essere i suoi poteri. In altre parole, attraverso l'amministrazione di sostegno non si inibisce (con il fragile ed ipocrita argomento di una loro protezione) al soggetto in difficoltà la propria attività economica (ed assai spesso la propria realizzazione sociale ed umana), ma la si permette nei limiti in cui la sua situazione e le sue volontà lo consentono. Una volta risolto o cessato il problema, l'amministrazione di sostegno decade ed il soggetto riacquista la pienezza della propria capacità di agire. Va infine ricordato come l'incapacità di agire venga utilizzata come punizione nei confronti di coloro che vengono condannati alla pena della reclusione maggiore di cinque anni (interdizione legale) o, in casi particolari, come quello dell'imprenditore fallito, come forma di prevenzione, onde evitare che quest'ultimo disponga dei propri beni a danno dei suoi creditori.

Sebbene l'argomento verrà più ampiamente trattato *sub* 40, occorre sottolineare sin d'ora che gli atti compiuti da chi è privo della capacità di agire sono invalidi, e più precisamente annullabili, proprio allo scopo di tutelare l'incapace che da tali atti ha ricevuto un pregiudizio.

13. *I diritti della personalità.*

Una categoria che negli ultimi decenni ha avuto un grande sviluppo è quella dei diritti della personalità. La dottrina si è interrogata se si trattasse di distinti diritti (il diritto alla salute, il diritto alla propria immagine, il diritto alla riservatezza, il diritto al nome, ecc.) o se vi fosse un unico diritto della personalità che si declinava poi in tutte le predette accezioni. La discussione non riveste al giorno d'oggi grande importanza, perché quello che conta è la possibilità per tali diritti da un lato di espandersi nel modo più ampio, dall'altro di essere tutelati in modo pieno, efficace e tempestivo.

La tesi è contenuta già nel nome di tale diritti. Infatti la persona non è il mero individuo così come veniva rappresentato in passato, slegato da rapporti con gli altri, con la comunità familiare e sociale, isolato nel suo lavoro e nei suoi interessi culturali e ricreativi. Al contrario sono proprio tutti questi aspetti che attribuiscono ad un soggetto la personalità, ed infatti etimologicamente "persona" è la maschera che nell'antico teatro greco gli attori indossavano per attribuirsi le caratteristiche (e dunque la personalità) del personaggio che interpretavano.

Quello che un tempo era un problema limitato per quantità e per importanza è oggi divenuto, con lo sviluppo delle telecomunicazioni e di internet, un problema fondamentale. La tutela della riservatezza, spesso indicata con il nome inglese di *privacy*, tende ad essere sempre più importante perché sempre più diffusa è la possibilità di una sua violazione. Mie immagini riservate possono essere diffuse in tutto il mondo, le mie mail possono essere lette al di fuori dei legittimi destinatari, il mio pensiero può essere falsificato o distorto sui *social networks*. In Italia esistono diverse leggi a tutela di questi dati personali, con particolare riferimento ai cosiddetti dati sensibili, ovvero quelli che riguardano la sfera più intima e riservata della persona, come le idee politiche, la religione, la salute, le inclinazioni sessuali. Non si tratta di una limitazione della libertà, ma di evitare che la mia libertà (o la libertà di informazione) produca dei danni ad altri soggetti senza che vi sia una ragionevole giustificazione. Esprimere le proprie idee su internet, spesso in forma anonima, non può in alcun caso giustificare il diritto all'insulto, mentre pretendere la massima trasparenza di alcuni dati personali di persone che ricoprono incarichi pubblici può essere un corretto esempio dell'opportunità che alcune informazioni possano ed anzi debbano liberamente circolare.

Mentre il diritto al nome può essere contestato (mi viene impedito il diritto all'uso del mio nome) o usurpato (quando attribuisco ad una determinata persona famosa una preferenza a fini pubblicitari), il diritto all'onore (che non è espressamente previsto nel codice, ma che viene collegato alla norma del codice penale che punisce la diffamazione) consiste nella diffusione di giudizi capaci di offendere la reputazione sociale di un soggetto. Non necessariamente i fatti offensivi denunciati devono essere falsi, perché anche la diffusione di quelli veri può comportare dei danni ingiusti, tuttavia a volte è assai difficile stabilire quando si superi il diritto di cronaca e di critica e si incorra pertanto nella lesione del diritto all'onore: uno dei criteri più accreditati per stabilire tale limite consiste nel valutare l'interesse sociale in concreto sotteso alla diffusione della notizia, atta potenzialmente a ledere tale diritto.

I diritti della personalità sono assoluti, nel senso che tutti devono astenersi dal ledere il mio diritto (come i diritti sulle cose, i diritti reali), non sono patrimoniali e non sono tipici, nel senso che essi realizzano insieme una molteplicità di profili che si evolve nel tempo e che si esprime attraverso il riferimento fondamentale al rispetto della dignità dell'uomo. Li troviamo descritti in diversi testi normativi che, richiamandosi alla famosa Dichiarazione dei diritti dell'uomo e del cittadino formulata a Parigi nel 1789, sono la Costituzione italiana, soprattutto l'art. 2, la Dichiarazione universale dei diritti dell'uomo, proclamata dalle Nazioni Unite nel 1948, la Carta di Nizza dell'Unione europea del 2000. Essi non riguardano soltanto i cittadini italiani, ma spettano anche allo straniero: tale tesi non era sempre condivisa, ma oggi è pacifica a seguito del T.U. sull'immigrazione (d.lgs. 25 luglio 1998, n. 286).

Strettamente collegati ai diritti della personalità sono gli atti di disposizione del proprio corpo, perché anche questi atti rientrano, in senso lato, nei diritti che esprimono la personalità del soggetto.

Sostanzialmente osteggiati in passato sulla base di una concezione della morale corrente ormai non più attuale, il problema dei limiti della disponibilità del proprio corpo è prepotentemente emerso negli ultimi anni sia con riferimento ad una rinnovata attenzione per la tutela della salute, ad esempio attraverso la prassi delle donazioni di organi, sia con riferimento allo sviluppo della medicina, con il conseguente dispiegarsi di tecniche sempre più raffinate di fecondazione assistita, di cambiamento di sesso, di chirurgia estetica, di trapianti di organi, di accanimento terapeutico. In relazione a questi aspetti si pone drammaticamente la questione del rapporto tra tutela della salute ed autonomia dei singoli, che le legislazioni dei vari stati hanno disciplinato in modo assai spesso difforme. Una questione che si pone anche di fronte a problemi apparentemente più semplici, come il rifiuto dei testimoni di Geova di accettare la trasfusione del sangue. Cosa succede se i genitori rifiutano la trasfusione di sangue al proprio figlio minorenne e questi per tale motivo muore? Il diritto ha ovviamente trovato delle risposte: per esempio, nel caso proposto, si applica l'istituto dello stato di necessità, che fa prevalere il diritto alla vita su tutti gli altri (e dunque il medico dovrà eseguire la trasfusione e salvare il bambino, pur violando in tal modo le convinzioni religiose della famiglia), tuttavia la problematica in questione si porrà in futuro sempre più frequentemente e si estenderà a circostanze non ancora esattamente definite, come l'utilizzo delle cellule staminali o la possibilità di conoscere le probabilità di contrarre malattie attraverso la mappatura del genoma umano. Con la conseguenza dell'utilizzazione dell'aborto non già a tutela della salute psichica o fisica della madre, ma in relazione alle caratteristiche del nascituro: è lecito che i genitori possano rifiutare la nascita di un bambino che probabilmente si ammalerà di una rara malattia? Il problema resta aperto, ma procedendo in questa direzione si giungerà a rifiutare anche i bambini di un sesso rispetto ad un altro (cosa che purtroppo avviene già di fatto in molti paesi del mondo), oppure i bambini che potrebbero non rispondere al senso estetico dei genitori.

Allo stato si deve sottolineare come un principio ormai accolto definitivamente è quello della gratuità degli atti di disposizione degli organi che non creano menomazioni permanenti (si pensi alle cornee o ai reni), i quali dunque si possono donare ma non si possono vendere. Anzi, se da un lato lo Stato favorisce la donazione degli organi, quale segno di altruismo e di solidarietà, dall'altro persegue fermamente coloro che tentano di sfruttare a fini economici, anche indiretti, qualsiasi tipo di infermità.

Alla fine del 2017, in conclusione della diciassettesima legislatura repubblicana, il Parlamento ha approvato la legge 22 dicembre 2017 n. 219 recante "*Norme in materia di consenso informato e di disposizioni anticipate di trattamento*" che, nel rispetto dei principi enunciati agli artt. 2, 13 e 32 della Costituzione mira a tutelare il diritto alla vita, alla salute, alla dignità ed all'autodeterminazione della persona. Si tratta di una legge ispirata al principio che il trattamento sanitario non può essere iniziato o proseguito ove sia mancante un consenso libero e informato del soggetto interessato. La legge prevede l'introduzione nel nostro ordinamento delle cosiddette "disposizioni anticipate di trattamento" per mezzo delle quali un soggetto capace, in previsione di una eventuale futura incapacità a determinarsi, può esprimere le proprie volontà in materia di trattamenti sanitari, individuando un fiduciario che attui nel tempo tale volontà.

Al fine di concludere la disciplina delle persone fisiche contenuta nel primo libro del codice, meritano un cenno le nozioni di residenza, di domicilio e di dimora, necessarie per individuare il luogo dove, sotto un profilo legale o di mero fatto, si trova un individuo: il che a volte è necessario, ad esempio per consegnargli la corrispondenza o per notificargli un atto. Mentre la residenza è il luogo dove abitualmente si vive, ed è certificata dall'ufficio anagrafe dei singoli comuni (dunque riveste un carattere formale), il domicilio è il luogo dove di fatto, in via principale, un soggetto svolge il proprio lavoro od i propri affari. Esso può coincidere con la residenza, ma può anche essere diverso, in quanto vivo in una città e lavoro in un'altra. Inoltre il domicilio può essere generale, nel senso predetto, o speciale, ovvero con riferimento ad un singolo atto od affare. La dimora, infine, è il luogo in cui mi trovo temporaneamente, ad esempio per motivi di studio o di vacanza. Il profilo localistico, in cui la persona abitualmente vive e svolge la propria attività ha assunto negli ultimi anni un rilievo crescente, essendo aumentata la tendenza dell'ordinamento a collegare sia il prelievo fiscale sia la concessione di benefici economici proprio allo specifico luogo nel quale vivo e lavoro, perché questo luogo può avere delle caratteristiche che giustificano, sol per fare un esempio, una diminuzione delle imposte o delle tariffe: si pensi ad aree particolarmente arretrate o a zone che hanno subito catastrofi naturali, come le inondazioni o i terremoti.

La residenza, insieme ad altre situazioni, viene certificata dai registri dello stato civile, che si trovano in ogni comune (in precedenza, e sino alla rivoluzione francese, essi erano custoditi nelle parrocchie, dove si svolgevano i battesimi ed i matrimoni, di cui restava traccia), e che contengono quelle informazioni personali, di ogni cittadino, che in qualche misura devono poter essere accessibili. Gli atti dello stato civile definiscono le qualità della persona, dunque la nascita, la morte, la cittadinanza, il matrimonio. Si tratta di atti che sono assistiti da una presunzione di veridicità assai forte, tanto da non poter essere messi in dubbio che attraverso procedimenti giudiziari; tuttavia eventuali modificazioni delle indicazioni ivi contenute possono essere pubblicizzate attraverso annotazioni, come ad esempio l'annotazione nell'atto di matrimonio della sentenza di divorzio.

14. *Gli enti non commerciali: le associazioni.*

Vi sono delle attività che una singola persona non può convenientemente svolgere da sola. Si pensi allo sport (da solo posso correre o tirare con l'arco, ma certo non posso giocare al calcio o alla pallavolo), ma si ponga attenzione anche alla diversa e ben maggiore efficacia che determinate attività, quali il volontariato, possono avere se effettuate in comune da diversi individui.

A questa esigenza, per molto tempo ritenuta inutile quando non addirittura dannosa da parte dello Stato (con la sola, significativa, esclusione delle società commerciali dove al contrario la pluralità di apporti finanziari e personali è sempre stata apprezzata favorevolmente), non veniva offerta dai codici ottocenteschi praticamente alcuna possibilità di realizzazione e di sviluppo. In tempi più moderni si è al contrario affermata una tendenza (conseguenza del diffondersi dei principi del cattolicesimo sociale e dell'umanesimo marxista) che vede nelle formazioni sociali un importante acceleratore delle capacità, delle attitudini e delle esigenze dei singoli, tanto che persino il codice vigente, pur risalente al 1942, le riconosce, sebbene in determinate forme tipizzate e limitate. Sarà quindi la Costituzione repubblicana a valorizzarle significativamente nell'articolo 2, che recita: "La Repubblica riconosce e garantisce i diritti inviolabili dell'uomo sia come singolo *sia nelle formazioni sociali ove si svolge la sua personalità ...*".

In primo luogo, nel codice, vengono disciplinate le *associazioni riconosciute*, che chiedono e ottengono dallo Stato (oggi anche e soprattutto dalle Regioni) il riconoscimento, e che sono costruite come persone giuridiche (ovvero come centri di imputazione unitaria di interessi), che hanno statuti, organi, legali rappresentanti, patrimoni, forme di pubblicità. Ovviamente lo Stato, in cambio di questa formalizzazione della loro attività pretende di esercitare dei controlli sulla loro organizzazione, e probabilmente per questo motivo, oltre che per ragioni storiche legate alle precedenti esperienze autoritarie dello Stato italiano, le associazioni riconosciute hanno avuto nel nostro paese una scarsa diffusione. Esse posseggono una piena autonomia patrimoniale, ovvero rispondono normalmente delle proprie obbligazioni in via esclusiva con il proprio patrimonio, conoscibile attraverso la consultazione degli atti costitutivi e dei bilanci annuali.

Le *associazioni non riconosciute*, al contrario, non necessariamente hanno l'organizzazione prevista per le associazioni riconosciute e dunque sono più libere nello sviluppare le proprie attività. Esse non hanno neanche la piena autonomia patrimoniale, ma soltanto una forma imperfetta di autonomia patrimoniale nel senso che, oltre al loro patrimonio (che può anche essere inesistente), rispondono delle obbligazioni dell'associazione non riconosciuta anche coloro che hanno assunto l'obbligazione in nome e per conto dell'associazione stessa. Dunque colui che assume un'obbligazione per conto dell'associazione non riconosciuta ne risponde con il proprio personale patrimonio. I soci, di per sé, non rispondono mai delle obbligazioni dell'associazione, in quanto questa circostanza, oltre a non avere giustificazioni convincenti, costituirebbe una forte remora ad entrare a far parte di una associazione non riconosciuta. Un conto infatti è la possibilità per il socio di perdere la quota di iscrizione, un conto è trovarsi a dover rispondere di obbligazioni prese da altri soci o amministratori sostanzialmente non conosciuti e non conoscibili.

Nella nostra storia recente lo schema dell'associazione non riconosciuta è stato quello più utilizzato in pratica dai gruppi sociali maggiormente rilevanti, quali i sindacati ed i partiti politici, anche se negli ultimi anni lo schema delle società commerciali è stato ritenuto utilmente e convenientemente utilizzabile anche per alcune associazioni, quali le società sportive o le associazioni di volontariato (cosiddette *onlus*, ovvero enti senza scopo di lucro nella sostanza, ma realizzati attraverso la forma delle società commerciali). Si dimostra così una certa capacità espansiva della forma delle società commerciali a svolgere compiti che normalmente non dovrebbero rientrarvi, capacità espansiva che si giustifica per il risalente e diffuso (anche se non sempre condivisibile) favore dell'ordinamento con riguardo a tali strumenti ordinatori.

Infine il codice regola i *comitati*, enti di natura provvisoria che tradizionalmente avevano lo scopo di raccogliere fondi per organizzare festeggiamenti o per intervenire in caso di calamità a favore delle popolazioni colpite, che risentono in parte del profilo personale, proprio delle associazioni, ed in parte di quello patrimoniale, proprio delle fondazioni (come si vedrà più avanti). Infatti nei comitati le regole viste per le associazioni con riguardo alla responsabilità patrimoniale divergono, e tutti i componenti dei comitati sono personalmente ed in solido tra di loro (ovvero ciascuno per l'intero ammontare dell'obbligazione) responsabili delle obbligazioni assunte da qualsiasi componente del comitato, ovviamente con esclusivo riferimento all'attività del comitato stesso. Questo profilo, che ha l'evidente scopo di tutelare i terzi in relazione al rilevante profilo patrimoniale che gli è proprio, ha però impedito che i comitati assumessero un ruolo di qualche rilievo nell'economia e nella società italiana, ed oggi i comitati rappresentano esclusivamente interessi marginali, temporali e locali.

Tutte le associazioni, sia quelle riconosciute, sia quelle non riconosciute, in passato non potevano essere proprietarie di beni immobili, sulla base del diffuso pregiudizio che fosse da osteggiare severamente la possibilità che le persone giuridiche non commerciali potessero disporre di beni immobili, in quanto in tal modo si limitava ingiustificatamente la circolazione dei beni e dunque lo sviluppo dell'economia. Più recentemente questo pregiudizio, che costringeva gli amministratori delle associazioni ad intestarsi personalmente i beni, è stato abbandonato, e negli anni Novanta la norma è stata eliminata senza che ciò abbia comportato conseguenze negative né sotto il profilo giuridico né tanto meno sotto quello economico. Il che dimostra non soltanto l'artificiosità di alcune norme, ma anche la ingiustificata resistenza dell'ordinamento a modificarle sulla base di convinzioni che, probabilmente fondate in un determinato periodo storico, non lo sono più al giorno d'oggi.

15. Segue: *le fondazioni.*

Il codice ha previsto che le regole dettate per permettere e favorire l'incontro e l'attività comune delle persone non dovesse incentrarsi esclusivamente su di una pluralità di soggetti persone fisiche accomunate da uno scopo comune, come appunto nelle associazioni, ma anche in relazione ad un patrimonio. Per cui sono stati previsti degli enti chiamati *fondazioni* (dal termine fondo, ovvero patrimonio) nei quali l'elemento essenziale non è, come nelle associazioni, la pluralità di soggetti, bensì il patrimonio stesso, cui viene assegnato un ben preciso scopo, tendenzialmente immutabile, come l'attività culturale, di ricerca scientifica, medica, di assistenza, di beneficenza o di formazione. Le fondazioni vengono costituite attraverso due atti concettualmente distinti, l'atto di fondazione, che la istituisce, e l'atto di dotazione, che le attribuisce il proprio patrimonio. Tali atti possono essere sia congiunti sia disgiunti, e possono essere contenuti anche all'interno di un atto *mortis causa* come il testamento. Ovviamente le fondazioni sono amministrate da persone fisiche, che però non sono proprietarie del patrimonio della fondazione e che si limitano a fare in modo che lo scopo della fondazione venga realizzato.

Le fondazioni hanno personalità giuridica, devono essere autorizzate dall'autorità governativa e godono di autonomia patrimoniale perfetta, nel senso che rispondono delle proprie obbligazioni esclusivamente attraverso il proprio patrimonio.

Poco sviluppate in Italia sino a qualche decennio fa, a differenza delle nazioni anglosassoni dove una ben precisa mentalità unita ad un particolare sistema di benefici fiscali ne aveva permesso una rilevante diffusione, negli ultimi anni le fondazioni sono state utilizzate con maggiore frequenza: si pensi alle fondazioni bancarie, che rappresentano ed amministrano a scopi culturali e sociali il patrimonio delle disciolte Casse di risparmio, la cui azienda bancaria è stata trasformata negli anni Novanta in società per azioni. Si è ottenuta in tal modo l'omologazione di tutte le banche (con la sola eccezione delle banche popolari e delle banche di credito cooperativo, peraltro anch'esse in via di trasformazione) al modello della società per azioni, lasciando che gli scopi filantropici, assistenziali e culturali che in passato erano svolti dalle Casse di risparmio fossero riservate alle predette fondazioni, attraverso l'amministrazione del proprio patrimonio e la contestuale dismissione del controllo azionario sulle corrispondenti aziende bancarie. Oggi le fondazioni bancarie costituiscono, in ossequio al principio di sussidiarietà orizzontale (cfr. *sub* 9), uno degli strumenti più importanti di finanziamento di iniziative benefiche che dovrebbero spettare allo Stato e che quest'ultimo non riesce concretamente a realizzare.

Si pensi ancora alle fondazioni universitarie, costituite dagli Atenei allo scopo di poter favorire, in un ambito privatistico, il collegamento delle università con il mondo della società civile e dell'impresa attraverso un sistema teoricamente più snello ed efficace.

16. *La famiglia.*

La famiglia è sempre stata al centro della società costituitasi successivamente in Stato, per cui tutti gli ordinamenti giuridici si sono sempre interessati ad essa, adeguando spesso il proprio atteggiamento al maggiore o minore grado di rilievo attribuito dallo Stato alla religione prevalente, e da quest'ultima alla famiglia.

Ma anche gli Stati con maggiore grado di laicità hanno finito per occuparsi della famiglia, rappresentando questa un livello aggregativo tanto elementare quanto ampiamente diffuso in tutte le società. Nella famiglia infatti, e sostanzialmente in tutte le famiglie, si può cogliere una tensione all'unità del gruppo che spesso contrasta con gli interessi e le volontà individuali, per cui la regolamentazione di tali fenomeni, in cui i profili personali si intrecciano strettamente a quelli economici, è apparsa comunque importante.

In Italia, da un punto di vista sociologico, si è passati da una famiglia cosiddetta patriarcale, basata su diverse generazioni che convivono insieme (nonni, genitori, figli, nipoti) ad una famiglia mononucleare, basata sulla esclusiva convivenza dei coniugi e di eventuali figli non ancora autosufficienti. Una famiglia in cui, come si è detto, le spinte dei singoli devono armonizzarsi con le esigenze del gruppo, in un delicato equilibrio che dovrebbe trovare nella solidarietà il suo necessario punto di riferimento

In questo quadro deve essere collocata la parentela, che si ha quando più persone discendono da uno stesso (capo)stipite e che può essere in linea diretta, quando gli uni discendono dagli altri, ed in linea collaterale, quando più persone hanno un capostipite in comune pur non discendo le une dalle altre (ad esempio i cugini). I gradi sono dati dal numero delle generazioni nella parentela diretta (si computa un grado per ogni generazione, escludendo l'ascendente), mentre nella parentela collaterale si sommano i gradi che uniscono i due parenti escludendo sempre l'ascendente comune: insomma, si deve risalire sino al capostipite (che non si considera) per poi ridiscendere dall'altro ramo. Diversamente, l'affinità si ha tra il coniuge ed i parenti dell'altro coniuge, e si seguono gli stessi gradi. Si badi bene, l'affinità riguarda esclusivamente i rapporti tra il coniuge ed i parenti dell'altro coniuge, per cui i parenti di un coniuge non sono affini dei parenti dell'altro coniuge.

I predetti vincoli di solidarietà sono particolarmente importanti all'interno della famiglia, che a ben vedere è fondata proprio su quel vincolo di solidarietà naturale che lega i genitori ai figli non ancora autosufficienti. Nelle società moderne tale solidarietà non si limita ai primi anni di vita, ma si estende all'intera vita delle persone che fanno parte della famiglia e coinvolge più generazioni, per cui il diritto civile si è trovato sempre più spesso a dover affrontare, soprattutto grazie alle decisioni della giurisprudenza, i limiti di tali doveri di solidarietà: si pensi al dovere del genitore di mantenere il figlio non ancora autonomo economicamente. Quando si conclude questo dovere? Se un figlio è intelligente, ma non vuole studiare, non vuole lavorare e ha superato ormai i trenta anni, deve ancora essere mantenuto dai genitori? In questi casi, come è evidente, il legislatore non può che stabilire dei principi generali (per esempio il principio di autodeterminazione accanto a quello di solidarietà), che dovranno poi essere applicati dai giudici al caso singolo, tenendo sempre presenti le specifiche particolarità che in questa delicata materia ogni caso particolare inevitabilmente presenta.

Ma accanto al dovere di mantenere i figli si pone il dovere, per i genitori, di istruire ed educare la prole, ponendosi tutti tali aspetti al centro di quella che viene chiamata potestà genitoriale e che di norma è esercitata da entrambi i genitori (non sempre, perché uno dei due potrebbe essere venuto meno definitivamente o temporaneamente). Potestà genitoriale che deve tenere nel debito conto il rispetto della personalità del figlio, e dunque il rispetto delle sue scelte di studio e di lavoro, ma anche relative alla politica od alla religione. Si tratta della cosiddetta *responsabilità educativa*, regolata dalla legge n. 281 del 1986, che tenta di trovare un difficile punto di equilibrio tra libertà di scelta e capacità di scelta dei più giovani, favorendo comunque la loro capacità di autodeterminazione.

Si aggiunga, concludendo sul punto, la circostanza che i genitori amministrano i beni dei figli minori, avendone la rappresentanza legale; si tratta di un fenomeno che, a prescindere dalle sue connotazioni economiche, fondate sull'esigenza di non sottrarre i beni dei minori alla circolazione giuridica, si colloca anch'esso all'interno della solidarietà familiare, tanto che la negligenza nell'amministrazione dei beni dei minori da parte dei genitori, o addirittura l'abuso di tale potestà, ben possono essere valutati dal tribunale e – se del caso – adeguatamente sanzionati.

17. *Il matrimonio.*

Lo strumento più frequentemente utilizzato per regolare la struttura della famiglia è il matrimonio, in conformità ad una tradizione assai antica, che risale al diritto romano e che si è consolidata attraverso le profonde radici cattoliche del popolo italiano.

In Italia esso può essere quello civile, quello concordatario e quello acattolico. Il primo, *matrimonio civile*, è regolato dal codice ed è stipulato da un ufficiale dello stato civile, di solito il sindaco od un suo delegato: un tempo la delega era riservata agli amministratori del comune (consiglieri comunali o assessori) o ai funzionari dell'amministrazione, ma recentemente i confini di tale delega si sono ampliati.

Il *matrimonio concordatario* si è storicamente imposto in Italia a causa della circostanza che, come già notato, assai numerosi sono i cittadini cattolici, ed è regolato dal cosiddetto Concordato Lateranense, che fu sottoscritto l'11 febbraio 1929 dallo Stato italiano e dalla Chiesa cattolica. Esso viene stipulato da un Ministro del culto cattolico, solitamente il parroco, e produce gli stessi effetti del matrimonio civile, oltre, ovviamente, quelli propriamente religiosi. La disciplina del matrimonio concordatario è riservata allo Stato italiano, con la significativa eccezione delle cause di nullità, che sono al contrario riservate alla giurisdizione ecclesiastica.

La sempre più frequente diffusione di comunità italiane di religione non cattolica, da quelle tradizionali, come gli ebrei o i valdesi, a quelli più recenti, come i musulmani, ha reso opportuna la previsione del cosiddetto *matrimonio acattolico*, che sostanzialmente corrisponde al matrimonio civile, con la differenza che il matrimonio è celebrato non già dall'ufficiale dello stato civile bensì da un ministro del culto acattolico cui dichiarano di appartenere gli sposi. Tale matrimonio è però possibile solo con riferimento alle religioni riconosciute dallo Stato italiano, il che appare allo stato non solo una grave limitazione dei diritti dell'individuo in tema di libertà religiosa, ma anche un limite all'integrazione di rilevanti comunità di cittadini non cattolici; tuttavia, se da un lato occorre favorire l'integrazione fra diverse religioni, dall'altro non si può non tener conto di tradizioni antropologiche che in materia di famiglia sono assai diverse tra di loro, giungendo in alcune società a legittimare forme di violenza, di ripudio o di poligamia inaccettabili per la società italiana e per la sua cultura.

Negli ultimi decenni si è prepotentemente sviluppato un altro fenomeno, e cioè la cosiddetta "famiglia di fatto" che consiste nella convivenza tra due persone unitamente ai propri eventuali figli, senza però che le stesse siano state unite in matrimonio. Anche in questo caso motivazioni morali e sociali hanno evitato che il legislatore regolasse tale fenomeno, che tuttavia è stato affrontato dalla dottrina e dalla giurisprudenza con riferimento non tanto alla famiglia in sé considerata, quanto ai diritti dei singoli, quale ad esempio il diritto alla pensione di reversibilità o il diritto a permanere nella casa familiare dopo la scomparsa di uno dei coniugi "di fatto". Si è venuto in tal modo a creare un insieme di disposizioni coordinate fra di loro che permette di poter affermare come nel nostro ordinamento si manifesti un riconoscimento giuridico per la famiglia di fatto, anche se essa non è ancora stata compiutamente formalizzata in àmbito legislativo. Osteggiata da chi riconosce come famiglia unicamente quella fondata sul matrimonio (l'articolo 29 della Costituzione afferma che la Repubblica riconosce i diritti della famiglia come società naturale fondata sul matrimonio), appare tuttavia legittima l'interpretazione che pone a fondamento della famiglia di fatto l'articolo 2 della Costituzione che, come già si è visto, riconosce e garantisce i diritti inviolabili dell'uomo sia come singolo sia nelle formazioni sociali ove si svolge la sua personalità.

In anni più recenti l'evoluzione del costume ha posto anche il problema se i coniugi debbano essere necessariamente di sesso diverso o meno; la tesi della necessaria diversità è sostenuta soprattutto dalla Chiesa cattolica, che individua nella procreazione la principale finalità dell'istituto, mentre la tesi contraria è sostenuta da chi vede nel matrimonio una manifestazione di affettività stabile che non necessariamente è riservata a persone di sesso diverso (a prescindere dal fatto che anche il voler individuare due soli sessi, ben definiti, appare una semplificazione sia biologica sia sociale). Il dibattito si è definito con l'approvazione della legge 20 maggio 2016, n. 76, che ha regolato l'intera materia delle relazioni omoaffettive, chiamate *unioni civili*, fornendo loro una disciplina specifica che per alcuni versi tende a parificarle alla famiglia tradizionale, mentre per altri versi tende a mantenere separate le due fattispecie, ad esempio in tema di adozioni, in tema degli effetti che l'infedeltà produce sul vincolo, in tema di attribuzione del cognome, in tema di affinità.

Torniamo al matrimonio, le cui patologie, ovvero la cessazione di quell'*affectio maritalis* su cui è fondata la famiglia, sono affrontate dall'ordinamento attraverso la separazione personale dei coniugi e la cessazione degli effetti civili del matrimonio stesso (cosiddetto divorzio, termine che si utilizza nel linguaggio comune ma che la legge non prevede, definendo la situazione o come scioglimento del matrimonio civile o come cessazione degli effetti civili del matrimonio concordatario).

Nella separazione personale dei coniugi, espressione di un preciso diritto potestativo (il diritto potestativo attribuisce al suo titolare il potere di incidere direttamente sulla sfera giuridica altrui) spettante a ciascuno di essi, cessa soltanto l'obbligo della convivenza, mentre tutti gli altri doveri discendenti dallo *status* di coniuge permangono. Al contrario, nello scioglimento del matrimonio cessa ogni rapporto giuridico tra i coniugi tranne, ovviamente, quello di continuare ad allevare ed educare i figli sino alla loro piena indipendenza. Sia nel primo caso, sia nel secondo, i predetti provvedimenti sono assunti dal Tribunale civile ordinario competente per territorio, in virtù della rilevanza degli effetti che essi producono sulla famiglia e sui suoi componenti. Il provvedimento può essere consensuale, se le parti sono d'accordo sulle condizioni della separazione o su quelle dello scioglimento del matrimonio, o giudiziale, quando tale accordo manchi e dunque le condizioni della separazione o dello scioglimento vengono stabilite dal giudice. Tuttavia il Tribunale, anche in caso di accordo, ha sempre l'obbligo di valutare le condizioni stabilite dai coniugi, perché queste devono comunque essere ragionevoli ed in ogni caso rispondere in via principale all'interesse della prole (una valutazione, quella del giudice, che si formalizza attraverso la cosiddetta omologazione).

Mentre la separazione personale dei coniugi discende da una crisi della famiglia che rende la convivenza intollerabile o comunque dannosa per l'educazione della prole, lo scioglimento del matrimonio civile o la cessazione degli effetti civili del matrimonio concordatario discende principalmente da una separazione che dura da oltre un anno (in passato il temine era di cinque anni, successivamente ridotto a tre). L'orientamento del legislatore è però sempre indirizzato a favorire la riconciliazione tra i coniugi per cui, mentre per il concretizzarsi della separazione è necessario uno specifico provvedimento giudiziale, per la riconciliazione è sufficiente la cessazione delle situazioni di fatto che l'hanno determinata (ad esempio, il ritorno della convivenza) anche in assenza di uno specifico provvedimento del Tribunale. Tradizionalmente è sempre stato il Tribunale a pronunciare la cessazione degli effetti civili del matrimonio, ma con la legge 162/2014 tale pronuncia può essere effettuata anche dal Sindaco del comune di residenza dei coniugi: segno di una tendenza a rendere più semplici le procedure che fanno venir meno il rapporto matrimoniale. Al contrario l'ordinamento italiano si è sempre rifiutato di rendere lecite le convenzioni patrimoniali tra coniugi in vista di una futura cessazione del matrimonio, convenzioni che sono sempre state lecite nella cultura giuridica di *common law* e che si vanno estendendo anche ad altri stati europei. Probabilmente il divieto discende da una concezione non patrimoniale del matrimonio che l'ordinamento giuridico ha mutuato dalla visione cattolica della famiglia.

Il diffondersi di atti di molestia e di violenza che negli ultimi anni si è manifestato con maggior frequenza all'interno delle famiglie italiane ha consigliato al legislatore di approvare la legge 4 aprile 2001, n. 154, che ha introdotto nell'ordinamento i cosiddetti ordini di protezione contro gli abusi familiari. Tali ordini vengono impartiti dal giudice al coniuge riconosciuto colpevole di violenze, minacce, molestie e gli impongono di tenere un comportamento corretto, impedendogli comunque di avvicinarsi ai luoghi frequentati dai familiari che hanno chiesto ed ottenuto il provvedimento di protezione. Sebbene l'utilità di tali ordini di protezione sia indubbia, un attento esame delle più recenti tendenze in tema di violenza familiare porta a ritenere come il problema sia ben lungi dall'essere risolto, e come soltanto un'attenta opera educativa di prevenzione da parte della famiglia e della scuola possa condurre ad una attenuazione di quel reato che viene chiamato, con espressione purtroppo tragica, *femminicidio*.

18. *I regimi patrimoniali della famiglia.*

Non si creda che i profili patrimoniali siano assenti dal diritto familiare, perché la famiglia è sempre stata considerata come fondamentale centro di aggregazione di interessi non solo personali ma anche economici.

Un tempo soltanto l'uomo (o comunque prevalentemente l'uomo) produceva reddito, anche se la donna, di norma, impiegava tutte le sue energie in favore della famiglia, provvedendo alle necessità della casa ed all'educazione dei figli. Per questo motivo il classico regime della separazione dei beni, che sino al 1975 rappresentava il regime legale (cioè quello previsto dalla legge ove non derogato) è stato sostituito, proprio quale regime legale, dal regime della comunione. Ovviamente i coniugi, al momento del matrimonio, possono derogare al regime legale della comunione ed optare per il regime della separazione, attraverso una specifica dichiarazione in tal senso. Non vi è dubbio che il regime della comunione esprima assai meglio di quello della separazione dei beni l'attuale tendenza ad un più corretto equilibrio tra i coniugi, basato sulla solidarietà familiare: infatti la comunione legale è presente nell'ordinamento francese ed in quello tedesco, mentre è assente negli ordinamenti di *common law* che, più di altri, risentono del pregiudizio che individua nella comunione (anche familiare) un rallentamento nella circolazione dei beni. Tuttavia la scelta italiana appare non solo sicuramente più rispondente ai doveri di solidarietà sanciti dalla Costituzione, ma anche in grado di meglio rispondere a quelle rotture della vita familiare (morte di uno dei coniugi, scioglimento del matrimonio, contrasti di interesse) che possono comunque avvenire.

Sotto un profilo tecnico, mentre la comunione comporta che tutti gli acquisti effettuati in costanza di matrimonio sono attribuiti a tutti e due i coniugi (se il marito acquista un bene, esso diviene automaticamente, per metà, di proprietà della moglie, anche se quest'ultima non ha partecipato all'atto e non ha pagato nulla), nella separazione dei beni l'acquisto resta esclusivamente in capo a chi lo compie. In tutti e due i casi i beni di proprietà dei singoli coniugi prima del matrimonio non confluiscono nella comunione,

ART 177

e restano pertanto in proprietà esclusiva a ciascuno di essi. Tuttavia non tutti i beni rientrano nella comunione. Ne restano esclusi i cosiddetti beni personali, cioè quelli che sono necessari per le più personali esigenze, come i vestiti, o i beni necessari all'esercizio di una professione; ancora, ne restano escluse le somme ricevute da uno dei coniugi a titolo di risarcimento del danno da lesioni fisiche o psichiche. Il che appare ragionevole, trattandosi di lesioni strettamente personali.

I beni comuni ai coniugi sono amministrati disgiuntamente in relazione agli atti di ordinaria amministrazione, mentre sono amministrati congiuntamente in relazione agli atti di straordinaria amministrazione, essendo previsto l'intervento del giudice in caso di contrasto; la mancanza del consenso o dell'autorizzazione giudiziaria comporta l'annullabilità del negozio posto in essere.

Il *fondo patrimoniale* è stata una innovazione stabilita dal legislatore del 1975 allo scopo di vincolare un determinato patrimonio alle esigenze familiari, ma l'istituto non ha avuto uno sviluppo significativo. Esso comunque ha lo scopo di sottrarre ai creditori dei singoli componenti della famiglia un bene o un insieme di beni che deve essere utilizzato nell'esclusivo interesse della comunità familiare, per cui a volte l'istituto è stato utilizzato in modo non conforme alle proprie finalità, essendo stato indirizzato esclusivamente allo scopo di sottrarre un determinato bene alla responsabilità patrimoniale del debitore (articolo 2740 del codice civile "*Il debitore risponde dell'adempimento delle obbligazioni con tutti i suoi beni presenti e futuri. Le limitazioni della responsabilità non sono ammesse se non nei casi stabiliti dalla legge*"). Una tendenza, questa di sottrarre dei beni alla generale responsabilità patrimoniale di cui all'articolo 2740 del codice civile, che negli ultimi decenni si è andata significativamente estendendo: il fondo patrimoniale è stato proprio uno dei primi istituti ad andare nella direzione indicata.

19. *La filiazione naturale.*

Un altro aspetto regolato dal codice è la filiazione cosiddetta naturale, per distinguerla dalla filiazione cosiddetta adottiva. L'ordinamento regola il fenomeno attraverso gli articoli 231 e seguenti del codice, i quali sono stati ampiamente riformati dopo il 1975, ed in alcune parti anche successivamente.

Il principio fondamentale in materia di filiazione legittima (ovvero la filiazione all'interno del matrimonio) è sempre stato quello di ritenere che "*il marito è padre del figlio concepito durante il matrimonio*" (articolo 231 del codice civile); non è necessaria una analoga norma per quanto riguarda la madre, in considerazione della circostanza biologica per cui "*mater semper certa*". Ovviamente questa presunzione può essere contrastata attraverso l'azione di disconoscimento di paternità, che risulta essere speculare a quella di riconoscimento di paternità, necessaria nei casi di concepimento al di fuori del matrimonio. La tradizionale concezione della famiglia fondata sul matrimonio quale contenitore naturale della filiazione è andata negli ultimi anni deteriorandosi, così come nello stesso periodo le scoperte della medicina hanno reso possibile anche forme di fecondazione assistita, omologa ed eterologa, permettendo a coppie sterili di far nascere bambini attraverso tecniche sempre più efficaci. Questi fenomeni pongono problemi giuridici di grande rilievo, ed impongono al giurista di adeguare in modo corretto e rapido l'ordinamento alla realtà sociale in trasformazione; resistenze di varia natura, alcune fondate, altre meno, rendono tale adeguamento problematico e delicato, tuttavia l'evoluzione in atto si fonda sull'applicazione di principi generali, quali il rispetto della persona e della sua dignità, che tendono a favorire sempre la tutela dell'affettività in concreto rispetto ad esigenze di natura sociale e morale ormai superate.

In passato proprio queste esigenze sociali e morali (per quanto a volte discutibili) unite ad esigenze economiche (la possibile dispersione del patrimonio), avevano escluso una parificazione di tutti i figli, volendosi tenere ben separati quelli nati all'interno della famiglia legittima (e perciò chiamati figli legittimi) da quelli nati al di fuori della famiglia (definiti figli illegittimi), in quanto figli di due persone non sposate tra di loro. Gradatamente questa netta distinzione è andata diluendosi, ma solo recentemente in Italia è stato possibile (legge 10 dicembre 2012, n. 219 che ha stabilito, modificando l'articolo 315 del codice civile, che *tutti i figli hanno lo stesso stato giuridico*), parificare totalmente la posizione giuridica dei figli, sia quelli nati all'interno del matrimonio, sia quelli nati al di fuori di esso. Perché non vi sono soltanto dei figli legittimi e dei figli illegittimi, come sprezzantemente venivano chiamati in passato quelli nati al di fuori del matrimonio, ma soltanto dei figli più fortunati e dei figli meno fortunati. Nella misura in cui il diritto civile può incidere sulla società, giustizia, almeno in questo caso, è stata fatta.

20. Segue: *la filiazione adottiva.*

La possibilità di far partecipare alla vita della famiglia dei soggetti che non sono tra di loro parenti, né in senso verticale né in senso orizzontale, è sempre stata non solo possibile, ma anche sostanzialmente favorita dall'ordinamento. In passato spesso l'*adozione* (ovvero la possibilità di creare un vincolo giuridico di filiazione non fondato sul concepimento da parte dei genitori) veniva utilizzata per dare un successore a chi non l'aveva naturalmente, per cui un uomo anziano poteva adottare un soggetto più giovane per trasmettergli il suo patrimonio ed evitare che andasse disperso (cosiddetta adozione dei maggiori d'età).

Più di recente l'adozione si è sviluppata in relazione ai minori d'età (legge 4 maggio 1983, n. 184, poi modificata dalla legge 28 marzo 2001, n. 149), con lo scopo di attribuire dei figli a coloro che non potevano averne in modo naturale, realizzandosi nel contempo l'utilità di evitare che i bambini in stato di abbandono finissero negli istituti ad essi riservati, che di certo non garantivano le stesse adeguate possibilità di sviluppo e di educazione proprie di una famiglia. Presupposto di tale adozione è lo stato di abbandono del minore, che viene stabilito dal Tribunale per i minorenni; successivamente il minore potrà essere affidato ad una coppia unita in matrimonio da almeno tre anni, ritenuta idonea – sempre dal Tribunale dei minorenni – ad educare, istruire e mantenere l'adottato. A differenza di quanto stabilito per l'adozione dei maggiorenni, non è motivo di esclusione dall'adozione l'esistenza di altri figli. Questa forma di adozione dei minori ha avuto grande diffusione e si è di recente aperta anche all'adozione internazionale (legge 31 dicembre 1998, n. 476, con cui è stata data attuazione alla Convenzione dell'Aja del 29 maggio 1993), essendo previsto – anche sulla base di apposite convenzioni internazionali – che le coppie italiani possano adottare – sempre sotto il controllo del Tribunale dei minorenni – dei bambini stranieri, per lo più provenienti da paesi poveri, in tal modo sottraendoli a condizioni di vita difficili e spesso disperate. La procedura di adottabilità viene compiuta nello stato dove si trova il minore, mentre il Tribunale dei minorenni italiano pronuncia il decreto di idoneità all'adozione che, attraverso specifici enti a ciò autorizzati, permetterà di completare la procedura. Una volta adottati, i minori acquistano lo *status* di figlio con tutte le implicazioni che esso comporta, ovvero con tutti i diritti ed i doveri che sono propri del figlio naturale, ed ovviamente perdendo tutti i diritti che avevano in relazione alla loro famiglia d'origine, come ad esempio a succedere ai propri genitori biologici (mentre l'adottato maggiore d'età conserva il diritto alla successione in relazione alla propria famiglia d'origine).

Attraverso la filiazione adottiva l'ordinamento giuridico riesce a creare un istituto che imita la natura il più possibile, non solo attribuendo lo *status* di figlio a chi non lo è biologicamente, ma addirittura parificando tale figlio a quelli nati all'interno del matrimonio. Tuttavia, sebbene la legislazione italiana in materia di adozione sia relativamente recente, non si può sottacere come essa presenti delle criticità più volte evidenziate. Le procedure di affidamento sono spesso eccessivamente lunghe, affidate a servizi sociali non sempre in grado di comprendere la complessità delle situazioni e quindi fondate su relazioni spesso superficiali e troppo spesso acriticamente recepite dai tribunali. Meriterebbero inoltre delle meditate risposte le manifestate esigenze di adozione da parte di nuclei familiari non tradizionali, quali le famiglie di fatto, le unioni civili, i singoli, dovendosi anche in questi casi valutare non tanto l'astratta corrispondenza a schemi qualificati come tradizionali, quanto la reale affettività che si è in grado di esprimere; ovviamente tenendo sempre nel dovuto conto l'interesse del minore, che non è certo quello di essere affidato a famiglie inadeguate, ma non è neanche quello di rimanere negli istituti per bambini abbandonati sino a che non si trovi la famiglia "perfetta", che ovviamente non esiste.

Di minor rilievo l'istituto dell'affido familiare, che ha sostituito il più risalente istituto dell'affiliazione, e che consiste nell'affidamento temporaneo di un bambino ad una famiglia: carenze di natura organizzativa non hanno permesso una adeguata utilizzazione di tale istituto che, in presenza di adeguati controlli e servizi potrebbe, invece, rivelarsi assai utile per contrastare l'abbandono dei minori.

Bibliografia essenziale.

ALPA G., *Status e capacità. La costruzione giuridica delle differenze individuali*, Roma-Bari, 1993.

ANDRINI S., *L'autonomia privata dei coniugi tra status e contratto*, Torino, 2006.

AULETTA T., *La comunione legale*, in *Tratt. Bessone*, IV, *Il diritto di famiglia*, II, Torino, 1999.

BARBA A., *Associazione, fondazione e titolarità d'impresa*, Napoli, 1996.

BELLELLI A., *Aspetti civilistici della sperimentazione umana*, Milano, 1983.

BERTI DE MARINIS G., *Il ruolo della giurisprudenza nell'evoluzione della disciplina in tema di procreazione medicalmente assistita*, in *Resp. civ. prev.*, 2014, p. 1716 ss.

BIANCA MIR., *Vincoli di destinazione e patrimoni separati*, Padova, 1996.

CARBONI B., *Status e soggettività giuridica*, Milano, 1998.

D'ALESSANDRO F., *Persone giuridiche e analisi del linguaggio*, Padova, 1989.

DE CUPIS A., *I diritti della personalità*, Milano, 1982.

DE GIORGI M.V., *Le persone giuridiche. Le associazioni. Le fondazioni*, Bologna, 1999.

DI RAIMO R., *Le associazioni non riconosciute*, Napoli, 1995.

DI RAIMO R., *Libertà di associazione e democrazia pluralista nella giurisprudenza della Corte europea dei diritti dell'uomo*, in *Rass. dir. civ.*, 2011, 3, p. 724.

FERRANDO G., *Il matrimonio*, in *Tratt. dir. civ. e comm.*, diretto da A. Cicu e F. Messineo, Milano, 2002.

FERRO-LUZZI P., *I contratti associativi*, Milano, 1976.

GAZZONI F., *Dal concubinato alla famiglia di fatto*, Milano, 1983.

GIORGIANNI M., *La dichiarazione di morte presunta*, Milano, 1942.

GIORGIANNI M., *Della potestà dei genitori*, in *Commentario al diritto italiano della famiglia,* IV, Padova, 1992.

LECCESE E., *Incapacità naturale e teoria dell'affidamento*, Napoli, 1999.

MACIOCE F., *Profili del diritto al nome civile e commerciale*, Padova, 1984.

MANTOVANI M., *La filiazione legittima*, in *Trattato Zatti*, II, Milano, 2002.

MARINELLI F., *Il diritto di famiglia venti anni dopo*, in *Gli itinerari del codice civile*, 3ª ed., Milano, 2008.

NUZZO M. (a cura di), *Le fondazioni bancarie*, Napoli, 2000.

PAGLIARI G., *Le fondazioni bancarie. Profili giuridici*, Milano, 2004.

PASQUINO T., *Autodeterminazione e dignità della morte*, Padova, 2009.

RESCIGNO P., *Persona e comunità. Saggi di diritto privato*, Padova, 2, 1967-1987.

RODOTÀ S., *Il diritto di avere diritti*, Roma-Bari, 2012.

RODOTÀ S., *Diritto d'amore*, Roma-Bari, 2015.

SESTA M., *Manuale di diritto di famiglia*, 6ª ed., Padova, 2015.

VINCENZI AMATO D., *La famiglia e il diritto*, in P. MELOGRANI (a cura di), *La famiglia italiana dall'800 ad oggi*, Bari, 1988.

ZATTI P., *Persona giuridica e soggettività: per una definizione del concetto di persona nel rapporto con la titolarità delle situazioni soggettive*, Padova, 1975.

ZOPPINI A., *I diritti della personalità delle persone giuridiche e dei gruppi organizzati*, Padova, 2002.

Capitolo secondo
Gli atti mortis causa

Sommario: 21. La successione a causa di morte. – 22. Eredità e legato. – 23. La successione legittima. – 24. La successione testamentaria. – 25. La divisione ereditaria. – 26. Le donazioni.

21. *La successione a causa di morte.*

In tutte le società, sia quelle più antiche sia quelle più moderne, si è sempre permesso agli uomini di disporre dei propri beni, in vita, per il periodo successivo alla loro morte. Soltanto qualche esperienza estrema, in anni ormai trascorsi e in alcuni stati del lontano Oriente, ha tentato di eliminare completamente tale possibilità, disponendo che alla morte del soggetto i suoi beni (in quelle esperienze già abbastanza limitati in quanto a possibilità di appropriazione) tornassero allo Stato, che provvedeva alla loro redistribuzione. La possibilità di disporre dei propri beni si basa quindi sul presupposto sia della legittimità morale di ereditare un patrimonio, sia della convinzione che la trasmissione di tale patrimonio debba avvenire preferibilmente all'interno della famiglia, sia della possibilità che nella disciplina del fenomeno successorio venga rispettato un certo grado di autonomia del proprietario dei beni oggetto dell'eredità. Negli stati moderni, peraltro, è soprattutto il sistema di tassazione del trasferimento dei beni *mortis causa* che svela il maggiore o minore apprezzamento dell'ordinamento per la possibilità di trasferire in tal modo i patrimoni, tuttavia l'esigenza che un patrimonio, alla morte del suo proprietario, non resti senza un titolare, ha permesso sul piano storico e sul piano tecnico una complessa elaborazione dei principi in materia, che può dirsi sostanzialmente omogenea in tutti i paesi europei.

Più in generale la successione consiste in quel fenomeno per cui un soggetto viene ad occupare la posizione di un altro soggetto, in relazione ad una situazione giuridica che mantiene la propria identità oggettiva. Nella successione a causa di morte (che trattiamo in questa sede, perché esiste anche una successione *inter vivos*) uno o più soggetti subentrano nella situazione della persona scomparsa, che viene chiamata *de cuius*, dall'espressione latina *de cuius ereditate agitur*, ovvero "il soggetto della cui eredità si tratta". Si parla quindi di successione *mortis causa* perché è il fatto della morte di un soggetto (e solo esso) che determina il trasferimento dei beni e la successione nei rapporti giuridici con effetti tipizzati, che tendono a limitare la libertà del *de cuius*.

Le disposizioni in materia successoria hanno carattere imperativo, e dunque vige al riguardo il principio di divieto dei patti successori, sancito dall'articolo 458 del codice, ovvero di quelle disposizioni contrattuali per cui qualcuno si impegna a destinare la propria eredità. Questi patti sono vietati sia per garantire la libertà di poter disporre dei propri beni sino al momento in cui il soggetto cesserà di vivere, sia per evitare che alcuni affari siano fondati non sulla reale proprietà dei beni ma soltanto su incerte aspettative di fatto; essi dunque comprendono sia i patti cosiddetti istitutivi, per mezzo dei quali viene istituito un erede o un legatario non per mezzo di un testamento ma di un contratto, sia i patti dispositivi, con i quali qualcuno dispone dei propri diritti su una successione non ancora aperta, sia quelli rinunziativi, con i quali si rinuncia ai propri diritti rispetto ad una successione non ancora aperta. Di recente a questo divieto, sempre rigorosamente rispettato dal legislatore, sono state proposte delle eccezioni da parte della fantasia dei notai attraverso l'uso dell'istituto anglosassone del *trust* e da parte degli avvocati attraverso l'uso disinvolto di una giurisprudenza incerta e non sempre consolidata; tuttavia con la legge sul patto di famiglia (legge 14 febbraio 2006, n. 55) il divieto è stato negli ultimi anni incrinato anche da parte dello stesso legislatore, per cui l'operatività del principio di divieto dei patti successori ha subito una lenta erosione, che si ha motivo di ritenere continuerà a manifestarsi e ad estendersi attraverso le cosiddette successioni anomale, ovvero le modalità attraverso cui si tende ad aggirare i divieti riguardanti i patti successori. Un'erosione peraltro non condivisibile, perché derivante da esigenze economiche incentrate solo sul presente, mentre il diritto delle successioni allunga il proprio sguardo al futuro ed è volto a tutelare e proteggere le ragionevoli aspettative dei soggetti che per motivi di parentela o di affetto vantano diritti sull'eredità. La declinazione del tempo al solo presente, caratteristica della contemporaneità, produce i suoi effetti (troppo spesso negativi) anche su quegli istituti giuridici che trovano il loro fondamento e la loro giustificazione proprio nell'ineluttabile scorrere del tempo.

A tal proposito va segnalata la legge 22 giugno 2016, n. 112, recante "*Disposizioni in materia di assistenza in favore delle persone con disabilità grave prive del sostegno familiare*". Si tratta di una legge che disciplina le misure di assistenza, cura e protezione nei confronti delle persone diversamente abili prive del sostegno familiare, ed è volta ad agevolare le erogazioni da parte dei soggetti privati, la stipula di polizze di assicurazione e la costituzione di *trust*, di vincoli di destinazione e di fondi speciali. Tutti strumenti, questi ultimi, che hanno lo scopo di garantire al soggetto diversamente abile un supporto economico e sociale quando si troverà privo del supporto familiare.

Tornando alla successione ordinaria si deve rilevare, inoltre, come con il termine delazione ereditaria (o devoluzione) si voglia intendere la possibilità offerta al soggetto di succedere mediante le sole due cause previste, e cioè la legge o il testamento, mentre la vocazione o chiamata ereditaria fa riferimento all'individuazione dello specifico soggetto chiamato dal *de cuius* all'eredità, quindi ha delle caratteristiche marcatamente soggettive. Mentre nel diritto romano le due delazioni erano incompatibili tra di loro (*nemo pro parte testatus pro parte intestatus decedere potest*), oggi tale principio è superato e pertanto la delazione testamentaria può essere parziale, lasciando alla legge il compito di disciplinare la quota di beni non regolata dal testamento.

La successione, come afferma l'articolo 456 del codice civile, si apre al momento della morte, nel luogo dell'ultimo domicilio del defunto. Questi aspetti sono fondamentali, perché determinano tutta una serie di soluzioni ad eventuali conflitti di leggi nel tempo e nello spazio (si pensi soltanto alla necessità di stabilire in determinati casi il momento della morte, esigenza risolta dalla presunzione di cui alla norma sulla commorienza). Parificata alla morte naturale del *de cuius* è la morte presunta, che viene pronunciata in seguito ad una assenza del soggetto protratta nel tempo.

La capacità di succedere non è generale. In passato erano esclusi dalle successioni le persone giuridiche, ma questo pregiudizio si è andato attenuando con il tempo, ed è oggi alle persone giuridiche è soltanto fatto obbligo di accettare con beneficio d'inventario. Piuttosto l'eredità può essere devoluta ad un soggetto soltanto concepito, con la conseguenza di un periodo d'incertezza circa la sorte del patrimonio, giustificato però dal *favor* dell'ordinamento perché i beni compresi nella successione possano andare ad un discendente del *de cuius*. Quando l'eredità si trova, per questo o per altri motivi, in situazione di incertezza circa i soggetti cui è stata devoluta, la stessa viene definita come eredità giacente, e ad essa si applica una disciplina che ha sostanzialmente lo scopo di garantirne la corretta amministrazione e dunque la conservazione.

Restano fuori del fenomeno successorio le cosiddette *successioni anomale*, riguardanti alcune specifiche ipotesi in cui il diritto del *de cuius* si trasferisce, alla sua morte, sulla base di disposizioni specifiche, quali la riestensione della piena proprietà a favore del nudo proprietario a causa della morte dell'usufruttuario, la tutela del diritto morale d'autore che spetta ai familiari del *de cuius* anche se non sono eredi, l'attribuzione ai familiari del trattamento di fine rapporto. In questi casi non si applicano i principi della vocazione e della delazione ereditaria, ed i beni sono attribuiti da specifiche norme di legge, volte a far prevalere specifici interessi ritenuti meritevoli di una particolare tutela.

22. *Eredità e legato.*

La successione *mortis causa* può essere a titolo universale o a titolo particolare. Nel primo caso, identificabile nella figura dell'erede, si attua una successione in tutti i rapporti che facevano capo al cosiddetto dante causa, e che trovano giustificazione proprio nell'estinzione della personalità giuridica di tale soggetto, e dunque nella necessità di garantire la continuità di alcuni rapporti patrimoniali.

Tuttavia la successione può essere anche a titolo particolare, ovvero riguardare un singolo rapporto, che si trasferisce dal dante causa all'avente causa. Questa situazione, che normalmente caratterizza i rapporti *inter vivos*, è comunque presente anche all'interno delle successioni a causa di morte, e dà luogo alla figura del cosiddetto *legato*. Attraverso il legato il *de cuius* trasferisce ad un soggetto, determinato o comunque determinabile, uno specifico rapporto patrimoniale. Questo trasferimento non attribuisce la qualità di erede, e quindi il legatario non acquista una quota dei beni e non risponde dei debiti del *de cuius*: da questa configurazione discende la circostanza che mentre l'eredità deve essere sempre accettata (attraverso l'accettazione espressa, che si attua mediante una specifica manifestazione di volontà, o l'accettazione tacita, che si attua comportandosi come se si fosse accettata l'eredità), il legato non ha bisogno di accettazione; ma, ovviamente, il legato si può rifiutare attraverso una specifica manifestazione di volontà. La differenza tra le due fattispecie sotto il profilo dell'accettazione è evidente. La manifestazione di volontà (espressa o tacita che sia) è necessaria per accettare l'eredità: in sua assenza non c'è successione. Nel legato la manifestazione di volontà è invece necessaria per il rifiuto, per cui in sua assenza il legato si ritiene accettato. Una particolare forma di accettazione è quella con beneficio d'inventario, nella quale l'erede ottiene un termine per poter valutare se l'accettazione dell'eredità, in relazione ai beni ed ai debiti in essa contenuti, sia o meno conveniente (in alcuni casi la norma è posta a protezione dell'erede, ad esempio i minori o gli incapaci devono sempre accettare con beneficio d'inventario).

Non sempre è agevole stabilire se il *de cuius* abbia o meno inteso determinare una successione a titolo universale o particolare: il criterio che ci offre il codice all'articolo 588 è l'oggetto della disposizione: se questa comprende l'universalità o una quota dei beni del testatore, allora la successione è a titolo universale e l'avente causa acquista la qualità di erede. Qualità che comporta – proprio attraverso tale successione a titolo universale – la confusione del patrimonio dei due soggetti (*de cuius* ed erede), per cui quest'ultimo assumerà anche tutti i debiti eventualmente riferibili al testatore. Anche in questo caso, come in altri, è il contesto in cui la situazione si colloca a fare la differenza. Immaginiamo che il testatore abbia stabilito di lasciare una casa al figlio Tizio, una casa al figlio Caio ed una casa al figlio Sempronio. Senza ulteriori elementi è difficile valutare se abbia voluto istituire tre eredi o tre legatari. Tuttavia verificando l'entità complessiva del patrimonio e l'esistenza di altri eredi legittimari si può giungere a comprendere l'esatta intenzione del *de cuius*: ad esempio, se tutto il patrimonio è composto solo da quelle tre case, e non vi sono altri eredi, allora appare ragionevole ritenere che il testatore abbia voluto istituire tre eredi, in quanto le tre case rappresentano (in tale ipotesi) una quota dell'intero asse ereditario. Ma se vi sono altri eredi ed altre case, è possibile che il *de cuius* abbia voluto lasciare tre legati, attribuendo al resto del patrimonio lo scopo di soddisfare gli eredi.

La petizione ereditaria è proponibile dall'erede nei confronti di chiunque possieda i beni ereditari o parte di essi ritenendosi esso stesso erede, e presuppone che venga accertata la qualità di erede di colui che la propone in giudizio. Tale azione, che ovviamente rappresenta anche una forma di accettazione dell'eredità, è imprescrittibile in quanto una volta acquistata la qualifica di erede questa non si perde più, e trova un limite esclusivamente nell'avvenuta usucapione dei singoli beni.

Sotto un diverso profilo, l'erede può anche rinunciare all'eredità. Tale rinuncia deve essere compiuta avanti ad un notaio o al cancelliere del Tribunale nel cui circondario si è aperta la successione ed è un *actus legitimus*, ovvero uno di quegli atti che non tollera l'apposizione di termini o condizioni: se questi vengono apposti la rinuncia è nulla (come dicevano i romani l'apposizione dell'elemento accidentale *vitiatur et vitiat*). L'articolo 521, primo comma, del codice, stabilisce che colui il quale ha rinunciato all'eredità è come se non fosse mai stato chiamato, anche se la situazione diviene definitiva (essendo la rinuncia revocabile) solo quando gli ulteriori chiamati hanno a loro volta accettato l'eredità. La rinuncia produce inoltre effetti diversi a seconda che la delazione sia a titolo di successione legittima o testamentaria (si veda nei paragrafi successivi). In caso di successione legittima, ove non operi la rappresentazione, al rinunciante subentrano coloro che avrebbero concorso con lui, mentre in caso di successione testamentaria, ove non vi sia stata l'indicazione di una sostituzione da parte del testatore (il quale può stabilire che qualora Tizio non accetti la propria quota di eredità, gli succederà Caio), opereranno gli istituti della rappresentazione o, in difetto, dell'accrescimento (su cui, *infra*).

23. *La successione legittima.*

Quando manca, in tutto o in parte, la delazione testamentaria, si apre la delazione legittima, ovvero quella stabilita dal legislatore. Come è stato autorevolmente rilevato da Pietro Rescigno, non hanno senso le dispute intorno ad una presunta prevalenza della delazione necessaria rispetto a quella volontaria, in quanto non solo le argomentazioni sono contrastanti, ma il risultato appare comunque inutile, essendo ormai pacifico come il sistema si fondi su due pilastri autonomi. Nel rapporto tra delazione legittima o necessaria e delazione testamentaria particolare rilievo vengono ad avere i cosiddetti eredi legittimari, ovvero coloro cui il codice riserva una parte di eredità, e che sono il coniuge, i discendenti e gli ascendenti. Il che vuol dire che la quota riservata a questi soggetti non può essere intaccata da disposizioni testamentarie, che possono soltanto riguardare la cosiddetta quota disponibile, ovvero quella che residua dalla quota legittima. Gli eredi legittimari non vanno peraltro confusi con gli eredi legittimi, che sono coloro cui spetta una quota di eredità qualora il *de cuius* non abbia fatto testamento.

La quota di legittima viene tutelata anche indirettamente dall'ordinamento, attraverso l'istituto della *collazione* (dal latino *cum fero*, metto insieme, il cui participio passato è *collatum*). Se infatti il *de cuius* ha effettuato donazioni in vita ad un erede legittimario, si presume che queste siano state una anticipazione della futura successione, per cui devono, alla morte del *de cuius*, essere conferite nell'asse ereditario per poi essere divise con gli altri eredi. La collazione, in altre parole, impedisce che attraverso donazioni effettuate in vita possano alterarsi le quote ereditarie tra gli eredi legittimari, ed in particolare possa essere sacrificata la quota di legittima. Si badi bene: la collazione opera esclusivamente nei confronti delle donazioni fatte ad eredi legittimari, per cui una donazione fatta dal *de cuius* in vita a terze persone non impone che i beni donati vadano in collazione. Si consideri inoltre che il legittimario può essere dispensato dal *de cuius*, ma la dispensa ha effetto nei soli limiti della disponibile (il che è logico, perché in caso contrario attraverso le donazioni ai legittimari si verrebbe ad incrinare il principio dell'intangibilità della quota legittima, che è proprio quello che l'istituto della collazione vuole evitare).

Altro istituto di rilievo è quello della *rappresentazione*, che si realizza quando uno dei chiamati non possa o non voglia accettare l'eredità, ad esempio perché premorto al *de cuius*. In questo caso i discendenti legittimi o naturali subentrano al loro ascendente nel diritto di accettare l'eredità; ovviamente la rappresentazione fa subentrare i rappresentanti nel luogo e nel grado successorio del rappresentato, ed opera all'infinito, nel senso che se un rappresentato non vuole o non può accettare, subentrano i suoi discendenti, e quindi gli ulteriori discendenti senza soluzione di continuità. Scopo della rappresentazione è ovviamente quello di mantenere l'equilibrio tra le varie stirpi di successibili, onde evitare che la morte di un ascendente impedisca ai suoi discendenti di ricevere quella parte di eredità che avrebbero normalmente ricevuto in condizioni ordinarie. Potrebbe però darsi il caso che non sia stata prevista una sostituzione e non vi sia nessuno che può succedere per rappresentazione: in questo caso opererà l'*accrescimento*, ovvero la quota non attribuita andrà ad accrescere le quote degli altri coeredi. L'accrescimento è subordinato alla circostanza che i coeredi siano stati chiamati per quote uguali, ed opera in modo automatico, senza che vi sia bisogno di una specifica accettazione.

24. *La successione testamentaria.*

A fronte di regole ben precise che disciplinano la successione legittima, al *de cuius* è data la possibilità di destinare liberamente una quota del proprio patrimonio. L'articolo 587 del codice stabilisce che il testamento è l'atto revocabile "con il quale taluno dispone, per il tempo in cui avrà cessato di vivere, di tutte le proprie sostanze o di parte di esse". Esso è appunto un atto *revocabile*, nel senso che si è sempre liberi di revocarlo o di modificarlo sino al momento della morte, ed a difesa di questo principio è stabilito il divieto, già esaminato, dei patti successori. Inoltre è un atto personale, in quanto deve essere compiuto personalmente dal testatore, unilaterale, in quanto si perfeziona con la sola manifestazione di volontà, formale, perché deve rispettare stringenti requisiti di forma e patrimoniale, avendo per oggetto le sostanze del testatore. In realtà il testamento può contenere *anche* disposizioni non patrimoniali, come il riconoscimento di figlio naturale (circostanza questa abbastanza diffusa in passato, quando l'esistenza di figli naturali era solitamente tenuta nascosta e manifestata nel testamento a giustificazione della partecipazione all'eredità).

Il testamento può essere olografo, ovvero scritto totalmente di pugno del testatore, e deve contenere sotto pena di nullità la sottoscrizione e la data in cui è stato redatto. La data è importante, perché essendo, come visto, un atto revocabile, è necessario, in presenza di due testamenti, stabilire quale dei due sia quello successivo, ed a quest'ultimo attribuire efficacia. Tuttavia la data può anche essere desumibile indirettamente, quando si faccia riferimento ad una festività: ad esempio, Natale del 2013. Il rilievo attribuito alla data è importante anche in relazione alla situazione soggettiva del *de cuius*, ovvero per stabilire se il testatore fosse o meno in stato di incapacità legale o naturale al momento della redazione del testamento stesso.

Inoltre il testamento può essere redatto da un notaio e si distingue nel testamento pubblico e nel testamento segreto. Nel primo il notaio raccoglie le volontà del *de cuius* e le trascrive, alla presenza di due testimoni, in un documento che conserva, ma il cui contenuto è pubblico. Nel secondo il notaio raccoglie le volontà del *de cuius* o prende in custodia le volontà già scritte dal *de cuius*, sempre alla presenza di due testimoni, e le conserva in una busta chiusa e sigillata, che verrà aperta soltanto alla morte di quest'ultimo. In tal modo il contenuto del testamento segreto sarà conosciuto esclusivamente dal *de cuius* ed eventualmente dal notaio, e questo sistema, pur garantendone la riservatezza, evita i rischi di smarrimento o di distruzione dolosa cui è naturalmente soggetto il testamento olografo. Inoltre la partecipazione di un professionista esperto come il notaio alla redazione della scheda testamentaria può servire a consigliare il testatore ad evitare espressioni incerte o ambigue, ad indirizzare le disposizioni nel senso esattamente voluto ed a tener conto di ulteriori valutazioni, come ad esempio quelle relative al regime fiscale della successione stessa.

Accanto a tali forme di testamento debbono indicarsi il cosiddetto testamento "internazionale", consistente nella consegna di un documento del testatore ad un notaio accompagnato da una dichiarazione che tale documento contiene le disposizioni testamentarie: questa forma di testamento, introdotta in Italia dalla legge 29 novembre 1990, n. 387, che ha ratificato la convenzione di Washington del 1973, risolve alcuni problemi di diritto internazionale e rende più snelle le procedure nel caso di eredi e beni che si trovano in diversi stati, ma non modifica i principi fondamentali della materia. Al contrario il codice prevede che in particolari situazioni eccezionali (epidemie, guerre, disastri navali) le normali regole di redazione di un testamento possono essere omesse, ma tali forme di testamento, definite speciali, perdono efficacia se non vengono confermate entro tre mesi.

A prescindere dalla sua forma il testamento può essere sempre revocato sino al momento della morte del *de cuius*. La revoca può essere espressa o tacita, e può anche essere dedotta dalla distruzione volontaria del testamento olografo. Il caso più frequente di revoca tacita del testamento consiste nella redazione di un nuovo testamento di data successiva, che ovviamente si sostituisce al vecchio.

In alcune determinate ipotesi al chiamato viene sostituito da parte del testatore un altro soggetto, quando – come nel caso della rappresentazione – il primo non vuole o non può accettare l'eredità (ad esempio perché premorto all'apertura della successione). Tale ipotesi si chiama *sostituzione*, e viene stabilita del testatore, il quale indica quale soggetto debba sostituire il primo chiamato nel caso in cui questi non voglia o non possa accettare l'eredità. Ove, ulteriormente, non possa operare, oltre alla rappresentazione, neanche la sostituzione, opererà il cosiddetto accrescimento, di cui abbiamo già fatto cenno, ovvero la quota di chi non ha voluto o potuto accettare l'eredità si aggiungerà a quella degli altri eredi, che vedranno proporzionalmente accresciuta la propria quota. Il *de cuius* può anche effettuare una *diseredazione*, ovvero escludere dalla successione un erede legittimo (la diseredazione non avrebbe senso, infatti, nei confronti di chi non fa parte della famiglia); tuttavia la diseredazione non opera in relazione alla quota riservata agli eredi legittimari, e può al massimo servire per togliere loro la quota disponibile. Di recente, nel 2012 è stato introdotto nel codice l'articolo 448 *bis*, il quale prevede che il figlio può escludere dalla successione il padre che sia stato privato della patria potestà a seguito degli abusi compiuti in suo danno.

Negli ultimi anni l'utilizzo della successione testamentaria ha subito una contrazione, dovuta sia alla circostanza che l'alterazione delle quote di eredità per gli eredi legittimari è divenuta fenomeno eccezionale, a differenza di quanto accadeva in passato, sia alle possibilità offerte dai più moderni strumenti finanziari di regolare la successione del *de cuius* già in vita, attraverso cointestazioni di conti bancari, polizze di assicurazione indicanti precisi beneficiari, clausole societarie, intestazioni fiduciarie. Tuttavia si è anche manifestata la tendenza, che si ritiene di dover incoraggiare e favorire, di forme di successione che prescindono dagli strumenti tradizionali della delazione, e che si fondano non già sulla causa di morte, bensì su diritti propri degli eredi in relazione al rapporto funzionale che hanno con i beni: si pensi alla successione dell'abitazione nell'edilizia economico-popolare o a quella del fondo nel caso di coltivatore diretto.

In questa direzione anche il desueto istituto della sostituzione fedecommissaria, nella ristretta accezione datale dal codice vigente (articolo 692 del codice civile), potrebbe apparire come un utile strumento per una socializzazione delle successioni. Infatti l'istituto, abolito nella sua dimensione tradizionale, volta a mantenere il patrimonio unitariamente all'interno della famiglia nonostante il trascorrere delle generazioni, con il codice del 1865, è stato reintrodotto dalla legge di riforma del diritto di famiglia con esclusivo riferimento alla chiamata di un congiunto infermo di mente. In questa ipotesi l'istituito avrà l'obbligo di conservare e restituire i beni a favore delle persone (anche giuridiche) che ne hanno avuto cura; si evidenzia così lo scopo assistenziale di tale particolare sostituzione, che ne giustifica la reintroduzione all'interno dell'ordinamento dimostrando così come istituti antichi possano essere utilizzati a fini che rispondono ad esigenze nuove.

Uno dei principi che ispirano la disciplina delle successioni è il tendenziale rispetto della volontà del *de cuius*, un principio che rende non automatico il riequilibrio delle situazioni che violano l'osservanza delle quote dei legittimari. Infatti il legittimario pretermesso, ovvero colui che ha ricevuto per testamento una quota inferiore a quella che gli spettava per legge, deve convenire in giudizio gli altri eredi, che hanno avuto di più di quanto loro spettava, onde rendere inefficace nei suoi confronti tali disposizioni ed ottenere dunque la quota mancante (cosiddetta *azione di riduzio-*

ne). Tale disposizione, che dunque non prevede alcun automatismo al riguardo, ha evidentemente lo scopo di favorire il rispetto della volontà del *de cuius*, con l'unico limite, appunto, della proposizione dell'azione di riduzione.

25. *La divisione ereditaria.*

La centralità del concetto di quota, che si è esaminata in precedenza, comporta che il patrimonio del *de cuius* venga attribuito agli eredi per mezzo di porzioni di proprietà che nel loro insieme danno vita ad una comunione ereditaria. Essa è regolata dal diritto di prelazione dei coeredi, consistente nella preferenza accordata agli altri coeredi nell'acquisto della quota che si vuole cedere a terzi. In altre parole un coerede, se vuole cedere la propria quota ad un terzo, deve preliminarmente interpellare gli altri coeredi indicando il prezzo dell'alienazione. Qualora il diritto di prelazione venga violato, il coerede può recuperare la quota attraverso il cosiddetto *retratto successorio*, una particolare azione di natura reale che gli permette di ottenere il bene oggetto della quota anche se questo è stato successivamente alienato ad altri.

La comunione ereditaria può essere sciolta, a richiesta di qualsiasi partecipante, mediante una procedura divisionale. Questa procedura potrà essere contrattuale, quando è determinata sulla base della volontà dei condividendi, i quali raggiungono un accordo, e giudiziale quando, in mancanza di accordo, ci si rivolge al giudice. Quest'ultimo provvede a formare delle porzioni che verranno attribuite o estratte a sorte. Sia nella divisione contrattuale, sia in quella giudiziale, devono partecipare tutti i condividendi, sotto pena di nullità. Altro tipo di divisione è quella fatta dal testatore, ma in realtà non si tratta di una vera e propria divisione, poiché in tal caso una comunione non si è mai verificata, quanto di una attribuzione di beni determinati. Ovviamente anche in questo caso il testatore non potrà violare la quota di legittima.

Va sottolineato come la divisione ereditaria non abbia natura costitutiva, bensì meramente dichiarativa: in altre parole una volta effettuata la divisione ed attribuito un bene ad uno degli eredi condividenti, questi viene ripetuto come "solo ed immediato successore" rispetto a quel bene, ed è come se lo avesse posseduto sin dal momento dell'apertura della successione. Questo profilo nasce da esigenze di natura tributaria, volte ad evitare una doppia imposizione fiscale, la prima a carico della comunione e la seconda a carico del singolo condividente, ma risponde anche ad una ispirazione più profonda, che tende a legare l'erede al bene oggetto di successione senza che si possa ipotizzare una cesura tra l'acquisto della quota e quello del singolo bene.

Infine, sebbene ogni coerede abbia diritto ad una quota dei beni ereditari in natura, a volte il rispetto delle quote rende impossibile una precisa ripartizione, e dovrà procedersi al riequilibrio delle situazioni mediante dei conguagli in danaro. La divisione ereditaria ed i suoi consolidati principi rappresentano uno dei più rilevanti e tradizionali esempi di divisione, per cui non è casuale che il legislatore abbia esteso l'influenza della disciplina della divisione ereditaria anche alle divisioni ordinarie, stabilendone la compatibilità.

26. *Le donazioni.*

All'interno del libro secondo del codice si trova anche la disciplina delle donazioni, che pure sono dei contratti (l'articolo 769 del codice afferma, risolvendo un annoso problema, che "*la donazione è il contratto col quale, per spirito di liberalità, una parte arricchisce l'altra disponendo a favore di questa di un suo diritto o assumendo verso la stessa un'obbligazione*") e che dunque avrebbero dovuto trovare più adeguata collocazione nel libro quarto, che è appunto il luogo dove vengono disciplinati i contratti.

Ma la causa della donazione, che si rinviene appunto nello spirito di liberalità, ha fatto preferire una collocazione nel libro delle successioni, proprio per sottolineare come sia le successioni, sia le donazioni, trovino il loro fondamento proprio nel cosiddetto spirito di liberalità, ovvero nel desiderio di accrescere il patrimonio di un soggetto senza un corrispettivo. Tuttavia resta la differenza: la donazione è un contratto bilaterale *inter vivos*, mentre il testamento è un atto unilaterale *mortis causa*. Ed anche la causa, che come si è visto risiede in via generale nello spirito di liberalità, ad un esame più approfondito sfuma tale connotazione in quanto, a fronte di donazioni certamente riconducibili a puro spirito di liberalità (dono una somma di denaro a favore di un ospedale), vi sono donazioni meno disinteressate, ad esempio quelle compiute con finalità pubblicitarie o promozionali (dono un telefonino a chi acquista nel mio negozio un elettrodomestico).

Nel codice si parla di donazioni, e non di donazione al singolare, perché la categoria comprende vari tipi di donazione, quali la donazione modale (ovvero la donazione in cui è previsto un onere a carico del donatario), la donazione remuneratoria (ovvero la donazione per motivi di riconoscenza), la donazione obnuziale o a causa di matrimonio (ovvero quella compiuta in vista del matrimonio di un parente o di un amico), la donazione manuale (ovvero quella che ha per oggetto beni di modico valore), ognuna delle quali riceve una particolare disciplina codicistica. Tuttavia la caratteristica fondamentale della donazione è quella di arricchire un soggetto, per cui, pur rientrando la donazione negli atti a titolo gratuito, non ne esaurisce la categoria. Anche il mandato o il comodato possono essere, e spesso sono, a titolo gratuito (o, meglio, tendenzialmente gratuito), ma ciò non trasforma detti contratti in donazioni. Non mancano poi negozi misti, come la vendita mista a donazione, che si realizza quando l'alienante cede il bene ad un prezzo più basso di quello del suo ordinario valore, allo scopo di realizzare una attribuzione parzialmente gratuita. Merita un cenno la cosiddetta donazione indiretta, che realizza la finalità di arricchimento del soggetto attraverso un negozio che solitamente ha un fine diverso, come il contratto a favore di terzo, l'intestazione fiduciaria, la remissione del debito; sebbene a tale particolare tipo di donazione si applichino le norme sulla revocazione delle liberalità, è stato ritenuto che per essa non sia necessaria la forma dell'atto pubblico.

La donazione viene vista con sfavore dal legislatore, che sin dai primi codici civili dell'Ottocento europeo riteneva irragionevole che qualcuno sottraesse a sé ed alla propria famiglia una parte del patrimonio senza alcun corrispettivo, se non per scopi inconfessabili ed immorali. Non potendo però vietare le donazioni, il legislatore le ha sottoposte ad una particolare forma solenne, che ha appunto la funzione di rendere la donazione un atto pubblico, fatto alla presenza di testimoni, allo scopo di renderlo ampiamente conoscibile e di scoraggiare in tal modo le donazioni che non avessero a fondamento una causa nobile. Non saprei dire se tale scopo, giusto o sbagliato che fosse, sia mai stato raggiunto: si può certamente affermare che oggi più che la forma solenne incide sulla scelta di compiere una donazione soprattutto il regime fiscale, non particolarmente favorevole, che il legislatore le riserva. Ovviamente al sistema della forma solenne si sottraggono le donazioni di modico valore, ovvero quelle che comunemente si fanno in occasioni di ricorrenze o tra amici e fidanzati, di cui abbiamo già detto, le quali però si perfezionano e dunque sono valide soltanto se vi sia stata la consegna della cosa oggetto della donazione stessa. Inoltre le donazioni possono essere revocate quando si verificano dei particolari fatti successivi alla donazione: in particolare la donazione può essere revocata per ingratitudine o per sovravvenienza di figli, circostanze che giustificano l'inefficacia della donazione; la possibilità di revoca, peraltro, non si applica alle donazioni remuneratorie e obnuziali.

Occorre sottolineare la circostanza che la donazione è stata ricostruita da una dottrina antropologica assai raffinata come l'antecedente del contratto, che si sarebbe strutturato proprio attraverso il collegamento tra lo scambio di due doni, che in un primo tempo restavano isolati, e che successivamente venivano collegati in uno scambio ove ciascun dono era causa dell'altro. Da qui alla teoria moderna del contratto il passo è breve, e probabilmente proprio questa affinità tra due donazioni reciproche ed un contratto può contribuire a spiegare l'evoluzione e le particolari caratteristiche dell'istituto.

Bibliografia essenziale.

BONILINI G., *Manuale di diritto ereditario e delle successioni*, Torino, 2006.

CARNEVALI U., *La donazione modale*, Milano, 1969.

CAROTA L., *Il contratto con causa successoria. Contributo allo studio del patto di famiglia*, Padova, 2008.

DI MARZIO F., *L'accettazione dell'eredità con beneficio d'inventario*, Milano, 2013.

GERBO F., *Prelegato e funzione del contenuto testamentario*, Padova, 2006.

GIANOLA A., *Atto gratuito, atto liberale. Ai limiti della donazione*, Milano, 2002.

GRASSETTI C., *La donazione modale e fiduciaria*, Milano, 1941.

IRTI N., *Disposizione testamentaria rimessa all'arbitrio altrui*, Milano, 1967.

LIPARI N., *Autonomia privata e testamento*, Milano, 1970.

LISERRE A., *Formalismo negoziale e testamento*, Milano, 1966.

MASI A., *L'acquisto del legato*, in *Studium iuris*, 1995, p. 6 ss.

MASI A., *Del diritto di accrescimento*, in *Comm.* Scialoja-Branca, Bologna-Roma, 2005.

MENGONI L., *Le successioni a causa di morte*, 2 tomi, Milano, 1993.

NICOLÒ R., *La vocazione ereditaria diretta ed indiretta*, Messina, 1934.

PADOVINI F., *La successione del coniuge, dei parenti e dello Stato,* in *Tradizione e modernità nel diritto successorio*, Padova, 2007, p. 97 ss.

PAGLIANTINI S., *Causa e motivi del regolamento testamentario*, Napoli, 2000.

PALAZZO A., *Autonomia contrattuale e successioni anomale*, Napoli, 1983.

PALAZZO A., *Le successioni*, 2ª ed., Milano, 2000.

PALAZZO A., *Testamento e istituti alternativi*, Padova, 2008.

PERLINGIERI G., Heredis institutio ex certa re, *acquisto di beni non contemplati nel testamento e l'art. 686 c.c.*, in *Riv. trim. dir. proc. civ.*, 2011, p. 159 ss.

RESCIGNO P., *Interpretazione del testamento*, Napoli, 1952.

SALVESTRONI U., *Il problema dell'indegnità a succedere*, Padova, 1970.

TORRENTE A., *La donazione* (2ª ed. agg. a cura di Carnevali e Mora), Milano, 2006.

TRIMARCHI P., *L'eredità giacente*, Milano, 1950.

VETTORI G., *La rappresentazione*, Napoli, 1993.

Capitolo terzo

La proprietà ed i diritti reali

Sommario: 27. I beni. – 28. La proprietà. – 29. L'acquisto e la perdita della proprietà. – 30. I diritti reali. – 31. La comunione ed il condominio. – 32. Il possesso.

27. *I beni.*

La nozione di bene e le categorie giuridiche in cui essi beni vengono distinti, non soltanto con riferimento al diritto privato, sono contenute all'interno del libro terzo del codice. Motivazioni storiche, legate alla presunta centralità del codice civile come strumento ordinante dell'intero sistema giuridico, fecero propendere il legislatore verso una scelta che distingueva i beni privati da quelli pubblici all'interno del capo secondo di tale libro. Una scelta di fatto non modificata dalla Costituzione che, sei anni dopo l'approvazione del codice civile, distinguerà all'articolo 42 la proprietà privata da quella pubblica, inibendo di fatto ogni diversa alternativa. Alternativa solo recentemente proposta all'attenzione dei giuristi e consistente nella categoria dei beni comuni, una categoria elaborata dalla commissione Rodotà (dal nome del suo presidente, il prof. Stefano Rodotà) nel 2007, ma ad oggi non ancora concretamente recepita dal legislatore.

In relazione alla nozione, il codice ci dice che i beni sono le cose che possono essere oggetto di diritti, tendendo dunque a far coincidere il bene in senso economico con il bene in senso giuridico. Quindi esistono delle cose naturali, come l'aria, o l'acqua del mare, che normalmente non sono beni perché su di esse non possono costituirsi diritti, ad esempio non si possono acquistare o vendere. Ma in alcune particolari situazioni anche tali cose possono divenire beni, perché se comprimo l'ossigeno dell'aria in una bombola di gas lo posso utilizzare a scopi terapeutici, o se utilizzo l'acqua del mare per produrre sale marino lo posso vendere.

Un'altra distinzione tradizionale, fondamentale per il diritto civile, è quella che distingue i beni in mobili ed immobili, e che è alla base di una diversa circolazione degli stessi. Infatti la certezza degli acquisti e delle vendite dei beni immobili è affidata ad una forma di pubblicità chiamata trascrizione, che ha lo scopo di rendere opponibile l'acquisto a tutti i terzi. Al contrario i beni mobili ricevono tale certezza attraverso lo strumento del possesso, che manifesta ai terzi la circolazione del bene, come si vedrà *sub* par. 32. Non si dimentichi poi che esistono anche altre categorie collegate alla predetta distinzione, ovvero i beni immobili per destinazione, cioè quelli stabilmente ancorati al suolo, in modo tale che non possono essere separati dal suolo senza perdere la loro destinazione economica, ed i beni mobili registrati, cioè le automobili, le motociclette, le navi e gli aeroplani che, per la loro importanza economica e per i loro frequenti scambi, circolano attraverso un regime giuridico assai simile a quello dei beni immobili, fondato come detto sulla trascrizione.

Ultima categoria è quella dei beni immateriali, che negli ultimi decenni ha avuto un singolare sviluppo. Dapprima le energie, poi le frequenze radio-televisive, quindi i prodotti finanziari, infine le reti di dati che costituiscono il sistema informatico conosciuto come internet si sono imposte nella vita dell'uomo moderno costringendo il diritto civile ad inserirle nelle proprie categorie, ed a volte a creare nuovi schemi e nuove discipline maggiormente adeguate a comprendere e regolare tali fenomeni.

Sono considerati beni immateriali, in alcuni casi, persino i diritti, quando questi possono essere scambiati, come il credito (che può essere ceduto a titolo gratuito o oneroso), le quote di una società, gli strumenti finanziari. Nello stesso senso anche i dati personali possono essere considerati beni, ad esempio quando vengono raccolti e collegati in una banca dati che ne permette una loro gestione integrata, utile a fini commerciali. Più tradizionalmente sono considerati beni anche le opere dell'ingegno, come un libro, un quadro, una scultura, una composizione musicale, un film; ed ancora il marchio, la ditta e le invenzioni industriali, tutelate dal decreto legislativo 10 febbraio 2005, n. 8, ovvero il codice della proprietà industriale. La tendenza più moderna, riconosciuta ormai anche dalla giurisprudenza, è quella di ritenere che qualsiasi idea possa divenire un bene, almeno quando la stessa è suscettibile di utilizzazione economica. Infine, una particolare categoria di beni è stata individuata nei cosiddetti "prodotti finanziari", composta dagli strumenti di investimento utilizzati da risparmiatori e da investitori professionisti per remunerare il proprio capitale. Tali prodotti finanziari sono soggetti ad una disciplina legislativa a tutela del risparmiatore in teoria assai rigorosa, fondata su una completa conoscenza del rischio e su una consapevole assunzione di responsabilità; in realtà la normativa è stata spesso aggirata ed i controlli degli organismi di vigilanza non sempre sono riusciti ad evitare abusi e frodi da parte di coloro che promuovono, appunto, la raccolta del risparmio al fine di un suo investimento.

I beni si distinguono inoltre, secondo la dottrina tradizionale, in beni generici e specifici (a seconda del livello di dettaglio che li caratterizza); in beni fungibili ed infungibili (quando possono essere sostituiti con altrettanti beni della stessa natura, ad esempio il denaro, bene fungibile per eccellenza); in beni consumabili ed inconsumabili (quando il loro utilizzo ne comporta la distruzione: per esempio, se mangio una mela). Il codice stabilisce inoltre che le pertinenze sono le cose destinate in modo durevole al servizio di un'altra cosa (articolo 817 del codice civile), e dunque esse seguono la sorte della cosa principale, le disposizioni sulla cosa principale non pregiudicano i diritti dei terzi sulle pertinenze, queste ultime possono essere oggetto di atti o rapporti giuridici separati. Infine i beni possono essere fruttiferi, ovvero idonei a generare dei proventi economici, o infruttiferi, in caso contrario. I frutti, a loro volta, possono essere naturali, come la frutta che nasce sugli alberi (ed è proprio a questa assimilazione ad un fenomeno naturale che si deve il loro nome), oppure civili, come gli interessi, che costituiscono appunto il "frutto" del denaro.

Non necessariamente i beni, per poter essere oggetto di diritti, devono essere presenti, ben potendosi negoziare anche beni futuri: la vendita di cosa futura, prevista e regolata nel codice (articolo 1472, il quale stabilisce che l'acquisto del diritto si verifica nel momento in cui la cosa viene ad esistenza) ne è un classico esempio. Inoltre compongono la categoria dei beni anche le cosiddette universalità di beni, sia quando raccolgono beni mobili simili che hanno un unico proprietario ed una destinazione unitaria (una biblioteca, o un gregge di pecore) sia quando raccolgono beni diversi tra di loro ma utilizzabili in modo unitario: è il caso dell'azienda, che si compone dei beni necessari all'attività di un'impresa. Non necessariamente i beni dell'azienda sono soltanto mobili e non necessariamente sono tutti appartenenti allo stesso proprietario, tuttavia il vincolo giuridico dell'utilizzo nell'ambito dell'impresa ne valorizza il profilo "comune", così come avviene per il cosiddetto patrimonio, ovvero l'insieme dei beni appartenenti alla stessa persona, sia essa una persona fisica o una persona giuridica.

28. *La proprietà.*

Da sempre presente nel vocabolario del giurista, anche in quello più risalente nel tempo, la proprietà moderna viene costruita, all'indomani della Rivoluzione francese, come diritto soggettivo assoluto. Il *code civil*, che della rivoluzione costituisce la declinazione privatistica, stabilisce all'articolo 544 che la proprietà è il diritto di godere e di disporre delle cose nel modo più ampio ed assoluto. Le carte dei diritti e le dichiarazioni costituzionali di fine Settecento (in Francia, ma anche negli Stati Uniti) si limitano ad enunciare il carattere sacro ed inviolabile della proprietà, rimandando dunque alla legge ordinaria i confini delle attività permesse ai soggetti nell'ambito della loro libertà ed autonomia.

Due facoltà vengono attribuite, dal codice, al proprietario: quella di godere del bene, ovvero di utilizzarlo come ritiene più opportuno (ovviamente nei limiti imposti dalla legge), e quello di disporne, ovvero di venderlo, donarlo, lasciarlo in successione ereditaria. In questa prospettiva, la proprietà ed i diritti reali hanno due caratteristiche fondamentali, l'assolutezza e l'immediatezza. L'assolutezza vuol dire che posso val valere il mio diritto *erga omnes*, ovvero nei confronti di tutti, il che si risolve sostanzialmente in un dovere negativo: nessuno deve limitare il mio diritto di proprietà. Inoltre l'assolutezza attribuisce ai diritti reali il cosiddetto diritto di seguito, ovvero la possibilità di inseguire, e quindi di recuperare il bene dovunque si trovi. In altre parole il titolare del diritto reale può recuperare il bene oggetto del proprio interesse a prescindere da tutte le modificazioni giuridiche che tale bene ha avuto nel frattempo come, ad esempio, una serie di compravendite. Se ho iscritto ipoteca (diritto reale di garanzia) su di un bene immobile, l'ipoteca, e la sua funzione di garanzia, permarrà sul bene anche se lo stesso viene venduto. L'immediatezza vuol dire che il mio potere sulla cosa non necessita di alcuna attività di altri soggetti per essere esercitato, ovvero perché, in quanto proprietario, possa trarre dal bene stesso la soddisfazione del mio interesse. Al contrario di quanto avviene per i diritti soggettivi relativi, come il diritto di credito, nei quali il creditore può soddisfare il proprio interesse solo grazie alla cooperazione di un altro soggetto, cioè il debitore. Tuttavia, a ben vedere, la distinzione ha un valore didattico, ma non è sempre calzante poiché vi sono diritti reali che non si realizzano attraverso un potere diretto e immediato con la cosa, come l'ipoteca (il bene resta nella disponibilità del debitore), o come le servitù negative (in cui il titolare del diritto non ha alcun rapporto fisico con il bene oggetto della servitù). Sotto altro profilo in alcuni diritti soggettivi relativi l'interesse del creditore si realizza attraverso un potere diretto sul bene, come nel caso del contratto di locazione in cui il diritto del conduttore è proprio quello di godere del bene locato.

Un diritto, quello di proprietà, semplice, compatto, tendenzialmente illimitato nelle facoltà che attribuisce al suo titolare, il quale ha il potere di godere e di disporre del bene senza alcuna limitazione che non sia stabilita dalla legge. Se si tratta di un terreno, il dominio si estende *ad sidera* e *ad inferos*, proprio per sottolinearne la massima possibile ampiezza. La proprietà viene così costruita come diritto fondamentale dell'individuo, e riceve la stessa protezione che veniva collegata agli altri diritti fondamentali del singolo, quali la libertà personale, la libertà di circolazione, la libertà di espressione, il diritto di non essere arrestato senza un procedimento legittimo da parte di un giudice. Questa elevatissimo grado di protezione tradisce la preoccupazione delle borghesie europee dell'Ottocento di poter perdere l'acquisito benessere, che si concretizzava nell'acquisto di case, terreni, ricchezze.

In realtà alcune limitazioni di tale pervasiva protezione sono sempre esistite ed esistono al giorno d'oggi: esse si distinguono nelle limitazioni di diritto privato e nelle limitazioni di diritto pubblico. Le limitazioni di diritto pubblico (ad esempio l'esproprio) sono oggetto dei corsi di diritto pubblico, e se ne darà solo un cenno più avanti, mentre le limitazioni di diritto privato che ci sono state tramandate dalla tradizione civilistica sono sostanzialmente due: le immissioni e gli atti di emulazione.

Le *immissioni* (articolo 844) consistono in quei fenomeni fisici che sono connaturati ad un uso normale dei propri beni. Se suono il pianoforte il mio vicino di casa sentirà la musica, se accendo un fuoco nel mio campo il fumo si spanderà nei terreni vicini. La disciplina delle immissioni dettata dal codice viene ad essere incentrata sul ragionevole criterio della normale tollerabilità. Se un'immissione è tollerabile, la stessa non può essere vietata dal danneggiato, che deve quindi subirla; se, al contrario, essa è intollerabile, la stessa può essere inibita. Ulteriore criterio di contemperamento è quello della priorità d'uso, che ha lo scopo di armonizzare gli interessi della proprietà con quelli dell'impresa: in sostanza, chi ha costruito per primo, ha diritto di veder prevalere il proprio diritto all'utilizzo normale del bene. Si pensi a chi ha costruito in una località amena una casa. Questi avrà diritto ad impedire che una fabbrica inquinante venga costruita nei suoi paraggi, mentre se costruisco una casa nelle vicinanze di una fabbrica, non potrò poi lamentarmi delle immissioni che provenendo da essa rendono la mia abitazione meno salubre. In realtà la pianificazione edilizia realizzatasi negli ultimi decenni ha notevolmente diminuito la rilevanza di tali principi, stabilendo con esattezza i comparti edificatori e la loro destinazione urbanistica; dunque oggi non è più possibile costruire fabbriche in zone residenziali e case in zone industriali. Ma il problema resta di grande attualità, e la recente vicenda delle acciaierie di Taranto ha dimostrato come assai spesso le immissioni industriali dannose debbano confrontarsi con il diritto al lavoro degli operai di una fabbrica e come, in tempi di crisi e di economia globalizzata, la soluzione dei conflitti comporti in ogni caso delle scelte tragiche. Tragiche perché comunque destinate ad incidere su diritti fondamentali dell'individuo, come il diritto all'ambiente salubre, il diritto alla salute, il diritto al lavoro.

Gli *atti di emulazione* (articolo 833), invece, hanno una natura più propriamente giuridica, che si racchiude nel divieto di compiere atti che producono danni ad altri senza portare ad un apprezzabile vantaggio al proprio autore. Sebbene sotto un profilo pratico l'istituto sia scarsamente utilizzato (si pensi all'esempio del vicino di casa che dà fuoco a dei copertoni nel proprio giardino quando il vento soffia verso il giardino del vicino, al solo scopo di fargli dispetto), esso ha una grande importanza sotto il profilo teorico, perché dimostra come l'assolutezza del diritto di proprietà, principio ritenuto indiscutibile, conosca comunque dei limiti, dettati dal rispetto dell'interesse altrui. Più recentemente il divieto di atti emulativi è stato giustificato anche attraverso il ricorso alla clausola generale di buona fede, che deve sempre ispirare il comportamento umano. E proprio in questa direzione il divieto, tradizionalmente limitato ad un comportamento positivo, si è esteso anche ai comportamenti negativi, in quanto anche le condotte passive possono essere dirette a ledere la sfera dei terzi (si pensi al mancato consolidamento di un edificio pericolante).

Le limitazioni di diritto pubblico, invece, sono quelle stabilite dalla legge in relazione al potere dello Stato di limitare, sino a giungere all'espropriazione, il diritto di proprietà per un interesse pubblico. L'esempio più evidente è quello di un esproprio, necessario – ad esempio – per costruire delle strade e delle ferrovie. Ad un esproprio, anche se ottenuto attraverso una procedura legittima, deve sempre corrispondere un indennizzo, che la più recente giurisprudenza ha commisurato al valore venale del bene, dilatandone la misura che, in passato, era solitamente inferiore. Limitazioni simili si possono realizzare anche attraverso l'apposizione di vincoli di inedificabilità (se su un terreno la normativa edilizia non mi permette di costruire, il valore ne diminuirà in modo rilevante), e dunque anche per essi sono previste delle norme che disciplinano il diritto ad un corrispondente indennizzo.

La Costituzione (articolo 42, secondo comma) assegna poi alla proprietà una funzione sociale, espressione di una nuova visione etico-sociale dei rapporti economici, e dunque dei rapporti proprietari consolidatisi in Italia dopo la seconda guerra mondiale e la caduta del regime fascista. Nella nostra Costituzione, infatti, si realizzano i principi economici e sociali delle principali forze politiche che avevano contribuito al rinnovamento della nazione. E se il quadro istituzionale liberale garantisce la proprietà privata, la dottrina sociale della Chiesa cattolica e l'umanesimo socialista la illuminano di contenuti che tendono a limitare l'egoismo proprietario individuale. L'espressione funzione sociale della proprietà sintetizza questi aspetti e fornisce soprattutto ai giudici una chiave interpretativa di alcuni fenomeni economici che soltanto in un'ottica solidaristica potevano essere accettati e spiegati. Si pensi, ad esempio, alle politiche in materia di disciplina delle locazioni urbane, sia ad uso abitativo che ad uso commerciale, in cui il diritto di proprietà viene sacrificato, in presenza di alcune specifiche circostanze, al diritto di abitazione.

La caratteristica più saliente della funzione sociale della proprietà consiste nell'essere non un limite esterno al diritto dominicale, ovvero un ostacolo alla sua estendibilità, quanto un limite interno, il quale dispone che il diritto di proprietà non può esplicarsi pienamente in tutte quelle situazioni in cui viene a confliggere, anche solo potenzialmente, con i valori fondamentali della persona umana. Certo la formula costituzionale non può non apparire in qualche misura complessa ed ambigua, ma questi aspetti non sempre devono essere visti in chiave negativa, anzi proprio la sua indeterminatezza ha permesso una sintesi tra posizioni giuridiche ed economiche diverse, venendone sottolineata l'originalità del contenuto e le positive potenzialità per le scelte da compiere in futuro. Dopo aver scartato l'idea che la proprietà sia essa stessa una funzione sociale (con il risultato di ridurre il proprietario ad un mero funzionario dello stato, privo di autonomia economica), che siano i beni ad avere una funzione sociale (idea estranea ed opposta a quella accolta dal costituente), che sia il limite alla proprietà ad avere una funzione sociale (idea evidentemente paradossale), si deve comunque convenire che vi sia un contenuto minimo della proprietà, che come tale non può essere superato: questa concezione della funzione sociale, peraltro non del tutto condivisibile, appare oggi la più diffusa nella dottrina e nella giurisprudenza che si sono occupate dell'argomento. Come si è avuto modo di notare la funzione sociale della proprietà enunciata dalla formula costituzionale è quanto meno un modo di essere *interno* del diritto di proprietà, che permette ad esso (ed insieme gli impone) di conformarsi in relazione a quella funzione che il singolo bene presuppone, ovvero a quella funzione che è naturale rispetto allo specifico bene oggetto del diritto. Dunque la natura delle cose ed il rispetto di essa da parte del legislatore rende, anche giuridicamente, diversi i beni e di conseguenza anche le relative situazioni di appartenenza. Allora il significato della formula costituzionale consiste sia nell'esigenza che il diritto di proprietà sia sempre rispettoso dei diritti fondamentali dell'individuo che possono entrare in conflitto con esso, sia la riscoperta di un profilo oggettivo del diritto di proprietà che nel rapporto con i beni si proponga come manifestazione positiva della personalità individuale all'interno della comunità. Si tratta, in altre parole, di riscoprire e diffondere quella proprietà personale (incentrata più sul valore d'uso dei beni che sul loro valore di scambio) che permetta a tutti di vivere un'esistenza libera e dignitosa, e che dunque si ponga come presupposto e come coronamento di situazioni esistenziali tutelate e valorizzate dall'ordinamento giuridico: insomma una proprietà, non sembri paradossale, che si caratterizzi non tanto per l'*avere*, quanto per l'*essere*. Si pensi alla proprietà della casa, alla proprietà di un libro per uno studioso, alla proprietà di uno strumento musicale per un musicista, alla proprietà di un'opera d'arte, alla proprietà di un mobile di famiglia: tutte situazioni in cui il profilo dell'essere persona prevale su quello di possedere meramente un qualsiasi bene, ed il bene stesso di cui si è proprietari consente e favorisce lo sviluppo della propria personalità.

29. *L'acquisto e la perdita della proprietà.*

Le vicende che accompagnano la proprietà nella sua circolazione si distinguono in situazioni che si collegano ad un precedente proprietario e situazioni che invece prescindono da questo collegamento. Queste ultime si definiscono come situazioni a titolo originario, mentre le altre si definiscono come situazioni a titolo derivativo.

L'acquisto della proprietà di beni immobili a titolo originario è abbastanza rara al giorno d'oggi, in quanto la proprietà della terra, e dunque dei beni che su di essa si costruiscono, è necessariamente limitata. Delle forme più antiche, come l'*inventio* del tesoro, l'*insula in flumine nata*, l'accessione, resta oggi principalmente l'usucapione, ovvero l'acquisto della proprietà mediante il possesso perdurante nel tempo, senza che il vecchio proprietario faccia valere il suo diritto. Attraverso l'usucapione il nuovo proprietario acquista *ex novo* il bene, senza alcun collegamento al precedente proprietario: tanto è vero che se ha posseduto senza le limitazioni di pesi o diritti reali, acquista il bene come libero da tali oneri (cosiddetta *usucapio libertatis*, istituto di derivazione romanistica, ma riconosciuto anche nel nostro ordinamento, anche se non vi è una precisa norma al riguardo). Si noti che il diritto di proprietà di per sé non si prescrive, per cui se io non possiedo il mio bene, ma nessun altro lo possiede al mio posto, io ne resto proprietario senza alcun limite temporale.

Tuttavia anche l'accessione ha un suo rilievo economico: essa consiste nell'acquisto della proprietà per incorporazione al suolo di piantagioni, costruzioni ed opere. L'accessione può assumere anche le caratteristiche della cosiddetta accessione invertita, che si realizza quando il costruttore occupa in buona fede una porzione di fondo e non vi sia opposizione da parte del proprietario, realizzandosi così l'accessione del terreno alla costruzione, in senso inverso al sistema tradizionale. L'accessione invertita è stata riconosciuta in passato anche alla Pubblica Amministrazione nel caso di occupazione illegittima di un bene privato, ma tale tendenza, cessata la sua legittimazione sociale, si è andata sempre più riducendo negli ultimi anni sino ad essere ormai considerata addirittura come un illecito.

Le teorie economiche moderne tendono ad enfatizzare il principio di circolazione dei beni, ritenendosi diffusamente che più i beni circolano, più ne aumenta la produzione e quindi la ricchezza complessiva della nazione. Questo principio, assai saldo nella dottrina economica tradizionale, ha portato il legislatore a favorire la circolazione dei beni, e ad approntare degli strumenti di tutela che garantiscano, rispettivamente, sia il venditore sia l'acquirente. In relazione ai beni immobili, che nel corso dei secoli hanno costituito il principale contenuto della ricchezza, il sistema è quello della trascrizione personale, che consiste nel collegare alla trascrizione del titolo nei pubblici registri la titolarità del bene; quest'ultima si realizza sulla base del concreto negozio di attribuzione del diritto, ma di per sé non è opponibile ad altri che, ad esempio, hanno acquistato successivamente lo stesso bene. Attraverso un contratto, ad esempio, posso acquistare la titolarità di un appartamento, ma potrò opporre questo mio acquisto ai terzi soltanto in virtù di una tempestiva trascrizione. La priorità della trascrizione permette dunque di creare un sistema di pubblicità costitutiva che, pur non incidendo sulla validità del negozio sottostante, tuttavia rende certa l'efficacia *erga omnes* del mio acquisto e dunque mi tutela da possibili abusi.

Il sistema della trascrizione personale (trascrizione a favore di una persona, l'acquirente, trascrizione contro una persona, il venditore) di derivazione francese non è adottato dalle nazioni dell'area austro-tedesca che hanno al contrario preferito un sistema di natura reale, incentrato sui beni e non sulle persone. Un libro fondiario, detto libro-maestro contiene la precisa indicazione di tutti i beni immobili, ed in esso vengono iscritte le modificazioni della proprietà di tale bene; quindi per stabilire chi è il proprietario non si fa riferimento alla persona dell'acquirente o del venditore ma all'identificazione del bene. Ne abbiamo fatto cenno non solo come espressione della cultura giuridica europea, ma anche perché tale sistema tavolare (fondato appunto sull'intavolazione dei fondi) è il sistema operante in Italia nelle provincie che sino alla prima guerra mondiale erano governate dall'Austria, e cioè – sostanzialmente – Trento, Bolzano e Trieste. Non si confonda il sistema tavolare, che ha effetti sostanziali, con il catasto terreni e fabbricati, ripartizione dell'agenzia delle entrate, che ha il solo scopo di stabilire la misura dei tributi fondiari che i beni immobili devono pagare, e che non ha alcuna efficacia probatoria.

La circolazione dei beni mobili viene invece affidata alla regola "*possesso vale titolo*", la quale dispone che anche se acquisto un bene mobile da chi non è proprietario, ma ne ottengo il possesso, sono in buona fede e posso contare su di un titolo astrattamente valido (ad esempio un contratto di compravendita che è solo "astrattamente" valido in quanto, in concreto, non potrebbe essere valido perché non posso trasferire un bene di cui non sono proprietario), ne divengo comunque proprietario. Il che vuol dire che, quando acquisto un bene mobile, se chi me lo ha venduto è proprietario, allora ho acquistato correttamente grazie al negozio di trasferimento, ma se anche chi me lo ha venduto non ne è proprietario ne acquisto correttamente la proprietà sulla base – ovviamente qualora ne ricorrano tutti gli elementi – della regola "possesso vale titolo". È evidente come la regola in parola tenda a far prevalere le esigenze dell'acquisto su quelle delle proprietà, perché il proprietario spogliato di un bene mobile successivamente ceduto a terzi non può tutelare efficacemente il proprio diritto di proprietà. La regola ha dunque una funzione semplificatoria degli scambi con riferimento a beni come il denaro o altre cose di uso quotidiano, ma non si giustifica in relazione a beni mobili di rilevante valore (come le automobili, gli aerei e le navi, che seguono un regime simile alla trascrizione) ed ai beni mobili di interesse storico ed artistico. Per questi ultimi vige infatti un sistema di circolazione controllato che obbliga il proprietario a notificare una proposta di vendita alla Sovrintendenza competente sia per permettere l'esercizio del diritto di prelazione (nell'ipotesi lo Stato fosse interessato all'acquisto) sia per rendere comunque pubblico il trasferimento di proprietà di un bene che in qualche misura ha un rilievo non solo privato.

Dunque la regola possesso vale titolo, nella sua concreta applicazione da parte dell'ordinamento giuridico italiano, non trova giustificazione in relazione alle opere d'arte, che dunque sono state sottratte alla sua area di operatività. La forza del principio è però dimostrata proprio da tale tecnica, che preferisce ridurre i beni soggetti alla regola piuttosto che metterla in discussione. Di fatto il principio espresso viene applicato in Italia in misura assai ampia, sacrificando alle esigenze della circolazione dei beni mobili ogni altro difforme diritto come, ad esempio, le ragioni del precedente originario proprietario, che non potrà recuperare il proprio bene. Una ampiezza di applicazione che, negli ultimi anni, è stata convincentemente criticata da una dottrina che ha messo in evidenza come il sacrificio delle ragioni del proprietario non sempre sia giustificato sulla base di un prevalente interesse dell'acquirente in buona fede; o, quanto meno, sia giustificato con riferimento ai beni mobili fungibili di uso comune (ad esempio il denaro), ma non in relazione a beni che possono essere identificati con facilità.

Qualora il proprietario venga privato illecitamente del bene oggetto del proprio diritto dominicale, può convenire in giudizio colui che lo ha privato del bene attraverso l'azione di rivendicazione, derivante dalla *reivindicatio* del diritto romano; tale azione, a differenza di tutte le altre, è imprescrittibile, ovviamente con il limite dell'avvenuta usucapione da parte di un altro soggetto.

30. *I diritti reali.*

Accanto alla proprietà, ed anche in questo caso conformemente alla tradizione romanistica, il legislatore pone dei diritti reali cosiddetti minori, perché essi rappresentano soltanto una parte del contenuto del diritto di proprietà. I diritti reali hanno delle regole tassative: sono un numero chiuso, in quanto i privati non possono crearne di nuovi, e sono tipici, nel senso che non possono essere disciplinati dai privati difformemente da quanto stabilito nel codice.

Si distinguono in diritti reali di godimento e diritti reali di garanzia. I primi limitano i diritti del proprietario, che si spoglia di una parte delle proprie facoltà per cederle ad altri. Tale disciplina ha fatto ritenere come il diritto di proprietà sia caratterizzato dalla cosiddetta elasticità, che consiste nella circostanza che, quando un diritto reale minore viene meno per qualsiasi motivo, la proprietà si riespande istantaneamente ed in modo automatico, senza che occorra a tal fine alcuna manifestazione di volontà.

Un primo gruppo di diritti reali minori consiste nell'usufrutto, nell'uso e nell'abitazione. Il godimento del bene, in misura più o meno ampia, viene lasciato dal proprietario ad un altro soggetto per un periodo di tempo limitato, tanto da non poter comunque superare la durata della vita del titolare del diritto reale minore. Non risponderebbe infatti ad una razionale esigenza economica spogliarsi della quasi totalità delle facoltà inerenti il diritto per un periodo di tempo ulteriore a quello della vita stessa (nel caso di una persona giuridica, il limite è di trenta anni). Mentre l'usufrutto è il diritto di godere del bene pienamente, come se si fosse proprietari, con l'unico limite del rispetto della destinazione economica del bene (*salva rerum substantia,* dicevano i latini), l'uso riduce questa facoltà ai bisogni propri e della propria famiglia. Ulteriormente, l'abitazione è limitata appunto all'abitare un immobile finché si è in vita, ed è attribuito per legge al coniuge superstite in relazione alla casa di abitazione della famiglia. L'usufrutto era abbastanza diffuso prima della riforma del diritto di famiglia, nel 1975, perché esso spettava al coniuge superstite sui beni del *de cuius*: successivamente tale sistema è mutato, ed il coniuge superstite oggi eredita, come si è visto, una quota dei beni: di qui la netta diminuzione di importanza di tale categoria di usufrutto legale.

La superficie consiste invece nella possibilità di costruire e mantenere un immobile su di un fondo non di propria proprietà: essa viene elaborata nel medioevo, allo scopo di conservare un diritto eminente dell'impero o della Chiesa sul terreno, pur permettendo ai privati di realizzarvi delle abitazioni; nei rapporti privati tale diritto reale ha oggi perso molta della sua importanza (appare non economico costruire un immobile su di un terreno altrui per poi perderne la proprietà dopo un certo tempo), mentre in passato, sulla base di esperienze inglesi del secondo dopoguerra (*Town an Country Planning Act*) si è pensato di utilizzarlo onde favorire l'edilizia economica e popolare attraverso la costruzione di immobili residenziali su terreni espropriati proprio a tale scopo dagli enti locali e concessi in diritto di superficie, e dunque a prezzi minori, agli utilizzatori, realizzando così sia una riduzione della rendita fondiaria sia una maggiore offerta di case da abitazione.

Sempre il godimento, ma di un fondo agricolo, è invece oggetto dell'enfiteusi (dal greco *enfiteuo*, ovvero il verbo *piantare*), un diritto reale che nel medioevo aveva avuto un grande sviluppo, in alcune regioni con il proprio nome ed in altre con il nome di livello (da *livellus*, correzione del latino *libellus*, che indicava il documento che costituiva l'enfiteusi). Avversata dal legislatore illuminista come simbolo del latifondo e dunque dell'inerzia economica, nel codice civile italiano post-unitario viene relegata a mero contratto di natura agraria, mentre nel codice vigente riacquista la dimensione di diritto reale e ad essa si collegano grandi speranze di riforma dell'agricoltura, peraltro andate nei decenni successivi sostanzialmente deluse. Il che non toglie che l'enfiteusi rappresenti uno specchio fedele dei contrasti ideologici, dell'evoluzione della dogmatica, dei conflitti sociali, delle esigenze di riforma che nel corso dei due ultimi secoli si rincorrono e si sovrappongono nella storia italiana.

L'enfiteusi consiste infatti nel diritto di coltivare la terra pagando un canone al proprietario, utilizzando in tal modo il terreno quasi come se ne fosse proprietario ed impegnandosi al suo miglioramento; l'enfiteusi può essere affrancata pagando al proprietario il canone capitalizzato (e dunque permettendo all'enfiteuta di divenire proprietario del terreno a pieno titolo), mentre il mancato pagamento del canone comporta la cosiddetta devoluzione del fondo enfiteutico, che torna in piena proprietà all'originario proprietario.

Infine i diritti reali di godimento su cosa altrui comprendono le servitù prediali, ovvero il peso imposto su di un fondo per l'utilità di un altro fondo appartenente ad un diverso proprietario. Vi sono infatti dei casi in cui l'utilizzo di un terreno, o di un bene immobile, è impossibile a seguito della conformazione del territorio. Si pensi ad un fondo intercluso, ovvero ad un terreno completamente circondato da terreni di altri proprietari, senza alcun accesso alla via pubblica. Il suo utilizzo sarebbe impossibile, per cui la legge stabilisce che uno dei confinanti, quello il cui sacrificio è minore, deve concedere una servitù di passaggio al proprietario del fondo intercluso che, giovandosi della servitù, si chiamerà fondo dominante; al contrario, il fondo che subisce il peso economico della servitù si chiamerà fondo servente. Questo tipo di servitù è chiamata servitù coattiva o legale, perché il suo beneficiario può sempre chiedere al giudice il suo esercizio: ne sono esempi significativi la servitù di acquedotto e la servitù di elettrodotto. Vi sono poi le servitù che si costituiscono volontariamente, mediante un atto di autonomia privata, quelle costituite per usucapione, attraverso l'utilizzo di fatto della servitù per un determinato periodo di tempo, ed infine le servitù costituite per destinazione del padre di famiglia, che si hanno quando a seguito di una divisione ereditaria delle opere che sono a servizio di parti diverse di un fondo di un unico proprietario (appunto, il padre di famiglia) vengono a trovarsi su fondi di proprietari diversi. In quel momento viene a costituirsi tale particolare servitù, che non è volontaria, perché il *de cuius* non vuole creare la servitù, ma solo dividere i fondi; la servitù nasce automaticamente da tale divisione.

Le servitù si dividono poi in servitù apparenti e non apparenti, a seconda che vi siano delle opere necessarie per l'esercizio della servitù o meno, ed in continue e discontinue, a seconda che il loro utilizzo sia continuato nel tempo o intermittente: si pensi ad una servitù di passaggio, il cui esercizio si realizza solo in occasione del passaggio di qualcuno sul terreno altrui, e dunque in modo discontinuo.

Accanto ai diritti reali di godimento, e seguendo la stessa tecnica giuridica, si pongono i diritti reali di garanzia, e cioè il pegno e l'ipoteca. Il pegno ha per oggetto cose mobili, che vengono date in possesso al creditore in garanzia dell'adempimento di una obbligazione, solitamente il prestito di una somma di denaro. Oggi poco utilizzato, in passato il pegno costituiva la principale forma di garanzia di quelle istituzioni chiamate monti di pietà o monti dei pegni, cui si rivolgevano i cittadini bisognosi per ottenere prestiti di scarsa entità, che venivano concessi proprio in virtù della garanzia reale offerta dai beni lasciati al Monte.

L'ipoteca ha al contrario per oggetto cose immobili, e viene ad esistenza attraverso l'iscrizione ipotecaria, che si realizza in modo simile alla trascrizione. Con l'ipoteca, che si iscrive nei registri immobiliari, nel senso che viene ad esistenza solo grazie all'iscrizione, la garanzia si lega strettamente al bene cui è apposta, e lo segue in tutti i suoi trasferimenti: se vendo il bene, lo vendo gravato d'ipoteca, e dunque l'acquirente è consapevole che quel bene è vincolato al soddisfacimento del credito a garanzia del quale l'iscrizione ipotecaria era stata apposta. Se compra il bene gravato d'ipoteca, è consapevole che quel bene è sottoposto ad un vincolo a favore del creditore, e dunque il bene stesso, in caso di inadempimento, potrà essere venduto.

Lo scopo dei diritti reali di garanzia è dunque quello di vincolare un bene all'adempimento di una obbligazione, solitamente la restituzione di un prestito, attraverso un legame molto stretto; il che spiega il suo utilizzo assai ampio da parte degli istituti bancari in relazione alla concessione di mutui per l'acquisto di beni immobili detti, appunto, mutui ipotecari (su ciò, si veda anche *infra*, *sub* par. 56).

31. *La comunione ed il condominio.*

Ma se la proprietà individuale è il modello cui tutti i codificatori moderni si sono ispirati, esiste necessariamente anche una proprietà esercitata da più soggetti contemporaneamente sullo stesso bene, e tale situazione viene chiamata comunione ordinaria. Ad esempio, quando in seguito ad una successione *mortis causa* diversi eredi acquistano una quota di proprietà su di un bene, viene a costituirsi una comunione (in questo caso, una comunione ereditaria).

La comunione, nel codice italiano, viene costruita non già come persona giuridica, bensì come situazione provvisoria ed instabile, che può essere rimossa in qualsiasi momento da chiunque ne faccia parte chiedendone la divisione. Si è detto, anzi, che la comunione è l'opposto della persona giuridica, perché la sua elaborazione se ne distacca volutamente evitando che essa divenga un autonomo centro di interessi (il che appare esagerato, perché frequentemente l'interesse ad amministrare il bene comune sussiste in concreto). È evidente, allora, lo sfavore che il legislatore collega a tale istituto, e che la dottrina non è stata in grado di superare. Da sempre l'ideologia liberale, ostile a tutti i vincoli che limitavano la circolazione dei beni, ha individuato nella comunione – a causa della complessità con cui si forma e si esprime la volontà della stessa – un ostacolo allo sviluppo dei traffici e dunque dell'economia, e conseguentemente l'ha relegata ad una forma giuridica limitata e provvisoria, da sciogliere quanto prima possibile.

Una particolare forma di comunione è il *condominio*, che si realizza nelle moderne abitazioni quando alcune parti dell'edificio sono di proprietà individuale, ed altre di proprietà comune. Queste ultime sono le cosiddette parti comuni, ad esempio le fondazioni, il terreno su cui poggia il fabbricato, il tetto. Al condominio viene applicata una disciplina difforme da quella della comunione, e per alcuni versi più simile a quella propria delle persone giuridiche: comunemente si ritiene (ed anche questo è un indice della diffidenza del legislatore per ogni forma di comunione) che esso sia un "ente di gestione". Vi è infatti un amministratore di condominio che cura l'amministrazione ordinaria dell'edificio, le spese vengono ripartite in quote millesimali, a seconda della quota di proprietà di ciascun condomino, e le decisioni più importanti vengono prese a maggioranza nell'assemblea dei condomini, organo che comunque nomina e revoca l'amministratore e si dà uno specifico regolamento. La disciplina codicistica è stata recentemente modificata, nel senso di rendere più agevoli le decisioni comuni, evitando così che piccole minoranze possano paralizzare delle scelte oggettivamente vantaggiose, come ad esempio l'adozione di sistemi di riscaldamento o di produzione di energia adeguati al progresso tecnologico. Diversa dal condominio è la cosiddetta *multiproprietà*, un istituto recente che permette di godere di un bene per un determinato periodo di tempo, ad esempio una settimana ricorrentemente ogni anno. Anche in questo caso, comunque, si ha una forma di comunione, che però è rapportata principalmente al tempo di utilizzo del bene piuttosto che ad una determinata quota del bene stesso.

Infine meritano almeno un cenno gli assetti fondiari collettivi, che nella tradizione italiana vengono identificati con l'istituto, assai risalente nel tempo, degli usi civici. Si tratta di domini civici, ovvero di proprietà collettive senza quote, utilizzati sin da un lontano passato dalle popolazioni di singoli borghi per utilità elementari, quali la raccolta della legna o il pascolo, il cui diritto, pur essendo amministrato dal Comune, spetta ai cittadini e non può essere in alcun modo trasformato. Se gran parte dei nostri monti, pascoli, boschi, è restato indenne dall'abusivismo edilizio, lo si deve anche all'uso civico, espressione di una proprietà solidale attenta sia alla tutela dell'ambiente sia ai diritti delle generazioni future, che meriterebbe un maggiore riconoscimento di quello attribuitogli in passato. Agli usi civici propriamente detti si aggiungono le regole dell'arco alpino ed altre specifiche situazioni locali che vanno a formare, complessivamente, la categoria degli assetti fondiari collettivi. Di recente la materia, regolata in passato dalla legge 16 giugno 1927 n. 1766, è stata disciplinata dalla legge 20 novembre 2017 n. 168 che ha riconosciuto i domini collettivi come "*ordinamento giuridico primario delle comunità originarie*", attribuendo loro una personalità giuridica di diritto privato. Tali domini collettivi vengono valorizzati in quanto elementi fondamentali per la vita e lo sviluppo delle collettività locali, strumenti primari per assicurare la conservazione e la valorizzazione del patrimonio naturale nazionale, componenti stabili del sistema ambientale, basi territoriali di istituzioni storiche di salvaguardia del patrimonio culturale e naturale, strutture eco-paesistiche del paesaggio agro-silvo-pastorale nazionale, fonte di risorse rinnovabili da valorizzare ed utilizzare a beneficio delle collettività locali degli aventi diritto.

Nel recente dibattito italiano è emerso, lo si è già notato, anche il fenomeno dei cosiddetti beni comuni, ovvero di quei beni che appartengono a tutti i cittadini (a prescindere dalla loro collocazione spaziale) come l'acqua. Non ancora configurata in modo preciso, ma comunque con evidenti profili attinenti alla comunione, la nozione di beni comuni può svolgere un ruolo positivo soprattutto se viene collegata a beni materiali, rischiando al contrario di creare confusione ove la si voglia applicare anche a beni immateriali come la cultura, l'università, internet.

32. *Il possesso.*

È stato autorevolmente sostenuto che il discorso sul possesso dovrebbe porsi non a conclusione del libro sulla proprietà, bensì al suo inizio, in quanto esso rappresenta l'elemento fattuale del rapporto tra il soggetto ed il bene, elemento che viene prima della sua rappresentazione giuridica. Tuttavia ragioni sistematiche hanno fatto preferire al legislatore codicistico una scelta diversa, ed a tale scelta conviene ragionevolmente adeguarsi. Il diritto di proprietà, dunque, ha una sua manifestazione fattuale, il potere diretto ed immediato sulla cosa, che viene in modo autonomo preso in considerazione dal legislatore con il nome di possesso. In tal senso esso viene tutelato, ed al suo manifestarsi vengono collegate circostanze solitamente favorevoli per colui che lo esercita. Perciò distinguiamo, nel solco della tradizione romanistica, lo *ius possidendi*, ovvero il diritto di possedere, dallo *ius possessionis*, ovvero l'insieme di facoltà accordate al possessore a prescindere dalla natura della sua situazione possessoria.

Nell'articolo 1140 del codice, il possesso viene definito come il potere sulla cosa che si manifesta in un'attività corrispondente all'esercizio della proprietà o di altro diritto reale. Ciò significa che il possesso si esprime attraverso un'attività materiale diretta ed immediata sul bene. Questa situazione materiale può qualificarsi sotto un profilo soggettivo nel senso che il possessore non riconosce alcun diritto ad altri ed in questo caso di parla di possesso vero e proprio: è il caso del proprietario che, quando è anche possessore, non riconosce ad altri alcun diritto. Ma è anche il caso del ladro, che sui beni rubati non riconosce ad altri alcun diritto: sarà un possessore di mala fede, ma sempre possessore è. Al contrario, quando il soggetto che ha il rapporto immediato con il bene riconosce dei diritti altrui, la sua situazione viene definita come detenzione. Il conduttore di un immobile è detentore, perché riconosce i diritti del proprietario, pagandogli il canone di locazione e liberando l'immobile alla scadenza del contratto. A sua volta la detenzione si dice qualificata, quando il soggetto detiene nel proprio interesse (il caso dell'amico cui presto l'automobile), e non qualificata, quando il soggetto detiene nell'interesse altrui (l'autista conduce l'automobile non nel proprio interesse, ma in quello del proprio padrone). La differenza è rilevante perché le azioni a tutela del possessore spettano anche al detentore qualificato, ma non al detentore non qualificato. Ovviamente il riconoscere o meno diritti di altri è una connotazione soggettiva, non sempre facile da individuare: proprio per ovviare a tali difficoltà di recente si è proposta una diversa distinzione, con caratteristiche oggettive. Se alla base della situazione possessoria c'è un titolo, ad esempio un contratto di locazione o di comodato, si avrà una ipotesi di detenzione, mentre se il titolo manca si avrà una ipotesi di possesso. Il risultato non cambia, ma la situazione possessoria si identifica più facilmente e senza ricorrere ad indagini difficili e spesso incerte.

Il possesso rileva anche in ordine all'acquisto della proprietà, attraverso l'istituto dell'usucapione, che si applica sia pur con modalità diverse sia ai beni immobili sia a quelli mobili. L'usucapione infatti ha lo scopo di ricondurre il diritto al fatto, cioè di permettere che – quanto meno tendenzialmente – le situazioni di fatto corrispondano a situazioni di diritto. Come detto l'usucapione si applica, sia pur con termini diversi, a tutti i beni, sia mobili sia immobili, e si distingue in una usucapione ordinaria, nella quale gli unici requisiti sono il possesso (continuato ed ottenuto non clandestinamente o in modo violento) ed il decorso del tempo. Accanto all'usucapione ordinaria si pone l'usucapione abbreviata, la quale stabilisce che – in relazione ai beni immobili – colui che ha acquistato in buona fede e con un titolo astrattamente idoneo a trasferire la proprietà, ottenendo il possesso del bene, usucapisce il bene decorso il termine di dieci anni dall'avvenuta trascrizione. Tale usucapione abbreviata ha lo scopo di ridurre i conflitti tra più acquirenti, perché dopo dieci anni di possesso consolida in modo definitivo l'acquisto trascritto, superando possibili vizi dell'atto di trasferimento ed addirittura l'inesistenza del diritto di proprietà del venditore. Tuttavia si discute se l'usucapione di un bene immobile, soprattutto quella ordinaria, produca automaticamente i suoi effetti (come appare preferibile) o se al contrario essa debba essere dichiarata da una sentenza passata in giudicato. Nella prassi notarile la semplice dichiarazione del venditore di aver usucapito il bene viene spesso utilizzata in situazioni particolari, nelle quali manca o è posto in dubbio un titolo di acquisto, ma la circostanza del possesso per un tempo determinato appare certa. Tuttavia la giurisprudenza sempre più frequentemente sembra richiedere un previo accertamento giudiziale, andando in direzione contraria al principio che l'usucapione produce i suoi effetti (e dunque l'acquisto della proprietà) in modo automatico.

Anche per i beni mobili la funzione del possesso è particolarmente penetrante, perché il loro acquisto, come si è già visto, si verifica normalmente attraverso la cosiddetta regola "possesso vale titolo", enunciata all'articolo 1153 del codice civile il quale a sua volta riprende l'articolo 2279 del *code civil* che recita "*En fait de meubles, la possession vaut titre*", e cioè: con riferimento ai beni mobili, il possesso vale titolo.

Tale norma stabilisce, come si è già visto *sub* 29, che colui al quale sono alienati beni mobili da parte di chi non è proprietario, ne acquista la proprietà mediante il possesso, purché sia in buona fede al momento della consegna e sussista un titolo idoneo al trasferimento della proprietà.

Come si vede, in termini generali, la funzione del possesso, che rappresenta il profilo fattuale del diritto di proprietà o di un altro diritto reale, consiste nel rendere pubblico il rapporto che giuridicamente il soggetto intrattiene con i propri beni, e quindi di stabilizzarne gli effetti. Per questo motivo esso viene tutelato tradizionalmente, sin dal diritto romano, su di un piano parallelo a quello della proprietà, assicurando a quest'ultima una tutela più efficace ed immediata di quella attribuita alla proprietà in quanto tale. Infatti, quando il cittadino romano possessore temeva di essere privato della proprietà, si limitava a dire: *possideo quia possideo* (ho diritto alla tutela possessoria per il solo fatto di possedere), volendo in tal modo sottolineare l'intangibilità che l'ordinamento accordava, appunto, alla semplice situazione di possedere. Pertanto l'ordinamento riconosce due azioni a difesa del possesso, che vengono chiamate azione di reintegrazione (o spoglio, proprio perché si reagisce alla privazione del possesso) ed azione di manutenzione, volta a far cessare le molestie del possesso. A tali azioni sono assimilate le cosiddette azioni di nunciazione, e cioè la denunzia di nuova opera e la denunzia di danno temuto, che hanno caratteristiche spiccatamente cautelari, nel senso di tendere a prevenire un possibile danno che potrebbe derivare da un'opera edilizia in via di realizzazione o dal possibile crollo totale o parziale di un'opera già realizzata.

Bibliografia essenziale.

CAPOGRASSI G., *Agricoltura, diritto, proprietà*, in *Riv. dir. agr.*, 1952, I, 1.

CARIOTA FERRARA N., *L'enfiteusi*, Torino, 1950.

CATERINA R., SACCO R., *Il possesso*, in *Tratt. dir. civ. e comm.* già diretto da A. Cicu, F. Messineo e L. Mengoni, ora da P. Schlesinger, Milano, 2014.

CERVALE M.C., *Acquisto in multiproprietà*, in *Compravendita e figure collegate*, Torino, 2007.

CERVALE M.C., *La regola possesso vale titolo*, in *Rass. dir. civ.*, 2012, 4, p. 1029.
CERVALE M.C., *La proprietà plurale. Un itinerario tra condominio e multiproprietà*, in *Rass. dir. civ.*, 2014, 2, p. 358.
CONFORTINI M., *La multiproprietà*, Padova, 1983.
FINZI E., *Il possesso dei diritti*, Milano, 1968.
FINZI E., *"L'officina delle cose". Scritti minori*, Milano, 2013.
GAMBARO A., *Il diritto di proprietà*, Milano, 1995.
GAMBARO A., *I beni*, Milano, 2012.
GERBO F., *I diritti immobiliari di godimento su cosa altrui*, Milano, 2001.
GIANNINI M.S., *I beni pubblici*, Roma, 1963.
GROSSI P., *"Un altro modo di possedere". L'emersione di forme alternative di proprietà alla coscienza giuridica postunitaria*, in *Quaderni fiorentini*, Milano, 1977.
HARDIN G., *The tragedy of commons*, in *Science*, 1968, p. 1243.
LENER A., *Proprietà privata e funzione sociale*, Padova, 1976.
MARELLA M.R. (a cura di), *Oltre il pubblico e il privato. Per un diritto dei beni comuni*, Verona, 2012.
MARINELLI F., *Miti e riti della proprietà*, L'Aquila, 2011.
MARINELLI F., *Usi civici*, in *Tratt. dir. civ. e comm.* già diretto da A. Cicu, F. Messineo e L. Mengoni, ora da P. Schlesinger, 2ª ed., Milano, 2013.
MARINELLI F., *Usi civici e beni comuni*, in *Rass. dir. civ.*, 2013, 2.
MARINELLI F., voce *Beni comuni*, in *Enciclopedia del diritto*, Annali VII, 2015.
MARINELLI F., voce *Assetti fondiari collettivi*, in *Enciclopedia del diritto*, Annali IX, 2017.
MASI A., *Il possesso e la denuncia di nuova opera e di danno temuto*, in *Tratt.* Rescigno, 8, II, Torino, 1984, 2003.
MATTEI U., *Beni comuni. Un manifesto*, Roma-Bari, 2011.
MATTEI U., *Proprietà (nuove forme di)*, in *Enciclopedia del diritto*, Annali V, Milano, 2012.
MENGONI L., *Gli acquisti "a non domino"*, Milano, 1975.
MERUSI F., *I domini collettivi tra l'interesse della collettività territoriale locale e il pubblico interesse*, in *I domini collettivi nella pianificazione strategica dello sviluppo delle aree locali*, a cura di P. Nervi, Padova, 2002, p. 39.
MESSINETTI D., *Oggettività giuridica delle cose incorporali*, Milano, 1970.
MORA A., *Il contratto di divisione*, Milano, 1995.

NATUCCI A., *La tipicità dei diritti reali*, Padova, 1988.
NIVARRA L., *Alcune riflessioni sul rapporto tra pubblico e comune*, in M.R. MARELLA (a cura di), *Oltre il pubblico e il privato. Per un diritto dei beni comuni*, Verona, 2012.
OSTROM E., *Governing the commons: The evolution of Institutions for collective action*, New York, 1990, tr. it., *Governare i beni collettivi*, Venezia, 2006.
PELLECCHIA E., *Valori costituzionali e nuova tassonomia dei beni: dal bene pubblico al bene comune*, in *Foro it.*, 2012, I, c. 564.
PERLINGIERI P., *Introduzione alla problematica della proprietà* (rist.), Napoli, 2011.
POLITI F., *La circolazione dei beni di uso civico e la tutela costituzionale*, in *Archivio Scialoja e Bolla*, Milano, 2006, p. 13.
PROTETTÌ E., *Le azioni possessorie. La responsabilità e il procedimento in materia possessoria*, Milano, 2005.
RODOTÀ S., *Il terribile diritto*, 2ª ed., Bologna, 1990.
RUPERTO S., *L'usucapione*, Milano, 1992.
TRAISCI F.P., *Le immissioni tra tutela proprietaria e tutela della persona. Modelli a confronto*, Napoli, 1996.

Capitolo quarto
Le obbligazioni

Sommario: 33. Le fonti dell'obbligazione. – 34. La disciplina delle obbligazioni. – 35. Il contratto. – 36. I requisiti essenziali. – 37. Gli elementi accidentali. – 38. L'interpretazione del contratto. – 39. La rappresentanza. – 40. Le patologie del contratto: nullità ed annullabilità. – 41. *Segue*: rescissione e risoluzione. – 42. I contratti del consumatore. – 43. I contratti di trasferimento dei beni. – 44. I contratti di godimento dei beni. – 45. I contratti di produzione. – 46. I contratti bancari. – 47. I contratti aleatori. – 48. Gli altri contratti atipici. – 49. La responsabilità civile.

33. *Le fonti dell'obbligazione.*

Il quarto libro del codice civile disciplina nella prima parte le obbligazioni, e successivamente le fonti dell'obbligazione, ovvero quei fatti, atti, o negozi che sono in grado di produrle. La natura principalmente tecnica di questo libro, e la circostanza che ben poco in esso è mutato a quasi ottanta anni dalla sua entrata in vigore (in un mondo, peraltro, assai diverso dall'attuale), permette "di sottolineare come il rapporto obbligatorio rappresenti l'esemplare modello a cui ricondurre (o col quale confrontare) ogni rilevante relazione di potere e dovere".

Per molti secoli le fonti dell'obbligazione sono state affidate ad una quadripartizione, che affiancava ai contratti ed ai fatti illeciti i quasi contratti ed i quasi delitti, utilizzando un ordine sistematico che permettesse di assimilare alle fonti tradizionali del contratto e dell'illecito istituti che a rigore non potevano considerarsi né contratti né fatti illeciti. Tuttavia il legislatore preferì adottare, nel codice vigente, una tripartizione, aggiungendo ai contratti ed ai fatti illeciti una categoria residuale, ovvero "*ogni altro atto o fatto idoneo a produrle* (le obbligazioni) *in conformità dell'ordinamento giuridico*" (articolo 1173 del codice civile). Si tornava così all'insegnamento di Gaio, un giurista romano di epoca classica il quale aveva ricompreso nelle fonti dell'obbligazione le cosiddette *variae causarum figurae*, separando queste ultime sia dal contratto che dal delitto (come, all'epoca, veniva definito quello che oggi chiamiamo fatto illecito, figura che non ha, necessariamente, rilevanza penale).

Fonti dell'obbligazione diverse dal contratto e dal fatto illecito sono principalmente le promesse unilaterali, per le quali si pone un problema di tipicità (ovvero se siano ipotizzabili promesse unilaterali non previste nel codice, come è ormai opinione diffusa), insieme ad alcuni istituti ormai superati, quali la gestione di affari altrui, che aveva lo scopo, in determinate condizioni, quali l'*absentia domini*, di permettere l'assunzione di obbligazioni a carico di altri pur senza avere un esplicito potere di rappresentanza. Il profilo che caratterizza l'istituto è la circostanza che il gestore non sia obbligato ad intervenire e che tuttavia abbia la consapevolezza di agire nell'interesse e per conto altrui. Inoltre il gestore deve continuare la gestione che ha iniziato e condurla a termine, a meno che l'interessato non possa provvedervi da solo. I moderni mezzi di comunicazione e la facilità degli spostamenti hanno reso tale figura, discendente dalla *negotiorum gestio* romana, del tutto marginale.

Le promesse unilaterali meritano poi un cenno in quanto – come si è detto – la dottrina tradizionale ritiene che possano essere fonte dell'obbligazione solo nei casi previsti dalla legge. Si dividono da un lato nella ricognizione di debito e nella promessa di pagamento (le due ipotesi sostanzialmente producono lo stesso effetto perché chi riconosce un debito ragionevolmente si impegna a pagarlo), e dall'altro nella promessa al pubblico, consistente nel promettere una utilità a chi compirà una particolare azione (ritrovare il gatto smarrito) o si troverà in una particolare situazione (vincere una gara sportiva).

Accanto alle promesse unilaterali il legislatore disciplina i titoli di credito, che nella sostanza corrispondono ad una promessa unilaterale in quanto contengono l'impegno vincolante a pagare una somma di denaro, a prescindere dal rapporto sottostante (il che, in qualche misura, permette che vengano definiti "astratti", ovvero slegati dal concreto rapporto che li giustifica). Essi si distinguono in titoli nominativi, all'ordine ed al portatore, a seconda delle diverse modalità di circolazione: mentre nel titolo al portatore il titolo stesso deve essere materialmente consegnato, per cui è il possesso che legittima la titolarità, nel titolo all'ordine il trasferimento e la titolarità si trasferiscono attraverso una serie continua di "girate" (consistenti nell'espressione, sottoscritta, "e per me pagate a"). Infine nel titolo nominativo è l'intestazione del titolo nel registro dell'emittente a giustificarne la titolarità.

Da notare che tra le fonti dell'obbligazione è assente la legge, che pur è stata sempre ritenuta far parte delle predette fonti. In realtà si è preferito evitare il ricorso all'indicazione della legge sul presupposto che tutte le fonti dell'obbligazione sono tali in quanto, e soltanto in quanto, è la legge che lo permette, anche se la motivazione non appare convincente, perché la circostanza che tutte le obbligazioni discendano dalla legge è di tutta evidenza una conseguenza implicita nel sistema positivo. Al contrario, vi sono delle obbligazioni che non hanno bisogno di un atto di autonomia contrattuale o di un fatto illecito per configurarsi tali, quali ad esempio le obbligazioni alimentari nell'ambito della famiglia, che discendono da un dovere di solidarietà che si ritiene immanente all'interno dei rapporti familiari e di parentela.

A prescindere da tali problematiche, la scelta del legislatore italiano parte dal presupposto dell'unitarietà dell'obbligazione, per cui nella prima parte del libro quarto del codice si procede a regolare l'obbligazione stessa, a prescindere da come sia venuta configurandosi, mentre nella seconda parte vengono regolate le sue fonti, in particolare il contratto ed il fatto illecito.

34. *La disciplina delle obbligazioni.*

Le obbligazioni, come si è detto, sono disciplinate unitariamente e la loro disciplina, anche se solo tendenzialmente, prescinde dalla fonte che le ha generate. Quindi le regole che si applicano alle obbligazioni sono sostanzialmente le stesse, a prescindere di quale sia la loro fonte: tuttavia la distinzione tra responsabilità da inadempimento e responsabilità da fatto illecito permane in dottrina, anche se nel corso degli anni essa è andata via via diluendosi.

Peraltro qualche precisazione si rende necessaria. La distinzione tra responsabilità contrattuale e responsabilità extracontrattuale risponde alla differenza tra le diverse situazioni che hanno contribuito a generarle: alcune regole sono comuni, per esempio la limitazione del danno risarcibile alle conseguenze immediate e dirette, o la riduzione dell'ammontare del risarcimento in caso di colpa concorrente, ma altre sono difformi. In primo luogo la responsabilità contrattuale è limitata ai danni prevedibili nel momento in cui è sorta l'obbligazione (articolo 1225 del codice civile), mentre tale limitazione non è stabilita per la responsabilità da fatto illecito. Ancora, la responsabilità contrattuale si prescrive ordinariamente in dieci anni, mentre quella extracontrattuale si prescrive di norma in cinque anni, o addirittura in due, quando si tratti di danni causati dalla circolazione di autoveicoli.

Ancora, una significativa distinzione attiene al cosiddetto onere della prova: mentre nella responsabilità contrattuale il danneggiato dovrà limitarsi a provare solo l'esistenza dell'obbligazione ed il mero fatto dell'inadempimento, facendo ricadere sul danneggiante l'onere di provare la causa a lui non imputabile che non ha reso possibile l'adempimento, nella responsabilità extracontrattuale il danneggiato dovrà al contrario dimostrare la prova del fatto, la colpa dell'autore, il nesso di causalità ed i danni sofferti. Un onere, quest'ultimo, ben più gravoso, che spesso viene superato proprio tentando di spostare il piano del risarcimento dalla responsabilità extracontrattuale a quella contrattuale: una tendenza resa ulteriormente complessa dal recente affermarsi nell'ordinamento del concetto di contatto sociale, che assimila alla responsabilità contrattuale quelle situazioni in cui il "contatto" tra due soggetti non è racchiuso in un "contratto", ma è disciplinato come se lo fosse. Si pensi al medico che si ferma per soccorrere un infortunato sulla strada: il regime di responsabilità sarà contrattuale, anche se – come è evidente – tra l'infortunato ed il medico non è stato stipulato alcun contratto.

Oltre ad istituti che hanno lo scopo di facilitare la circolazione delle obbligazioni, sulla base della convinzione che una diffusa circolazione delle stesse potesse favorire lo sviluppo dell'economia, il legislatore detta una disciplina particolare per quelle obbligazioni che hanno una maggiore diffusione e quindi una maggiore importanza, come, ad esempio, le obbligazioni pecuniarie, che hanno ad oggetto una somma di denaro. Delle obbligazioni pecuniarie viene infatti disciplinata l'estinzione, che deve avvenire *con moneta avente corso legale nello Stato al tempo del pagamento* (articolo 1277 del codice civile), la misura degli interessi (ovvero il tasso cosiddetto legale, che un tempo era indicato nel codice ed oggi è rimesso ad un decreto del Ministero dell'economia e delle finanze, il che ne permette una maggiore flessibilità), il divieto di anatocismo (ovvero la produzione degli interessi da parte degli interessi, che è consentita solo in "assenza di usi contrari", caso unico per il nostro ordinamento, nel quale di norma gli usi non prevalgono sulla legge). Una disciplina molto dettagliata, la cui specificità appare comprensibile, ove si rifletta al rilievo che il denaro, oggetto delle obbligazioni pecuniarie, ha assunto nell'economia moderna, ergendosi a principale misura della ricchezza, una volta che il valore di scambio delle merci si è imposto sul più risalente valore d'uso delle stesse.

Tuttavia nel codice viene dettata una parte generale sull'obbligazione, ed in particolare sull'adempimento e sull'inadempimento della stessa. Anzi, la disciplina speculare dell'adempimento e dell'inadempimento mostra delle differenze neanche tanto marginali, che rendono problematica una loro interpretazione complessiva e coerente. Si pensi alla diligenza nell'adempimento, che nell'articolo 1176 del codice civile è qualificata come quella del buon padre di famiglia, quindi una diligenza media, alla portata di qualsiasi soggetto normale. Al contrario, nell'articolo 1218, relativo all'inadempimento, si stabilisce che "*Il debitore che non esegue esattamente la prestazione dovuta è tenuto al risarcimento del danno*", individuandosi così, nel ben più impegnativo criterio dell'esattezza dell'adempimento, il corretto modello di comportamento. Tale differenza, difficilmente comprensibile in un ordinamento dove l'adempimento e l'inadempimento dovrebbero ricevere discipline opposte ma simmetriche, è stato tradizionalmente spiegato attraverso la creazione di due tipologie differenti di obbligazioni: le obbligazioni di risultato e le obbligazioni di mezzi. Attraverso le prime si promette un risultato che quindi deve essere conseguito esattamente (articolo 1218 del codice civile), mentre attraverso le seconde ci si limita a promettere una attività, in relazione alla quale è sufficiente una normale diligenza (articolo 1176 del codice civile), derogata nel caso delle obbligazioni professionali.

In realtà tale distinzione è stata in seguito superata, in quanto si è riconosciuto che ogni obbligazione contiene sempre una parte di risultato ed una parte di mezzi. Più precisamente si può ritenere che le obbligazioni di mezzi non escludono il conseguimento di un risultato, che corrisponde all'utilizzo dei mezzi maggiormente idonei, sulla base dello stato dell'arte, per ottenere l'oggetto dell'obbligazione stessa. Si pensi alla prestazione del professionista, che è sempre stata considerata un'obbligazione di mezzi (il medico non garantisce la guarigione, così come l'avvocato non garantisce la vittoria della lite o l'assoluzione nel giudizio penale) e che al contrario negli ultimi anni si è sviluppata intorno ad una prestazione che deve garantire al cliente una terapia o una difesa idonea ad ottenere un risultato il più possibile positivo, sulla base di protocolli o parametri adeguati ed aggiornati. Con la conseguenza che il dissidio tra le varie interpretazioni è restato irrisolto, nonostante il legislatore sia intervenuto direttamente, per esempio in tema di responsabilità medica, attraverso la cosiddetta legge Balduzzi, ovvero il decreto-legge 13 settembre 2012, n. 158, avente lo scopo di escludere la responsabilità del sanitario per colpa lieve.

Le obbligazioni si distinguono in alternative (posso scegliere tra le due eventuali prestazioni dedotte nell'obbligazione) o solidali (dal termine latino *sodalis,* ovvero compagno di attività), che si configurano quando più debitori sono obbligati tutti per la medesima prestazione (articolo 1292 del codice civile), in modo che al fine di rafforzare il vincolo obbligatorio il creditore può rivolgersi a qualsiasi debitore per ottenere l'intero. Sarà poi il debitore che ha pagato l'intero a doversi rivolgersi agli altri debitori solidali per ottenere la restituzione delle rispettive quote. Al contrario, nelle obbligazioni non solidali ogni debitore deve pagare esclusivamente la propria parte di debito (è, ad esempio, il caso degli eredi per quanto riguarda i debiti del *de cuius*).

Oltre all'adempimento, che è il modo principale di estinguere l'obbligazione, quest'ultima può essere estinta attraverso la *novazione*, che si configura quando le parti sostituiscono all'obbligazione originaria una nuova obbligazione con oggetto e titolo diversi (cosiddetta novazione oggettiva, mentre la novazione soggettiva si ha quando al debitore originario viene sostituito un nuovo debitore); la *remissione*, ovvero la rinuncia del creditore al proprio diritto comunicata al debitore (come dice il Padre nostro: rimetti a noi i nostri debiti, come noi li rimettiamo ai nostri debitori); la *com-*

pensazione, che si ha quando due soggetti sono obbligati l'uno verso l'altro; la *confusione*, che si realizza quando il creditore ed il debitore si riuniscono nella stessa persona, ad esempio nel caso del *de cuius* e dell'unico erede. Se l'erede aveva un debito nei confronti del *de cuius*, al momento della morte di questi il debito si estingue, appunto, per confusione.

Occorre aggiungere, in tema di disciplina delle obbligazioni, alcune notazioni in tema di adempimento, ulteriori a quelle già trattate relativamente alla diligenza. L'obbligazione può anche essere adempiuta da un terzo, ed il creditore può rifiutare un adempimento parziale. Solitamente l'obbligazione di pagare una somma di denaro deve essere adempiuta nel domicilio del creditore e – se non viene determinato il tempo in cui la prestazione deve essere eseguita, ovvero se non viene concesso un termine per l'adempimento – la prestazione può essere pretesa immediatamente. Inoltre qualora un soggetto abbia più debiti nei confronti dello stesso creditore, egli può dichiarare quale debito intende soddisfare (cosiddetta *imputazione di pagamento*); in caso di mancata dichiarazione i criteri di imputazione del pagamento sono stabiliti dalla legge (articolo 1193, secondo comma del codice civile).

Il criterio generale in tema di adempimento consiste nell'impossibilità per il debitore di liberarsi eseguendo una prestazione diversa da quella dovuta. Tuttavia il creditore può acconsentire a che la prestazione dovuta venga sostituita da una diversa: in questo caso si parla di prestazione in luogo dell'adempimento, già conosciuta dal diritto romano con il nome di *datio in solutum*.

Anche i debiti possono essere ceduti, e questa cessione viene oggi più correttamente definita, seguendo le rigorose indicazioni della dottrina tedesca, come assunzione dell'obbligo altrui; in concreto possono manifestarsi tre diversi istituti ovvero la delegazione, l'espromissione e l'accollo, che realizzano tre diversi interessi.

La delegazione si ha quando il debitore assegna al creditore un nuovo debitore, che solitamente è già vincolato nei suoi confronti da una precedente obbligazione: in questo caso la delegazione permette con un'unica operazione il soddisfacimento di più interessi, ovvero l'estinzione contemporanea di due obbligazioni. L'espromissione al contrario si realizza quando un terzo assume nei confronti del creditore l'obbligazione di pagare il debito, senza che però vi sia alcuna delegazione da parte dell'originario creditore. L'accollo, infine, consiste in un accordo tra vecchio e nuovo debitore in virtù del quale il debito passa dal vecchio al nuovo debitore. Il creditore rimane estraneo a tale accordo, ma nel dichiarare il proprio consenso all'operazione rende irrevocabile il trasferimento del debito. Il cosiddetto accollo semplice si realizza tutte le volte in cui un terzo, ad esempio una società di assicurazione, si obbliga a tenere indenne il debitore nel caso in cui si verifichi una circostanza che comporti la nascita di un debito. Esso non attribuisce alcun diritto al creditore e non modifica in alcun modo l'originaria obbligazione.

Più frequente della cessione dei debiti è la cessione dei crediti, che nella moderna economia si è dimostrata un utile strumento di stimolo della produzione e della distribuzione dei beni. Si tratta di un contratto che non bisogno del consenso del debitore ceduto in quanto, mentre nella cessione del debito la figura del debitore assume decisiva rilevanza economica (infatti è ben diverso avere un credito nei confronti di un debitore solvibile rispetto ad averlo nei confronti di un debitore insolvibile), nella cessione del credito è del tutto irrilevante, per il debitore, chi sia il creditore nei cui confronti dovrà essere adempiuta l'obbligazione. Sebbene tale irrilevanza sia stata già nel Novecento messa in discussione, tale tesi non ha comportato modificazioni ad una disciplina che sembra essere comunque ragionevole. Si noti, inoltre, che non tutti i crediti possono essere ceduti, per esempio non possono essere ceduti i crediti alimentari, che hanno implicita nella loro funzione la necessità di contribuire alle normali esigenze di vita di soggetti determinati, quali ad esempio il coniuge o i figli.

Occorre a questo punto trattare i due istituti del pagamento dell'indebito e dell'arricchimento senza causa: il primo prevede che qualora il debitore esegua un pagamento non dovuto, o per errore, o anche consapevolmente in base ad un contratto successivamente annullato, ha diritto di ripetere ciò che ha pagato, ovvero di farsi restituire quanto pagato. Questa ipotesi non si applica alle obbligazioni naturali, di cui si dirà *sub* 47, ed alle prestazioni contrarie al buon costume: quest'ultimo caso, conosciuto già in passato attraverso il brocardo *In pari causa turpitudinis melior est condicio possidentis*, trova fondamento nell'esigenza di evitare un impiego abusivo della pretesa restitutoria quando si tratti di un contratto sinallagmatico nullo per illeceità della causa o dell'oggetto, in quanto contrari al buon costume.

Il secondo prevede, *ex* art. 2041 del codice civile, che chi abbia subito un arricchimento senza una giusta causa sia soggetto ad una azione da parte dell'impoverito, volta ad ottenere un indennizzo pari alla diminuzione patrimoniale subita, ove questi non possa agire in giudizio per recuperare l'utilità perduta attraverso le normali azioni attribuite a difesa dei diritti reali o di obbligazione. Si tratta di un'azione cosiddetta *residuale*, perché è ammessa esclusivamente quando non sia possibile esperirne un'altra di tipo ordinario.

35. *Il contratto.*

Il contratto è un istituto giuridico centrale nel nostro ordinamento giuridico moderno, così come nelle altre nazioni, e si è affermato in Europa dopo la Rivoluzione francese come espressione dell'autonomia dell'individuo e quindi della sua riconosciuta e tutelata possibilità di compiere scelte di natura principalmente economica. Storicamente collegato al liberalismo, il ruolo del contratto è stato enfatizzato per due secoli quale strumento in grado di realizzare pienamente la vita delle persone, che proprio attraverso il contratto avevano la possibilità di arricchirsi, una possibilità che nell'economia medievale era sostanzialmente negata. Successivamente, però, questa enfatizzazione è andata ridimensionandosi, quando si è visto che il contratto produce effetti positivi sull'economia solo se le parti contraenti si trovano effettivamente in una situazione di autonomia, e non sono condizionate né da squilibri economici né da asimmetrie informative (come, invece, accade sempre più spesso nei rapporti tra imprenditori e consumatori).

Nel contratto viene individuata non solo la principale espressione dell'autonomia privata, ma anche il modello la cui disciplina si applica, *ex* articolo 1324 del codice civile, a tutti gli atti di autonomia, anche non contrattuali, che costituiscono la figura del cosiddetto *negozio giuridico*, una figura non presente espressamente nel codice civile italiano, ma elaborata dalla pandettistica tedesca dell'Ottocento. Il legislatore ha ritenuto infatti di non recepire la figura del negozio (dal latino *nec otium*, ovvero attività economica e giuridica insieme), che al contrario occupa un posto di rilievo nella sistematica del codice civile tedesco del 1900, sia per fedeltà alla tradizione francese del *Code civil* (che non conosceva tale figura) sia per privilegiare la disciplina di un istituto, quale il contratto, assai più aderente del negozio alla realtà pratica della vita economica e sociale.

Il contratto si distingue, ulteriormente, in due categorie: i contratti tipici, che sono quelli disciplinati all'interno del codice civile o comunque dalla legge (infatti molti contratti tipici sono disciplinati al di fuori del libro quarto del codice, come la donazione o i contratti associativi), ed i contratti atipici, che non hanno alcun tipo di disciplina legislativa e sono dunque regolati interamente dalla volontà delle parti contraenti. Più in particolare i contratti atipici devono essere diretti a realizzare un interesse meritevole di tutela, caratteristica questa che non è necessaria per i contratti tipici, ritenendosi che la meritevolezza dell'interesse perseguito sia implicita nella funzione del contratto espressa nella disciplina legislativa. I contratti atipici hanno avuto un rilevante sviluppo negli ultimi decenni, permettendo l'utilizzazione di forme contrattuali per lo più importate dal mondo giuridico anglosassone, come il *leasing*, il *factoring*, l'*engineering* e sono diretti a realizzare degli interessi "specializzati" che spesso non possono essere compiutamente soddisfatti utilizzando i tipi tradizionali. Viene così a realizzarsi un movimento circolare, per cui storicamente l'evoluzione dell'economia fa emergere dei nuovi tipi sociali che ben presto si trasformano in tipi giuridici, e fa tramontare dei tipi contrattuali fondati su presupposti economici non più attuali. Si spiega in tal modo perché la globalizzazione dei mercati economici ha portato con sé la diffusione di tipi contrattuali che in precedenza non avevano applicazioni significative. Il legislatore, comunque, si preoccupa di stabilire all'articolo 1323 del codice civile che tutti i contratti, sia quelli tipici, sia quelli atipici, sono sottoposti alla disciplina generale dettata per il contratto nel titolo II del libro quarto, ritenendo in tal modo di dover contribuire ad una sostanziale unificazione degli schemi contrattuali. Tuttavia lo scopo dei contratti tipici appare evidente: essi hanno lo scopo di garantire un equilibrio contrattuale, che le parti dovrebbero almeno tendenzialmente rispettare (si pensi agli effetti reali nella compravendita, che fanno acquistare la proprietà all'acquirente). Profilo, quest'ultimo, che mette anche in luce lo scopo che una delle parti persegue nell'imporre all'altra un contratto atipico: si vuole in tal modo uscire dagli schemi consolidati della tipicità, per realizzare schemi contrattuali dove le asimmetrie tra le parti sono più marcate. E se da un lato questa tendenza poggia su una presunta autonomia delle parti, dall'altro ha costretto il legislatore ad intervenire sugli equilibri contrattuali non facendo più riferimento al tipo, bensì ai singoli rapporti, alla specifica posizione dei soggetti contraenti (si pensi alla tutela accordata al consumatore, a prescindere dal contratto di riferimento), alle clausole generali.

In questa prospettiva un ulteriore profilo merita attenzione. Come è stato notato da quella parte della dottrina più attenta ai profili costituzionali del diritto civile il contratto, anche se tipico, va sempre sottoposto ad un controllo di meritevolezza. Non è sufficiente che il contratto sia lecito, esso deve sempre realizzare interessi meritevoli di tutela, ed il giudice non può esimersi dal controllo sul punto con riferimento ai contenuti concreti del contratto, perché solo nella sua concreta unicità il contratto realizza quella funzione che gli è propria. L'interpretazione proposta è di grande rilievo, perché permette di non proteggere contratti che, pur essendo tipici e pur non essendo formalmente illeciti, non realizzano interessi che l'ordinamento ritiene non meritevoli di tutela. In tal modo l'ordinamento giuridico incrina il principio che l'unico limite all'autonomia delle parti sia l'illiceità dell'accordo, e si spinge a permettere al giudice di formulare dei giudizi di valore sostituendosi ai contraenti. Con la rilevante conseguenza che, pur non essendo formalmente illecito, il contratto che persegua interessi non meritevoli di tutela ben può essere dichiarato improduttivo di effetti.

Sotto altro profilo, i contratti si distinguono, con riferimento al loro perfezionamento, in contratti consensuali e contratti reali: i contratti consensuali si perfezionano con il solo consenso, mentre i contratti consensuali si perfezionano con il consenso (che ovviamente è sempre necessario) cui si aggiunge la consegna della cosa. Invece, sotto il profilo degli effetti, il contratto si distingue in contratto ad effetti reali e contratto ad effetti obbligatori. Il primo trasferisce il diritto di proprietà e gli altri diritti reali (ovviamente facendo nascere anche le obbligazioni conseguenti), mentre il secondo si limita a far nascere esclusivamente delle obbligazioni. Si è così passati da un contratto che aveva bisogno che i contraenti fossero presenti al momento dell'atto e così anche il bene oggetto dello scambio, ad un contratto che fa riferimento a soggetti ed a beni lontani. Si realizza in questo modo, attribuendo particolare rilievo al consenso delle parti (nel senso che esso è necessario, ma anche sufficiente alla costituzione del vincolo), la possibilità di acquistare e vendere beni che si trovano in altri luoghi rispetto a quello dove si stipula il contratto di compravendita: una tendenza iniziata con i mercanti del basso medioevo che non si è mai fermata, e che continua oggi attraverso le vendite *on line*.

Peraltro l'enorme rilievo che il contratto si è guadagnato nell'economia moderna ha fatto sì che esso realizzi delle funzioni che normalmente gli sono estranee: una ipotesi che tende a svilupparsi è quella del contratto di protezione, ovvero di un contratto che ha, accanto alle ordinarie prestazioni, delle prestazioni accessorie a tutela di uno o più terzi determinati. L'esempio classico è quello del contratto che intercorre tra l'ospedale pubblico ed i medici; ove il medico sia inadempiente, potrà agire nei suoi confronti non soltanto la struttura ospedaliera, ma anche il malato che ha ricevuto un danno, sia pur solo potenziale, da quell'inadempimento. Questa tendenza espansiva del contratto, che si ha motivo di ritenere destinata ad ulteriori sviluppi, dimostra come proprio il contratto abbia ormai acquistato un ruolo centrale all'interno dell'economia moderna, che non ha saputo o forse voluto trovare nuovi modelli per regolare i rapporti tra gli individui. E non è detto che questo utilizzo diffuso del contratto (che come si è visto in alcuni casi si è dimostrato positivo, come nel caso del contratto di protezione) sia sempre da condividere e da valorizzare, in quanto comunque fondato su una astratta autonomia formale delle parti cui non sempre corrisponde una reale, autonoma e sostanziale capacità di autodeterminazione.

L'efficacia del contratto è sancita enfaticamente dall'articolo 1372, primo comma, del codice civile, il quale stabilisce che "*Il contratto ha forza di legge tra le parti*". Questo vuol dire che dopo la sua conclusione esso non può essere modificato unilateralmente da una parte, e non può manifestarsi il recesso dal contratto stesso, se non nei casi stabiliti dalla legge. Peraltro all'ipotesi di recesso le parti possono collegare, mediante un'apposita clausola, il pagamento di una multa penitenziale.

Diverso è il caso della clausola penale, che viene stabilita dalle parti per il caso di inadempimento. Mentre normalmente il danno da inadempimento deve essere dimostrato dalla parte adempiente, circostanza che richiede assai spesso tempo e spese, esso può essere stabilito già al momento della stipula, prevedendo che il danno da inadempimento venga commisurato ad una somma di denaro indicata nel contratto stesso. La liceità di tale pattuizione è però temperata dal potere del giudice di diminuire l'entità della penale, secondo equità, quando la stessa appare manifestamente eccessiva o quando vi è stato un adempimento parziale.

Nello stesso ordine di idee si colloca la cosiddetta *caparra*, che ha principalmente lo scopo di dimostrare la serietà degli intenti di chi contrae. La caparra differisce dalla clausola penale in quanto la somma di denaro viene materialmente consegnata da un contraente all'altro, profilo questo che ha fatto ritenere come la caparra sia un contratto reale, cioè un contratto che si perfeziona, oltre che con il consenso, anche attraverso la consegna del bene. Essa si distingue in caparra confirmatoria (articolo 1385 del codice civile) e caparra penitenziale (articolo 1346 del codice civile). La caparra confirmatoria prevede che se è inadempiente colui che ha versato la caparra, questa viene attribuita all'altro contraente; se invece è inadempiente colui che ha ricevuto la caparra, questi dovrà restituirla in misura doppia. Diverso è il caso della caparra penitenziale: le parti si accordano nel senso di stabilire che a tutte e due o ad una soltanto di esse venga concesso il diritto di recedere dal contratto, ma in tal caso la parte che esercita il recesso dovrà pagare all'altra una somma di denaro prestabilita. Ovviamente in alcuni casi il recesso è permesso dalla legge, come nel caso dei contratti di durata, per il quale il legislatore vuole evitare l'assunzione di un vincolo di durata illimitata e nel caso del contratto di lavoro, dal quale al lavoratore è concesso il recesso in qualsiasi momento. Il contratto, di norma, non produce effetti né favorevoli né sfavorevoli nei confronti dei terzi. Tuttavia è possibile il contratto a favore di terzo, che si realizza quando due soggetti attribuiscono uno specifico diritto ad un terzo che non è parte del contratto: il terzo acquista il diritto immediatamente, ma esso può essere revocato o modificato sino a che il terzo non dichiari "*di volerne profittare*" (articolo 1411 del codice civile).

36. *I requisiti essenziali.*

Il contratto deve avere quattro requisiti essenziali, che ne condizionano la validità, nel senso che se essi mancano, il contratto è invalido, più precisamente è nullo (in quanto la invalidità del contratto si distingue in nullità ed annullabilità, come si vedrà più avanti, *sub* 40). Questi elementi sono: l'accordo delle parti, la causa, l'oggetto e la forma; tuttavia, in realtà, soltanto tre sono veramente essenziali, perché il quarto (la forma), è essenziale solo "*quando risulta che è prescritta dalla legge sotto pena di nullità*" (articolo 1325 del codice civile).

Un autorevole civilista, Natalino Irti, ha parlato quindi – ed a ragione – di contratti a struttura forte, quando tutti e quattro i suddetti requisiti sono necessariamente presenti, e contratti a struttura debole, quando ne sono presenti soltanto tre, perché la forma legale non è necessaria. Considerazione, questa, che pone in dubbio uno dei principi tradizionali della civilistica moderna, e cioè il cosiddetto principio di libertà delle forme, cui generazioni di giuristi si sono inchinati riverenti. Detto altrimenti, secondo l'Irti – e su ciò si può convenire – il rapporto non è tra una regola (la libertà delle forme) ed una eccezione (il contratto formale), bensì tra due regole che hanno pari dignità di fronte all'ordinamento. Con l'ulteriore conseguenza che il requisito della forma, non rivestendo più carattere di eccezionalità, può essere applicato anche in via analogica.

L'*accordo delle parti* consiste nell'individuare il momento in cui tale accordo è raggiunto, perché da tale momento in poi si produrranno gli effetti del contratto ed il contratto stesso non sarà più modificabile. Invece, sino al momento in cui l'accordo delle parti si raggiunge, le stesse sono libere di modificare le proprie pretese e di ritirarsi (se in buona fede) dalle trattative. Sebbene tale momento sia identificabile quando chi ha fatto la proposta ha conoscenza dell'accettazione dell'altra parte, le dinamiche economiche moderne hanno portato a superare il meccanismo fondato sulla proposta e sull'accettazione, ritenendolo complesso e dunque inefficiente. Ad esso si è andato sostituendo un sistema fondato sull'esecuzione del contratto slegata dalla fase, concettualmente precedente, della proposta e dell'accettazione: in altre parole, se eseguo il contratto, vuol dire che ho accettato una proposta, per cui tutto quello che viene prima tende ad essere irrilevante. Si pensi all'ipotesi in cui entro in un supermercato, prendo una scatola di biscotti dallo scaffale dove è esposta insieme all'indicazione del prezzo, la pago e vado via. Non ho contrattato nulla, ma ho accettato con il mio comportamento concludente una proposta che il proprietario del supermercato aveva avanzato alla generalità dei consumatori attraverso l'esposizione della merce sugli scaffali unitamente al prezzo di acquisto. La volontà delle parti è rispettata, e così anche l'efficienza degli scambi commerciali (meno personale addetto alla vendita, meno tempo impiegato a contrattare, maggiore omogeneità negli scambi e dunque semplificazione della struttura distributiva), che ne risulta notevolmente rafforzata. Tuttavia lo schema classico del sovrapporsi tra proposta ed accettazione resta sostanzialmente valido, con l'accortezza che l'accettazione deve essere, per produrre i suoi effetti, conforme e tempestiva: se non è conforme si configura come nuova proposta (che deve essere accettata a sua volta dall'originario proponente, perché il contratto si perfezioni), e se non è tempestiva, ovvero quando non giunga al proponente "nel termine da lui stabilito o in quello ordinariamente necessario secondo la natura dell'affare o secondo gli usi", come recita il secondo comma dell'articolo 1326 del codice civile, non produce la conclusione del contratto stesso.

Dall'accordo delle parti devono distinguersi le trattative, che sono esclusivamente preparatorie all'accordo stesso, e che comunque devono essere svolte secondo buona fede; ad esempio non è in buona fede colui che intraprende una trattativa senza avere intenzione di concludere il contratto, o colui che recede dalle trattative senza alcuna seria motivazione. Di particolare interesse è la cosiddetta *opzione*, che consiste nell'accordo per cui una parte si impegna a tenere ferma la propria proposta per un determinato periodo di tempo, e l'altra si impegna ad accettarla o meno entro la scadenza. L'opzione può essere gratuita (si pensi ad una società che riserva l'acquisto di nuove azioni ai vecchi azionisti per un determinato periodo di tempo, allo scopo di favorirli) od onerosa (come spesso accade nel caso dell'opzione su diritti reali immobiliari). Sempre l'opzione si distingue dalla proposta irrevocabile perché mentre quest'ultima è un atto unilaterale, l'opzione è un contratto. Ancora diverso è il cosiddetto diritto di prelazione, che consiste nell'essere preferito ad altri a parità di condizioni, nel caso si decida di concludere un determinato contratto. Meno incisiva dell'opzione, la prelazione può essere volontaria o legale, a seconda che sia posta in essere dalla volontà delle parti o venga ad essere stabilita dalla legge. Esempi di prelazione legale sono quelli stabiliti a favore del conduttore di un immobile adibito ad uso diverso di abitazione, o all'affittuario di un fondo rustico, o ancora al coerede nel caso un altro coerede voglia cedere a terzi la propria quota ereditaria.

In relazione all'accordo va infine sottolineato come spesso nella pratica vi sia una formazione progressiva del contratto, nel senso che le parti possono costruire l'accordo su varie parti ed in varie fasi successive, che vengono in qualche misura formalizzate attraverso un documento, detto minuta o puntuazione, che contiene i punti già concordati: non si tratta di un contratto vero e proprio, ma la sua violazione potrebbe dar luogo a responsabilità precontrattuale. Diverso il caso della cosiddetta *lettera di intenti*, ovvero di dichiarazioni scambiate tra le parti per descrivere i punti su cui sono già d'accordo e per affermare la volontà di continuare la trattativa sui punti non ancora definiti. La lettera di intenti, secondo la migliore dottrina, costituirebbe già un vincolo contrattuale, soprattutto in relazione all'affidamento che su di essa ha fatto uno dei due contraenti, con la conseguenza della nascita di una responsabilità contrattuale e non solo precontrattuale.

La *causa* non è qualificata nel testo del codice, il quale si limita ad affermare, nell'articolo 1343, che la causa è illecita quando è contraria a norme imperative, all'ordine pubblico o al buon costume. Tuttavia la relazione al codice offre un aiuto all'interprete, affermando che la causa consiste nella funzione economico-sociale del contratto, ovvero nella funzione costante che un determinato contratto realizza: per esempio nella compravendita la causa consiste nello scambio di un bene in cambio del prezzo. Questa tesi, accolta senza riserve per decenni, è stata sottoposta ad un profondo dibattito, rilevandosi inadeguata ad una seria critica, che l'ha più correttamente identificata nella funzione economico-individuale del contratto. Si dà in tal modo maggior risalto non tanto all'astrattezza dello scambio quanto alla concretezza della singola e concreta operazione economica.

In questo ordine di idee, la rilevanza della causa all'interno del contratto (sia che la si voglia vedere come oggetto di un giudizio di liceità, sia che la si voglia vedere come misura di quella stessa liceità) si contrappone alla tendenziale irrilevanza dei motivi, anche se questi ultimi mantengono un particolare ambito di rilevanza quando sono illeciti e comuni ad entrambi i contraenti (articolo 1345 del codice civile): se da un lato è irrilevante, per il venditore, l'utilizzo che farò dell'auto che mi vende (ad esempio per compiere una rapina), dall'altro tale aspetto assume rilievo, e dunque il contratto sarà nullo, se l'auto è stata scambiata tra le parti nella comune consapevolezza che sarebbe stata utilizzata per compiere una rapina.

Sotto altro profilo il contratto sarà mancante di causa quando l'obbligazione che è destinato ad eseguire, a garantire o a modificare è inesistente, con la conseguenza della nullità. Tuttavia a questi negozi, cosiddetti causali proprio per l'affermata necessità dell'esistenza di una causa, si aggiungono i negozi cosiddetti astratti, che invece prescindono dall'esistenza di una causa. Classico esempio di negozio astratto è la cambiale, in cui l'impegno a pagare una determinata somma di denaro è slegata dalla giustificazione del pagamento (cosiddetta azione sottostante).

Ugualmente l'*oggetto* del contratto non è definito dall'articolo 1346 del codice civile, il quale anche in questo caso si limita ad affermare che esso deve essere possibile, lecito, determinato o determinabile. La dottrina ha proposto diverse teorie per individuare esattamente cosa si intenda per oggetto del contratto, utilizzando anche elementi testuali desumibili da alcuni articoli del codice stesso. Tuttavia ad oggi non sembra né possibile, né utile, individuare un significato che vada oltre quello tradizionale, costituito dall'oggetto in senso materiale: l'oggetto del contratto è costituito dal bene (o i beni) oggetto del contratto. Non sembri una tautologia, perché tale espressione rappresenta correttamente il senso che comunemente si attribuisce al concetto. Diverse interpretazioni (l'oggetto del contratto come prestazione, l'oggetto del contratto come contenuto del contratto, ecc.) non appaiono supportate da elementi significativi e convergenti, per cui la teoria che individua nell'oggetto del contratto il bene in senso materiale appare preferibile.

Il citato articolo 1346, nello stabilire che il contratto debba essere possibile vuol dire che esso può essere suscettibile di realizzazione, sia materiale (un contratto di trasporto su Marte non è materialmente possibile) sia giuridica (un contratto di compravendita del Colosseo non è giuridicamente possibile); che debba essere lecito vuol dire che non è contrario a norme imperative, all'ordine pubblico o al buon costume; che debba essere determinato o determinabile vuol dire che è possibile determinarne il contenuto, secondo criteri convenzionali o legali.

La *forma* è regolata dall'articolo 1350 del codice civile, dove si afferma che devono farsi in forma scritta, sotto pena di nullità, una serie di atti che sostanzialmente consistono in tutti quelli che trasferiscono o modificano in qualche misura la proprietà di beni immobili. La forma scritta si distingue nelle due categorie e della scrittura privata e dell'atto pubblico. Mentre la scrittura privata è il documento in cui le parti hanno calato la loro volontà sottoscrivendolo, l'atto pubblico è il documento in cui un pubblico ufficiale (notaio, segretario comunale, parroco nel caso del matrimonio concordatario) raccoglie la volontà delle parti e la riporta nel documento, sottoscrivendolo insieme alle parti stesse. Diverso anche il valore dei due documenti, poiché mentre la scrittura privata è una normale fonte di prova, l'atto pubblico fa fede sino a querela di falso, nel senso che non può disconoscersene il contenuto e la sottoscrizione se non attraverso un procedimento, penale, volto ad accertare l'eventuale falsità del documento. Concluso tale processo penale si terrà conto del suo esito nel giudizio civile.

Ma – come è ovvio – questi due tipi di forma, detti legali, non interferiscono con la forma materiale del contratto, che consiste nella forma espressiva dello stesso, ovvero la forma scritta, la forma orale, il comportamento (è evidente che la forma legale può mancare, ma una forma espressiva deve sempre essere presente, perché in caso contrario il contratto non esiste). Il requisito della forma legale, ritenuto necessario solo per gli atti che incidono sui beni immobili, è considerato dall'economia moderna come un freno per l'efficienza degli scambi contrattuali che – sempre più frequentemente – vengono conclusi attraverso un semplice comportamento. Si pensi ancora una volta all'esempio già fatto, ovvero all'acquisto di una scatola di biscotti al supermercato. Il cliente entra, sceglie la scatola, va alla cassa, legge sul monitor il prezzo da pagare, paga e se ne va. Non ha scritto nulla, non ha parlato con nessuno, e tuttavia ha concluso un contratto di compravendita di bene mobile. Il problema è che sempre più spesso anche i beni immobili vengono rappresentati attraverso beni mobili (azioni, titoli di credito, intestazioni fiduciarie), per cui essi tendono a sottrarsi alle forme di tutela che tradizionalmente gli erano riservate e che trovavano la loro giustificazione anche nella tutela dei terzi, oggi diminuita sensibilmente.

Alcuni contratti, il più importante dei quali è il contratto preliminare (ovvero il contratto con il quale le parti si impegnano a stipulare un successivo contratto, detto definitivo, di cui rappresentano gli elementi fondamentali, quali – ad esempio – la descrizione dell'immobile compravenduto, il prezzo, le modalità di pagamento), devono avere la stessa forma che la legge individua per il contratto definitivo: in questo senso si parla di forma *per relationem*. Quindi, se stipulo un contratto preliminare di compravendita di bene immobile, poiché il contratto definitivo dovrà essere stipulato in forma scritta, anche quello preliminare, sotto pena di nullità, dovrà essere stipulato in forma scritta. La regola, nella sua linearità, pone però dei problemi. Ad esempio, il comune recesso da un contratto preliminare di bene immobile dovrà anch'esso essere sancito in forma scritta, pena la sua nullità? La norma, ovvero l'articolo 1351 del codice civile, nulla dice al riguardo, ma ragioni di simmetria funzionale uniti alla possibilità di applicazione analogica, rendono preferibile una risposta positiva. Una scelta che si è rafforzata nel momento in cui, superandosi una consolidata tradizione, il legislatore ha reso possibile la trascrizione del preliminare stesso (legge 28 febbraio 1997 n. 30) onde fornire una maggiore tutela al promissario acquirente che – in assenza della possibilità di trascrivere, non essendo il contratto preliminare un contratto ad effetti reali – si trovava esposto a possibili abusi da parte del promittente venditore.

Occorre anche ricordare che il promissario acquirente può giovarsi della cosiddetta *esecuzione in forma specifica*, ai sensi dell'articolo 2932 del codice civile, il quale stabilisce che se colui che si è impegnato a concludere un contratto non adempie la propria obbligazione, l'altra parte può ottenere una sentenza che produca gli effetti del contratto non concluso: ho stipulato un contratto preliminare con un costruttore relativo alla vendita di un appartamento, e quest'ultimo non vuole più trasferirmi la proprietà. In questo caso posso rivolgermi al giudice, il quale pronuncerà una sentenza che trasferisce il diritto di proprietà del bene oggetto del contratto preliminare.

37. *Gli elementi accidentali.*

Come si è visto in relazione alla causa, i motivi sono tendenzialmente irrilevanti per il contratto, e tuttavia esiste uno strumento che permette al soggetto di renderli rilevanti. Questo strumento è costituito appunto dagli elementi accidentali del contratto (condizione, termine e modo o onere) che non sono necessari, ma che le parti possono comunque inserire nell'accordo contrattuale onde rendere rilevante quel motivo che normalmente non lo sarebbe.

Invece di dire: Ti regalerò un orologio (formula che esprime un normale contratto di donazione) affermo: Ti regalerò un orologio se supererai l'esame di diritto privato. Il motivo inespresso ed irrilevante nel primo caso diviene elemento accidentale nel secondo, una condizione appunto. Ed infatti la *condizione* è quell'avvenimento futuro ed incerto al quale le parti collegano il prodursi od il risolversi degli effetti del contratto.

Esso deve essere futuro, cioè non ancora accaduto, ed incerto. Se dico: Ti regalerò un orologio se il sultano del Brunei è vivo, questa non è una condizione, perché in questo momento il sovrano del Brunei o è vivo o è morto, solo che noi non lo sappiamo. Ma tale circostanza non è né incerta né tanto meno futura, e pertanto essa viene definita come condizione impropria. Altre volte la condizione viene inserita nell'interesse di un solo contraente, ed è definita quindi condizione unilaterale. Se affermo che comprerò un terreno solo a condizione che mi venga rilasciata la concessione edilizia, ed in tal senso concludo un contratto, il venditore non potrà rifiutarsi di rendere efficace il contratto se la condizione non si avvera, perché soltanto l'acquirente, nel cui esclusivo interesse è posta la condizione, può avvalersene. La predetta soluzione, peraltro, appare coerente con il principio di buona fede che deve sempre ispirare l'interpretazione e l'esecuzione del contratto.

La condizione, già nella tradizione romanistica, si distingueva in condizione sospensiva e condizione risolutiva. Nel primo caso gli effetti del contratto si sospendono sino a che la condizione non si verifica, mentre nel secondo caso gli effetti si producono immediatamente, ma vengono meno qualora l'evento dedotto in condizione non si verifichi. La condizione può inoltre essere illecita, ed in questo caso l'illiceità rende senz'altro nullo il contratto cui è apposta, e può essere impossibile. In questa seconda ipotesi il contratto sarà nullo se la condizione è sospensiva (perché una condizione che, essendo impossibile, non si verificherà mai, rende il contratto improduttivo di effetti e dunque ne rende inutile la tutela giuridica) mentre la condizione si avrà per non apposta in caso di condizione risolutiva, poiché in questa ipotesi il contratto produrrà immediatamente i suoi effetti e mai si risolverà, perché la condizione impossibile (che porterebbe alla risoluzione) mai potrà verificarsi. Infine, il periodo tra la stipula del contratto e l'avveramento o meno della condizione si definisce pendenza, e la sua rilevanza è dimostrata dalla circostanza che durante tale intervallo temporale il beneficiario del contratto può compiere atti conservativi del proprio diritto.

Il *termine*, a differenza della condizione, è un avvenimento futuro ma certo: il Natale del prossimo anno, il 15 agosto del 2021, ecc. Non è certo invece un compleanno, perché non è detto che il soggetto cui tale compleanno si riferisce sia ancora in vita nel momento in cui compirà un determinato numero di anni. Dunque se affermo che ti donerò un orologio quando compirai diciotto anni in realtà non appongo un termine alla donazione ma una condizione.

Il *modo* o *onere*, invece, costituisce una limitazione ad una liberalità, ed è pertanto confinato alle ipotesi della donazione o del legato che, appunto, costituiscono i principali atti di liberalità, il primo *inter vivos* ed il secondo *mortis causa*. Il modo impone un comportamento, ma non condiziona la liberalità che è immediatamente efficace, anche se potrà essere posta in discussione a seguito dell'inadempimento del modo stesso. Qualora affermi, sulla scia della tradizione romanistica, che ti costruirò una statua se mi darai cento sesterzi, ci troviamo in presenza di una condizione; al contrario, se invece affermo che ti costruirò una statua e tu mi darai cento sesterzi, non c'è un reciproco condizionamento tra le due prestazioni e dunque siamo in presenza di un modo o onere. In questo caso l'inadempimento del modo non condiziona automaticamente l'efficacia del contratto cui è stato apposto, anche se può essere, in via generale, motivo di risoluzione del contratto.

38. *L'interpretazione del contratto.*

Così come nelle premesse di questo libro si è parlato di interpretazione del testo della legge, un problema interpretativo si pone anche in relazione al testo del contratto. Solo che in questo caso il criterio utilizzato dal legislatore all'articolo 1362 del codice civile è radicalmente diverso, se non opposto, a quello stabilito nell'articolo 12 delle disposizioni sulla legge in generale. Ed infatti mentre le preleggi impongono all'interprete un'interpretazione letterale del testo della norma, l'articolo 1362 obbliga l'interprete a non fermarsi al senso letterale delle parole, ma ad indagare quale sia stata la comune intenzione delle parti. Il che significa che dal semplice esame del testo occorre spostarsi al contesto dell'atto, valutando il complessivo comportamento delle parti anche posteriore alla conclusione del contratto. Il legislatore dimostra così di voler preferire quello che le parti compiono rispetto a quello che le parti hanno dedotto nel testo del contratto, valutando il loro comportamento come più rappresentativo della volontà espressa nell'accordo. Questa preferenza, peraltro ragionevole, giustifica il diverso criterio interpretativo del contratto rispetto a quello utilizzato per le norme nell'articolo 12 delle disposizioni sulla legge in generale. In altre parole, mentre le norme interpretative del contratto tendono a ricostruire la reale volontà dei soggetti anche in difformità del testo negoziale, le norme interpretative della legge hanno lo scopo di impedire che esse possano essere "tradite" mediante una loro applicazione disinvolta. Abbiamo già notato quanto tale pretesa del legislatore sia non solo astrattamente errata, ma anche concretamente inutile, in quanto la volontà dell'interprete prevale sempre sul significato letterale della norma.

Gli articoli che seguono il 1362 del codice civile devono essere seguiti gerarchicamente, nel senso che si passa al successivo solo se il precedente non è stato in grado di risolvere il problema interpretativo, e si distinguono in criteri di interpretazione soggettiva e criteri di interpretazione oggettiva. I primi (articoli 1362/1365 del codice civile) tendono a ricostruire la comune intenzione delle parti, mentre i secondi (articoli 1367/1371 del codice civile) tendono a sostituire alla volontà delle parti una disciplina eterodeterminata. L'articolo 1366 del codice civile, sull'interpretazione secondo buona fede, si posiziona in modo intermedio tra i due criteri.

L'articolo 1363 del codice civile stabilisce che le singole clausole contrattuali devono essere interpretate le une per mezzo delle altre, e tutte insieme nel senso che risulta dal complesso dell'atto. Si è giustamente sottolineato come l'applicazione formale di tale criterio sia impossibile, tuttavia la norma esprime l'esigenza di una coerenza complessiva, che si rinviene anche nei successivi articoli 1364 e 1365 del codice civile, i quali evitano da un lato che generalizzazioni eccessive dilatino gli effetti del contratto al di là dell'intenzione delle parti, e dall'altro che le indicazioni esemplificative riducano eccessivamente la sua normale efficacia. Come detto, l'articolo 1366 del codice civile è dedicato all'interpretazione di buona fede, un criterio che negli ultimi decenni ha molto esteso la sua influenza. Se, ad esempio, prendo in locazione un balcone in Piazza del Campo a Siena il 16 agosto, data del palio dell'Assunta, ed il Palio non si tiene per circostanze imprevedibili, il mio contratto si risolverà anche se non avevo espressamente affermato che prendevo in locazione il balcone per assistere al Palio. Ciò perché non sarebbe in buona fede chi volesse negare che in quella data, a Siena, il balcone si prende in locazione al solo scopo (evidente e come tale presupposto dalle parti) di assistere al Palio. L'istituto della condizione tacita, successivamente convertitosi nella cosiddetta *presupposizione*, viene oggi risolto, appunto, attraverso il criterio normativo dell'interpretazione del contratto secondo buona fede.

Infine i criteri di interpretazione oggettiva sono espressi dall'articolo 1367 del codice civile, sulla conservazione del contratto, il quale stabilisce che le clausole debbono preferibilmente interpretarsi nel senso di produrre un effetto, dall'articolo 1368 del codice civile, che fa riferimento agli usi del luogo dove si è concluso il contratto, dall'articolo 1369 del codice civile, che fa riferimento alla natura del contratto, espressione di per sé polisensa ed indeterminata, all'articolo 1370 del codice civile, il quale stabilisce che nei contratti predisposti da una sola parte, le clausole ambigue si interpretano *contra stipulatorem* ed a favore dell'altra parte. Infine l'articolo 1371 del codice civile, che si applicherà soltanto quando tutti gli altri criteri si siano rivelati inutili, introduce la cosiddetta equità interpretativa, che rimette all'interprete di stabilire l'equo contemperamento degli interessi in gioco nel caso di contratto a titolo oneroso, e di intenderlo nel senso meno gravoso per l'obbligato nel caso di contratto a titolo gratuito.

39. *La rappresentanza.*

Le esigenze del mondo moderno rendono difficoltoso per una persona provvedere sempre personalmente al disbrigo dei propri affari, così come in passato la difficoltà degli spostamenti consigliava di utilizzare dei sostituti per lo svolgimento di attività giuridiche ed economiche. In questi casi viene utilizzato l'istituto della rappresentanza, il quale opera nel senso che il rappresentante stipula in nome del rappresentato e nell'interesse del rappresentato. Gli effetti si producono direttamente nella sfera del rappresentato, ed il rappresentante resta estraneo a tale rapporto. Se, ad esempio, il direttore della banca concede un finanziamento ad un cliente, la persona fisica del direttore resta estranea al negozio e gli effetti si produrranno soltanto nei confronti dell'istituto bancario.

Lo strumento utilizzato per affidare ad altri la rappresentanza dei propri interessi è la *procura*. Un atto unilaterale ricettizio, cioè indirizzato ad un soggetto determinato, che determina la cosiddetta rilevanza esterna del potere di rappresentanza. Attraverso la procura, infatti, si manifestano ai terzi i poteri del rappresentante, mettendoli in condizione di verificare l'esistenza e la congruità degli stessi. Al contrario, la cosiddetta rilevanza interna, ovvero il rapporto tra rappresentato e rappresentante non è affidato alla procura ma ad un contratto, il *mandato*, che ne disciplina gli specifici rapporti. Infatti l'impegno del rappresentante a compiere gli atti contenuti nella procura, ed eventualmente a sopportarne i costi, trova luogo nel mandato e non nella procura.

La forma della procura è stabilita *per relationem*: la procura deve avere la stessa forma del contratto che si andrà, grazie alla procura, a stipulare, per cui se la procura riguarda la compravendita di un bene immobile, che richiede la forma scritta, anche la procura dovrà essere espressa in forma scritta. E così come sarà nullo il contratto che deve essere stipulato per iscritto in assenza di tale forma, così sarà altrettanto nulla la procura corrispondente non stipulata in forma scritta.

Sin qui abbiamo parlato della rappresentanza volontaria, ma questo non è l'unico tipo di rappresentanza prevista dall'ordinamento. Da un lato infatti si può parlare di rappresentanza legale quando è la stessa legge che stabilisce un rapporto di rappresentanza, per esempio dei genitori nei confronti dei figli minori, e dall'altro si può parlare della cosiddetta rappresentanza organica, che si realizza quando un soggetto rappresenta un'organizzazione, come nel caso del rappresentante legale di una società. Sia alla rappresentanza volontaria, sia a quella legale, sia a quella organica si applicano i criteri del conflitto di interessi e del contratto con sé stesso. Infatti qualora il rappresentante si trovi in conflitto di interessi con il rappresentato, il contratto potrà essere annullato su richiesta del rappresentato, se il conflitto era conosciuto o riconoscibile dal terzo (articolo 1394 del codice civile). Allo stesso modo sarà annullabile il *contratto con sé stesso*, ovvero il contratto che il rappresentante conclude con sé medesimo in qualità di terzo, essendo evidente in questo caso il conflitto d'interessi e la sua conoscenza. L'annullabilità, in quest'ultima ipotesi, potrà essere evitata qualora vi sia stata un'esplicita autorizzazione a contrattare in un determinato modo da parte del rappresentato (ad esempio nella vendita di un determinato bene standard a prezzo stabilito).

Nel caso in cui qualcuno contratti con un rappresentante senza poteri, si parla di *falsus procurator*, ed il contratto stipulato con esso è inefficace; tuttavia il rappresentato, ove ne abbia interesse, può rendere efficace il contratto attraverso la ratifica dello stesso.

40. *Le patologie del contratto: nullità ed annullabilità.*

Il contratto può manifestare delle patologie principalmente in relazione agli elementi essenziali, che possono o non essere presenti quando al contrario sono prescritti, o essere presenti ma contenere dei vizi. Queste patologie vengono qualificate complessivamente come invalidità del contratto, e si suddividono nella nullità e nella annullabilità.

La *nullità* è la patologia più grave, e si manifesta quando il contratto è contrario a norme imperative, oppure quando manca uno dei requisiti essenziali, o quando un determinato requisito è viziato, oltre che in tutti gli altri casi stabiliti dalla legge. Essa può anche essere parziale, ma tale nullità importa la nullità dell'intero contratto solo qualora risulti che i contraenti non lo avrebbero concluso ove a conoscenza della nullità di una sua parte. La nullità non può venir sanata se non in casi eccezionali, ma il negozio nullo può produrre gli effetti di un differente negozio del quale contenga i requisiti di sostanza e di forma (l'articolo 1424 del codice civile), realizzandosi in tal modo la cosiddetta *conversione* del negozio nullo. Nella stessa direzione si pone la nullità parziale, nel senso che la nullità di una singola clausola comporta la nullità dell'intero contratto soltanto se essa appare essenziale all'economia dell'affare, o comunque è ritenuta tale dalle parti: scelta corretta, perché volta alla conservazione del contratto. Infatti la conservazione del contratto viene ritenuta un principio generale dell'ordinamento, ed è fondata sull'opportunità di ritenere sempre rilevanti le scelte economiche compiute dai soggetti nella loro autonomia negoziale.

L'*annullabilità* è, al contrario, un rimedio meno grave della nullità, e storicamente discende dall'attività del pretore nell'antica Roma, il quale (in assenza di una norma dello *ius civile*) poteva paralizzare le pretese di una delle parti in causa concedendo all'altra una azione giustificata dalle particolari circostanze del singolo caso. I motivi per cui un contratto può essere annullato si dividono quindi in due grandi categorie: il contratto concluso da un soggetto incapace ed il contratto che presenta alcuni vizi della volontà, ovvero l'errore, la violenza ed il dolo. Se, infatti, il contratto viene stipulato da chi non ha la capacità di agire, esso sarà annullabile per proteggere quel soggetto che non è in grado di compiere delle scelte autonome e consapevoli. E dunque sarà solo l'incapace (legale o naturale che sia, perché si può essere incapaci per cause temporanee anche quando non si è incapaci legalmente) a poter chiedere l'annullamento del contratto, ma il giudice dovrà tener conto anche del legittimo affidamento dell'altro contraente, e dunque della sua buona fede.

Ma il contratto può essere annullato anche in relazione ai vizi della volontà, ovvero quando la volontà di chi contratta è viziata da errore, da dolo o da violenza. L'*errore* è una falsa rappresentazione della realtà, e si distingue in errore motivo o errore vizio. Nel primo caso ritenevo di comprare un'auto e invece compravo un trattore; nel secondo caso volevo scrivere cento ed ho scritto mille (in passato, questa seconda ipotesi veniva addirittura sanzionata dalla nullità, perché la volontà non è semplicemente viziata ma difetta del tutto, tuttavia nel codice vigente si è preferito unificare i due tipi di errori, concettualmente diversi, in una unica categoria omogenea). Per essere causa di annullabilità, l'errore deve essere rilevante, ovvero essenziale e riconoscibile: essenziale, perché cade sulla natura o sull'oggetto del contratto, oppure sul soggetto che deve eseguire la prestazione, quando il contratto è *intuitu personae*; riconoscibile, quando con un normale grado di diligenza l'altro contraente avrebbe potuto riconoscerlo e dunque comportarsi diversamente. Diverso è il caso dell'errore di diritto che, essendo fondato su una valutazione giuridica non sempre ragionevolmente opinabile, porta all'annullabilità del contratto solo quando è stato la ragione unica o principale del contratto.

Il *dolo*, invece, consiste nell'errore provocato da un soggetto, che può essere sia l'altro contraente sia un terzo, mediante artifizi e raggiri, e dunque al fine di favorire la conclusione di un contratto o, ancora, la sua conclusione a condizioni diverse da quelle che sarebbero state ottenute in assenza del dolo. Nel primo caso il dolo viene definito determinante, mentre nel secondo viene definito incidente. Tradizionalmente si riteneva l'esistenza di un *dolus malus* ed un *dolus bonus*; quello di cui abbiamo parlato è il *dolus malus*, mentre il *dolus bonus* consiste nella naturale esaltazione dei pregi della merce che il commerciante utilizza nella propria attività, e che – contenuta in limiti fisiologici – è considerata lecita e comunque non tale da rivestire gli estremi di causa di annullabilità.

Infine la *violenza*, che non consiste nella violenza fisica, attraverso la quale costringo qualcuno a sottoscrivere un contratto che non voleva firmare: in questo caso, infatti, la violenza, essendo espressione della totale mancanza di consenso, produce la nullità del contratto. Nel caso della violenza come vizio della volontà, al contrario, la violenza è morale, e si manifesta in una sorta di ricatto: se non sposi mia figlia metterò in esecuzione un mio credito nei tuoi confronti e venderò la tua casa. L'articolo 1435 del codice civile afferma che "*La violenza deve essere di tal natura da far impressione sopra una persona sensata e da farle temere di esporre sé o i suoi beni a un male ingiusto e notevole*". Al contrario non costituisce violenza il timore reverenziale, ovvero quel comportamento fondato sul rispetto di regole familiari o sociali che si ritiene liberamente di dover ottemperare in ossequio a sentimenti personali.

La nullità e la annullabilità si distinguono anche in relazione alla loro differente tutela, perché mentre la nullità può esser fatta valere da chiunque ne abbia anche solo un mero interesse (o d'ufficio dal giudice), l'annullabilità del contratto può essere domandata soltanto dalla parte nel cui interesse è stabilita dalla legge (articolo 1441 del codice civile); inoltre l'azione di nullità non si prescrive, mentre l'azione volta a far valere l'annullabilità del contratto si prescrive in cinque anni.

Un aspetto particolare della disciplina del negozio si ha in relazione al cosiddetto contratto simulato, che si manifesta quando le parti o non hanno intenzione di stipulare alcun contratto, ma tuttavia ne stipulano uno detto, appunto, simulato, oppure quando hanno intenzione di concludere un contratto, ma in realtà ne stipulano formalmente uno diverso: si realizza così la cosiddetta *simulazione*, che può essere assoluta o relativa. Assoluta quando le parti stipulano un contratto, ma in realtà non volevano stipularlo, e relativa, quando le parti stipulano un determinato contratto ma in realtà volevano stipularne uno diverso. Mentre tra le parti vale il contratto dissimulato, quello simulato non spiega effetti tra di loro (articolo 1414 del codice civile). Tuttavia la simulazione non può essere opposta né dalle parti contraenti, né dai loro aventi causa, ai terzi che in buona fede hanno acquistato diritti dal titolare apparente. Proprio per facilitare l'emersione della situazione reale (in quanto assai spesso la simulazione ha lo scopo di opporre ai terzi una situazione a loro sfavorevole, impedendogli di soddisfare un loro diritto), la prova in giudizio della simulazione è ammessa anche attraverso testimoni (prova che in materia contrattuale è di solito assai ristretta) e comunque in misura particolarmente ampia, proprio allo scopo di favorire l'emersione della situazione reale rispetto a quella simulata. Non si dimentichi, tuttavia, che nella simulazione il codice tutela anche il terzo il cui interesse è che prevalga l'apparenza rispetto alla realtà, proprio perché ha fatto affidamento su di essa: l'articolo 1415, primo comma, del codice civile stabilisce che "la simulazione non può essere opposta ... ai terzi che in buona fede hanno acquistato diritti dal titolare apparente".

41. Segue: *rescissione e risoluzione.*

Ulteriori strumenti che possono rendere inefficace il contratto sono la rescissione e la risoluzione. In particolare la rescissione si fonda su di una causa genetica, ovvero già presente al momento della conclusione del contratto. Al contrario, la risoluzione si fonda su di una causa sopravvenuta, che non esisteva al momento della conclusione dello stesso. L'ipotesi più frequente di risoluzione è quella collegata all'inadempimento. Appare infatti ovvio che se una delle parti non adempie alla propria obbligazione, anche l'altra possa sciogliersi dal vincolo negoziale. Ma andiamo con ordine.

La *rescissione* si realizza essenzialmente nelle due figure dello stato di pericolo e della lesione. Se infatti stipulo un contratto mentre mi trovo in stato di pericolo, la mia volontà ed il mio consenso non sono liberi, e posso dunque chiedere, una volta cessata tale situazione, che il vincolo contrattuale, generatosi in tal modo e su tali presupposti, venga sciolto. Si pensi a chi sta affogando, il quale può essere costretto ad acquistare un salvagente ad un prezzo esagerato, ma in seguito può chiedere che il contratto venga rescisso. Al contrario la lesione consiste in una manifesta sproporzione delle due prestazioni, perché un contraente si è approfittato dello stato di bisogno di una delle parti; ed anche in questo caso si potrà chiedere la rescissione del contratto. Ovviamente non è sufficiente una qualsiasi sperequazione per condurre alla rescissione del contratto; perché la sproporzione sia rilevante, è necessario che essa ecceda la metà del valore della prestazione: il caso più frequente è quello del negozio usuraio, nel quale l'usuraio approfittando dello stato di bisogno del debitore gli impone degli interessi molto superiori a quelli correnti.

Come già detto, la risoluzione vede la sua espressione più classica nell'inadempimento: l'articolo 1453 del codice civile afferma che "*Nei contratti con prestazioni corrispettive, quando uno dei contraenti non adempie le sue obbligazioni, l'altro può a sua scelta chiedere l'adempimento o la risoluzione del contratto, salvo, in ogni caso, il risarcimento del danno*". La scelta tra adempimento e risoluzione non è esclusiva, nel senso che se chiedo l'adempimento posso sempre chiedere la risoluzione, ma se chiedo la risoluzione non posso poi più chiedere l'adempimento; il che appare logico, perché chiedendo la risoluzione ho manifestato il mio disinteresse per l'adempimento. In riferimento alla risoluzione per inadempimento si pongono i due istituti della diffida ad adempiere e della clausola risolutiva espressa. Con la prima manifesto al contraente inadempiente l'intenzione di risolvere il contratto, costringendolo ad una scelta consistente tra l'adempimento o la risoluzione, mentre con la seconda inserisco nel contratto una clausola che produce la risoluzione automaticamente al verificarsi di un determinato inadempimento. Ad esempio, nel contratto di locazione, posso stabilire che il mancato pagamento di due mensilità del canone di locazione comporti l'automatica risoluzione del contratto. Al verificarsi dell'ipotesi (il mancato pagamento) gli effetti seguono automaticamente. Tali strumenti hanno evidentemente lo scopo di evitare che si crei un lungo e difficile contenzioso in ordine al rilievo dell'inadempimento, ed hanno quindi – anche nella normale fisiologia del rapporto – la finalità di premere sul debitore perché adempia esattamente e tempestivamente, essendo consapevole delle conseguenze che il suo inadempimento produrrebbe in modo automatico.

Altre ipotesi di risoluzione sono l'impossibilità sopravvenuta e l'eccessiva onerosità. L'impossibilità sopravvenuta consiste in una causa di liberazione del debitore, che giustifica lo scioglimento del vincolo sulla base di una situazione particolare: si pensi al pittore che non può più dipingere il quadro commissionatogli perché si è gravemente ferito in un incidente alla mano destra. Non avrà più l'obbligo di adempiere la propria obbligazione e se ha ricevuto un acconto dovrà restituirlo. L'eccessiva onerosità si manifesta invece soltanto nei contratti di durata, quando l'obbligazione promessa diviene eccessivamente onerosa a causa di circostanze straordinarie ed imprevedibili. Mi sono impegnato a fornire il combustibile per riscaldare una scuola ad un determinato prezzo per un anno; scoppia una guerra ed il prezzo del petrolio triplica, per cui non posso ovviamente più onorare la mia obbligazione, e di conseguenza chiedo la risoluzione. Ad essa la controparte non può opporsi ma può offrire di "*modificare equamente le condizioni del contratto*" (articolo 1467, ultimo comma, del codice civile); applicazione, quest'ultima, che conferma il principio di conservazione del contratto, ovvero il *favor* dell'ordinamento perché il contratto, per quanto possibile, continui a spiegare i suoi effetti anche in presenza di situazioni comunque sanabili.

42. *I contratti del consumatore.*

Negli ultimi decenni si è avvertita la necessità di rimediare alla sproporzione esistente tra l'imprenditore (chiamato dalla legislazione europea "professionista") ed il consumatore. A ciò si era posto rimedio prima con l'inserimento nel codice dell'articolo 1469 *bis*, quindi con un rinvio al codice del consumo (decreto legislativo 6 settembre 2005, n. 2069). La materia è solo apparentemente nuova, in quanto già il legislatore del 1942 aveva avvertito come la standardizzazione del contratto ponesse dei problemi al contraente debole, solitamente il consumatore, il quale si trovava in una situazione di debolezza e dunque poteva ritrovarsi sfavorito senza che neanche se ne rendesse conto. Pertanto nel codice erano in qualche misura regolati sia i contratti per adesione, predisposti da un solo contraente, sia le clausole onerose, per le quali veniva risolto almeno il problema della loro astratta conoscibilità, che doveva essere sempre garantita.

Tuttavia, negli ultimi decenni, si sono affermati nella pratica degli affari dei contratti caratterizzati da un significativo squilibrio dei diritti e degli obblighi derivanti dal contratto, a spese del consumatore. A ciò si è reagito attraverso lo strumento di definire alcune clausole contrattuali, quelle appunto che introducono una qualche forma di squilibrio, come vessatorie, e quindi di sancirne la nullità. Si è così elaborato un lungo elenco di clausole che si presumono vessatorie, in modo che quando si verifica in concreto l'esistenza di una disposizione che, ad esempio, modifica il foro competente (cioè il luogo ove si discuteranno eventuali giudizi) o che diminuisce in modo significativo la responsabilità del professionista, queste clausole si presumono (quanto meno fino a prova contraria) vessatorie e dunque nulle. Con questa tecnica il legislatore dimostra di aver ormai superato lo schema del contratto tipico quale luogo nel quale si realizza l'equità contrattuale, per utilizzare modelli che, afferendo ai soggetti contraenti, qualunque sia il tipo contrattuale, sembrano maggiormente idonei a realizzare, in concreto, quell'equità che non sempre le parti del contatto sono in grado di pretendere.

Per quanto riguarda l'ambito soggettivo della disciplina, il professionista è il produttore o distributore di beni o servizi che pone in essere il contratto nell'esercizio della propria attività imprenditoriale, mentre il consumatore è la persona fisica che non agisce nell'ambito della propria attività professionale o imprenditoriale. Per quanto riguarda invece l'ambito oggettivo, la disciplina incide su qualsiasi clausola che presenta caratteri di vessatorietà, sia che sia stata predisposta in modo unilaterale da una parte, sia che non lo sia. La legge prevede inoltre un elenco (non tassativo) di clausole che sono sicuramente vessatorie: abbiamo già detto di quelle che modificano il foro territorialmente competente o quelle che limitano la responsabilità del professionista. A queste vanno aggiunte (a solo titolo di esempio) quelle che impongono al consumatore il pagamento di una somma di denaro in caso di inadempimento, quelle che permettono al professionista di trattenere una somma di denaro a titolo di penale, quelle che, nel prevedere un impegno definitivo del consumatore, subordinano l'esercizio della prestazione del professionista ad una condizione dipendente unicamente dalla sua volontà (cosiddetta condizione potestativa).

Si realizza in tal modo anche il fenomeno della standardizzazione contrattuale (che rende inutili le trattative e confina in spazi assai angusti la responsabilità precontrattuale), che viene utilizzata per tutelare l'utente, ma che attenua i confini tra il diritto dell'impresa ed il diritto civile e che tende ad individuare un punto di equilibrio tra le esigenze della produzione e quella del consumo. Per cui i principi che vengono elaborati dall'ordinamento a difesa del consumatore prima o poi estendono la loro influenza anche ai contratti cosiddetti di diritto comune, con l'ulteriore conseguenza dell'abbandono del metodo tipologico, che affidava al tipo contrattuale la mediazione tra i contrastanti interessi dei contraenti.

43. *I contratti di trasferimento dei beni.*

Uno degli scopi principali del contratto è sempre stato quello di trasferire il diritto di proprietà sui beni. Anzi, tradizionalmente, lo scopo principale del contratto si è individuato proprio nel favorire la circolazione dei beni, il che spiega il suo grande sviluppo nell'economia liberale fatta propria dai codici civili dell'Ottocento europeo. In questa ottica l'esempio classico è quello della compravendita, che ha ormai assorbito nella pratica degli affari tutti quei contratti che realizzavano in varie forme lo stesso interesse, come la permuta, il riporto, il contratto estimatorio. Mantiene al contrario una sua autonomia la somministrazione, che consiste nell'impegno ad eseguire delle prestazioni periodiche o continuative di cose, e che realizza un interesse assai diffuso in materia di somministrazione di energie, come l'energia elettrica o il gas, o di beni di rilevante necessità, come l'acqua potabile.

La compravendita è, secondo l'articolo 1470 del codice civile, "*il contratto che ha per oggetto il trasferimento della proprietà di una cosa o il trasferimento di un altro diritto verso il corrispettivo di un prezzo*". Si tratta quindi di un contratto consensuale, nel senso che per il suo perfezionarsi è necessario il solo consenso, senza necessità della consegna del bene come accade nei contratti reali; ma si tratta anche di un contratto ad effetti reali, nel senso che il suo perfezionarsi attraverso il consenso realizza il trasferimento del diritto di proprietà. Quindi sarà sufficiente l'accordo delle parti legittimamente manifestato perché il diritto di proprietà si trasferisca dal venditore all'acquirente: questo aspetto ha un importante rilievo economico, perché permette la vendita di beni che si trovano lontani dal luogo di stipula del contratto, non essendovi alcuna necessità della consegna materiale del bene. Di particolare rilievo, poi, le obbligazioni del venditore, che deve garantire l'acquirente dall'evizione (ovvero dalla circostanza che un terzo possa richiedere il bene acquistato rivendicandone la proprietà) nonché dai vizi, nel senso che la cosa venduta deve essere "*immune da vizi che la rendano inidonea all'uso a cui è destinata o ne diminuiscano in modo apprezzabile il valore*" (articolo 1490 del codice civile), essendo evidente l'interesse dell'acquirente ad ottenere un bene funzionante. In tale ipotesi l'acquirente può chiedere alternativamente o la risoluzione del contratto o una proporzionale diminuzione del prezzo. Le spese della compravendita, quali ad esempio le spese notarili o le spese di registro sono a carico del compratore, a meno che le parti non abbiano disposto altrimenti.

Poiché la compravendita ha tra gli scopi principali quello di far circolare i beni, il legislatore ha coerentemente esteso la sua utilizzabilità anche ai casi della vendita di cose future: l'articolo 1472 del codice civile stabilisce che in questo caso il trasferimento di proprietà avviene nel momento in cui la cosa viene ad esistenza, realizzandosi in tal modo un contratto ad effetti reali differiti. Ma non soltanto è possibile la vendita di cose future, è possibile anche la vendita di cose altrui, che realizza al massimo il favore del legislatore per la circolazione dei beni; ovviamente tale particolare compravendita non potrà avere effetti reali (perché in tal modo si verrebbero a ledere i diritti dei terzi) ma si limiterà a configurare semplicemente una obbligazione, consistente nell'obbligo del venditore di procurarne l'acquisto al compratore (articolo 1478 del codice civile).

Il codice regola anche il cosiddetto *patto di riscatto*, che consiste nella possibilità, per il venditore, di riavere la proprietà della cosa venduta mediante la restituzione del prezzo ed alcuni particolari rimborsi (articolo 1500 del codice civile). Tuttavia l'esercizio del patto di riscatto è subordinato ad una serie di termini e di limitazioni che ne sottolineano un sostanziale sfavore da parte dell'ordinamento.

44. *I contratti di godimento dei beni.*

Altra importante categoria di contratti è quella finalizzata a permettere il godimento di un bene, sia esso mobile od immobile. In primo luogo la *locazione*, che quando è riferita ad un bene produttivo, come l'azienda o il fondo rustico prende il nome di affitto. La locazione contemporanea discende dallo schema romanistico della *locatio*, che si distingueva in *locatio rei*, *locatio operis* e *locatio operarum*. Mentre la locazione di cui si tratta in questa sede discende dalla *locatio rei*, ovvero dalla locazione di beni, dalla *locatio operis* discenderà il contratto d'opera (metto a disposizione del committente la mia attività lavorativa specifica, per esempio quella dell'artigiano che realizza un manufatto) e dalla *locatio operarum* il contratto di lavoro subordinato (metto a disposizione di un datore di lavoro le mie energie lavorative in modo indeterminato, per un periodo di tempo, come nel lavoro subordinato).

Nel nostro codice la locazione di beni ha una disciplina estesa, riferita ad uno schema economico di grande importanza e diffusione. Tuttavia tale legislazione è stata in parte paralizzata, già durante la prima guerra mondiale, da una serie di norme eccezionali (che però sono poi divenute normali) che prolungavano il contratto oltre la data decisa dall'autonomia delle parti, congelando anche gli aumenti del canone. Tale decisione si rese necessaria negli anni della guerra, quando la maggior parte dei capifamiglia si trovavano al fronte e non potevano sostenere aumenti dei canoni locativi, tuttavia il cosiddetto "blocco degli affitti", con particolare riferimento alle case di abitazione, venne mantenuto per ragioni sociali anche negli anni successivi, sino agli anni Settanta del Novecento. Quindi, anche a seguito dei richiami della Corte costituzionale, la legge chiamata "equo canone" nel 1978 superò gradatamente il blocco dei fitti ed individuò un sistema per stabilire quale fosse il canone "equo" per le singole tipologie di abitazioni; quel canone diveniva dunque obbligatorio, e le parti non potevano discostarsene, pena la nullità dell'intero contratto. Ulteriormente, sul finire del Novecento, anche il sistema dell'equo canone venne abbandonato e si tornò ad un certo grado di liberalizzazione nella disciplina del contratto di locazione. Il problema consiste nella necessità di regolare un mercato, quello delle abitazioni, caratterizzato da una offerta limitata ed una domanda assai rigida, per cui il legislatore ha sempre oscillato tra esigenze di tutela del diritto all'abitazione ed esigenze di rispetto della proprietà privata. La terza soluzione, quella seguita con successo da tanti paesi europei attraverso piani di edilizia residenziale pubblica, ha avuto in Italia uno sviluppo assai limitato, di certo insufficiente alle reali esigenze delle famiglie.

Dal punto di vista del civilista si deve sottolineare come il contratto di locazione rappresenti uno degli esempi più evidenti di quella "età della decodificazione" intuita e descritta da Natalino Irti, nella quale si tendeva a regolare materie tradizionalmente contenute nel codice civile al di fuori di esso, con leggi ordinarie, lasciando alla disciplina codicistica una mera funzione residuale.

Accanto al contratto di locazione si pone il contratto di affitto, che si caratterizza perché nell'affitto, a differenza che nella locazione, il bene di cui si realizza il godimento è un bene produttivo: per cui si parla di affitto d'azienda, di affitto di ramo d'azienda, di affitto di fondi rustici. Mentre l'affitto d'azienda è regolato principalmente dal diritto commerciale, l'affitto di fondo rustico è regolato nel codice civile agli articoli 1628 e seguenti, ma tale disciplina, così come per la locazione, è ampiamente derogata da leggi speciali (soprattutto la legge 12 giugno 1962, n. 567 e la legge 3 maggio 1982, n. 203) che hanno inteso tutelare la particolare posizione dell'affittuario.

Nei contratti di godimento la possibilità di disporre del diritto ulteriormente rispetto al primo negozio ha portato all'elaborazione del cosiddetto subcontratto, che troviamo regolato nel codice sia con riferimento alla sublocazione sia con riferimento al subappalto (anche se l'appalto non è un contratto di godimento, su di esso si veda il par. 45). I caratteri ricorrenti e comuni a questi fenomeni hanno poi permesso la creazione di una specifica categoria, che la dottrina ha ricondotto ora al contratto collegato, ora al contratto parallelo, ora al contratto derivato. Una scelta riconducibile al maggiore o minore grado di autonomia che si vuole riconoscere al subcontratto rispetto al contratto principale, ed una scelta che tiene conto delle diverse situazioni concrete perché se in alcune ipotesi il subcontratto discende dalla necessità di una maggiore specializzazione produttiva, in altre ipotesi esso realizza una rendita che l'ordinamento ritiene di dover proteggere solo in misura assai limitata. Anzi, in alcuni casi, come negli appalti pubblici, il subappalto viene addirittura vietato in quanto espressione non già di una lecita specializzazione dei sistemi di produzione quanto di una derivazione contrattuale che si presume volta a realizzare l'illecita finalità di una interposizione di mano d'opera.

45. *I contratti di produzione.*

Accanto alle categorie più tradizionali, l'espansione dell'impresa ha favorito il diffondersi di contratti che avevano come scopo quello di favorire la produzione e la circolazione dei beni all'interno di un mercato sempre più ampio e diffuso. Tra di essi spicca l'appalto, che si è proprio con il codice del 1942 distaccato dall'archetipo della locazione per erigersi a tipico contratto imprenditoriale. Esso si differenzia infatti dal contratto d'opera proprio perché l'appaltatore riveste necessariamente la qualifica di imprenditore. Mentre l'artigiano fa, l'appaltatore fa fare. Dunque, un contratto in cui viene in rilievo sia l'organizzazione dei mezzi, ovvero dei fattori della produzione (capitale, lavoro, mezzi, strumenti), sia l'elemento del rischio, che tuttavia resta un rischio economico e non diviene mai un rischio giuridico. Il contratto d'appalto, che può essere a corpo (quando il corrispettivo dell'opera commessa viene individuato complessivamente) od a misura (quando il corrispettivo viene calcolato in base ai prezzi unitari dei beni utilizzati), regola in modo particolare i rapporti tra committente ed appaltatore, garantendo un equilibrio tra il diritto del committente ad ottenere un'opera od un servizio senza vizi e difetti, ed il diritto dell'appaltatore ad ottenere un pagamento sempre tendenzialmente commisurato all'attività svolta. Ne è classico esempio l'istituto della revisione prezzi, che permette all'appaltatore di garantirsi un pagamento corrispondente all'effettiva dinamica dei costi, che a volte possono discostarsi, a causa della durata del contratto, anche in misura rilevante rispetto a quelli preventivati. Il criterio della revisione prezzi è ovviamente derogabile dalle parti, che possono escluderlo senza che per questo il contratto di appalto divenga un contratto aleatorio, restando pur sempre un contratto commutativo, ovvero un contratto nel quale deve mantenersi una corrispondenza tra l'opera realizzata o il servizio prestato ed il prezzo. Questa particolare remunerazione dell'appaltatore, che tende ad essere sempre adeguata al lavoro svolto, si accompagna – a mio avviso correttamente – ad un particolare aggravio della responsabilità dell'appaltatore, che tende a superare il normale criterio di responsabilità per colpa (come sarebbe normale, trattandosi di responsabilità contrattuale) per configurarsi come responsabilità oggettiva, fondata sul rischio d'impresa e molto più gravosa per l'appaltatore. Quest'ultimo infatti dovrà sempre realizzare l'opera o prestare il servizio *a regola d'arte*, e sarà quindi suo preciso onere dimostrare il fatto impedivo dell'adempimento dell'obbligazione. La regolamentazione codicistica dell'appalto vieta inoltre, in via generale, il subappalto, sia totale sia parziale (l'articolo 1656 del codice civile prevede che l'appaltatore non può dare in subappalto l'esecuzione dell'opera o del servizio, se non è stato autorizzato dal committente), ma l'istituto risponde alle esigenze della moderna specializzazione produttiva, e quindi nella pratica esso è molto usato, sebbene circondato da specifiche cautele.

Ancora, il codice regola il contratto di trasporto, il cui rilievo era andato affermandosi grazie all'importanza dei trasferimenti di merci e di persone che tra Ottocento e Novecento aveva inaugurato una stagione in cui il contadino, che in passato assai raramente si muoveva dal proprio villaggio, si spostava, soprattutto per trovare lavoro, in altri paesi ed addirittura in altri continenti. Esso trova il suo riferimento tipico nella lettera di vettura per quanto riguarda il trasporto di cose, nonché in un regime di responsabilità da parte del vettore particolarmente severo. Ed accanto al trasporto si pone il contratto di deposito, che ne svolge una funzione ausiliare, consistente nel ricevere una cosa mobile con l'obbligo di custodirla e di restituirla in natura. Il contratto di deposito, così come il contratto di mutuo ed il contratto di comodato sono contratti reali, ovvero contratti che – come si è visto – si perfezionano con la consegna della cosa.

Ed ancora meritano un cenno i contratti volti a favorire la distribuzione dei beni come il contratto di agenzia, il mandato, la commissione e la spedizione, tutti schemi tipici rivolti realizzare determinati specifici interessi. Il contratto di agenzia è quel contratto con il quale l'agente assume stabilmente l'incarico di promuovere la conclusione di contratti in una zona determinata, dietro il pagamento di una retribuzione (articolo 1742 del codice civile); è molto diffuso per esempio nel settore delle assicurazioni, ed è caratterizzato dal cosiddetto diritto di esclusiva, che consiste nel divieto per l'agente di trattare affari in concorrenza con altre imprese, e per il preponente nel corrispettivo divieto di valersi di più agenti in una stessa zona.

Con il contratto di mandato una parte, il mandatario, si obbliga a compiere uno o più atti giuridici per conto del mandante (articolo 1703 del codice civile). Il mandato può essere con rappresentanza o senza rappresentanza: nel primo caso si osserverà la disciplina della procura, e gli effetti della sua attività ricadranno direttamente nella sfera giuridica del mandante. Al contrario, nel secondo caso, il mandatario, agendo in nome proprio, acquista i diritti ed assume gli obblighi derivanti dagli atti compiuti con i terzi e sarà poi obbligato a trasferirli al mandante. Se da un lato l'articolo 1705 del codice precisa che i terzi non hanno alcun rapporto con il mandante, è stata rilevata la coerenza di ritenere che il mandatario non risponde delle obbligazioni assunte dai terzi con i quali ha contrattato; tuttavia la regola subisce delle eccezioni soprattutto con riguardo ai contratti che trasferiscono la proprietà dei beni immobili. Infatti, ove il mandatario non adempia il proprio obbligo di trasferire i beni al mandante, quest'ultimo può ottenere dal giudice una sentenza costitutiva che tiene luogo del mancato trasferimento.

Più in particolare il mandato comprende non solo gli atti per cui è stato conferito, ma anche quelli che sono necessari al loro compimento, tuttavia gli atti compiuti dal mandatario che eccedono tale limite dovranno essere ratificati dal mandante. Inoltre il mandato si presume oneroso, salvo ovviamente un diverso accordo tra le parti: il compenso potrà essere determinato pattiziamente o secondo le tariffe professionale e gli usi. In assenza di questi criteri, esso sarà determinato dal giudice.

Il contratto di commissione è una particolare specie del contratto di mandato, che ha per oggetto l'acquisto o la vendita di beni per conto del committente e in nome del commissionario (articolo 1731 del codice civile); anche la spedizione è una particolare specie del contratto di mandato, mediante la quale lo spedizioniere assume l'obbligo di concludere, in nome proprio e per conto del mandante un contratto di trasporto (articolo 1737 del codice civile).

46. *I contratti bancari.*

Un'altra categoria di contratti che negli ultimi due secoli si è molto dilatata è quella dei contratti bancari, in quanto sempre più spesso gli istituti bancari hanno assunto non soltanto il ruolo loro proprio, e cioè l'intermediazione del credito (acquisendo il credito dei risparmiatori e prestando denaro prima agli imprenditori e poi a qualsiasi soggetto), ma divenendo il principale intermediario nei pagamenti. Nel momento in cui il credito da eccezione è divenuto la regola delle relazioni tra imprenditori, il sistema bancario è divenuto centrale all'interno di tali relazioni. Il codice disciplina in particolare il contratto di conto corrente, nel quale la banca ed il cliente regolano le partite rispettivamente di dare ed avere, nonché il deposito di denaro, il deposito di titoli in amministrazione, il servizio di cassette di sicurezza, il contratto di apertura di credito, l'anticipazione bancaria e lo sconto bancario. Resta al di fuori di questi contratti specificamente bancari il contratto di mutuo, consistente nel cosiddetto prestito di denaro o di altro bene fungibile (contratto reale, che si perfeziona con la consegna della cosa, anche se viene disciplinata la cosiddetta promessa di mutuo, che in realtà è un modo per modificare il contratto di mutuo da reale a consensuale). Il mutuo si presume oneroso, ovvero gli interessi sono dovuti tranne patto contrario, ed i beni mutuati, proprio al fine di permetterne l'utilizzazione, passano in proprietà del mutuatario. In realtà il mutuo è oggi un contratto prevalentemente riservato alle banche, che finanziano attraverso i cosiddetti mutui ipotecari sia l'acquisto delle abitazioni da parte dei privati sia l'acquisto di beni immobili, anche strumentali, da parte di imprenditori, garantendosi mediante l'iscrizione di una ipoteca sul bene stesso, quando questo sia un bene immobile. Occorre sottolineare come mentre in passato i rapporti con le banche erano per lo più appannaggio degli imprenditori, che attraverso questi contratti finanziavano le loro attività imprenditoriali, oggi si è molto diffuso il cosiddetto credito al consumo, ovvero il finanziamento a privati non imprenditori di acquisti destinati, appunto, al loro consumo o a quello delle proprie famiglie. Il credito al consumo può utilizzare sia le forme classiche dei finanziamenti, sia forme di finanziamento indiretto più sofisticate e moderne, come ad esempio le carte di credito o di debito. Senza dimenticare che la più recente tendenza del legislatore ad evitare l'uso dei contanti nelle transazioni commerciali ha costretto praticamente tutti i cittadini a dotarsi di qualche strumento idoneo a garantire la tracciabilità dei trasferimenti di danaro, il che comporta che il ruolo delle banche nelle transazioni commerciali, anche le più piccole, si è enormemente dilatato. Le esigenze di contrasto alla criminalità organizzata ed all'evasione fiscale hanno finito ormai per prevalere ampiamente sulla libertà economica e finanziaria dei cittadini, e lo stato utilizza di fatto il sistema bancario per esercitare un controllo dei movimenti di denaro assai pervasivo.

47. *I contratti aleatori.*

Il codice fa espresso riferimento in più parti ai contratti aleatori, che sono quelli nei quali ad una prestazione non sempre fa riferimento una controprestazione. Costruiti sullo schema del gioco o della scommessa, in realtà i principali contratti aleatori sono l'assicurazione e la rendita vitalizia. In tali contratti il profilo del rischio è elaborato sull'impossibilità di prevedere la durata della vita umana, o gli incidenti che possono occorrere ad un soggetto determinato. Tuttavia non appare corretto definirli come contratti cui ad una prestazione non sempre fa riferimento una controprestazione (se pago l'assicurazione, ma non procuro mai incidenti, posso ritenere di aver pagato il premio delle polizze a vuoto, mentre l'assicuratore ha ricevuto il pagamento del premio e non ha mai risarcito un sinistro) perché in realtà anche nei contratti aleatori è sempre prevista una controprestazione. Nel caso del gioco o della scommessa la controprestazione è il divertimento, mentre nel caso dell'assicurazione essa è la sicurezza, proprio quella sicurezza che il sistema delle assicurazioni, sia sociali sia private, tende a garantire. Nella seconda metà del Novecento nei paesi industrializzati come l'Italia sia era andato diffondendo un ampio e diffuso sistema di assicurazioni sociali, che però negli ultimi anni, a causa della crisi economica, è stato in gran parte ridotto. Eppure le assicurazioni sociali sono una conquista della civiltà giuridica europea, che in quanto tali meriterebbero maggiore attenzione ed incoraggiamento da parte del legislatore, a difesa della tenuta sociale dell'intera società.

Venendo in particolare al contratto di assicurazione, che è l'espressione più tipica dei contratti aleatori, esso consiste nel contratto "*col quale l'assicuratore, verso pagamento di un premio, si obbliga a rivalere l'assicurato, entro i limiti convenuti, del danno ad esso prodotto da un sinistro, ovvero a pagare un capitale o una rendita al verificarsi di un evento attinente la vita umana*" (articolo 1882 del codice civile). Vengono così a distinguersi le assicurazioni relative agli infortuni e quelle sulla vita, che comunque si caratterizzano entrambe per l'elemento del caso, che ovviamente rileva sia nel caso degli incidenti sia in quello della morte dell'assicurato. Il contratto di assicurazione deve essere provato per iscritto ed un particolare rilievo hanno le dichiarazioni dell'assicurato, per esempio quelle relativo al suo stato di salute al momento della stipula di un'assicurazione sulla vita. È evidente infatti che le condizioni variano in relazione allo stato di salute dell'assicurato.

Inoltre la particolarità di tale contratto (si pensi solo alla circostanza che l'assicuratore riceve immediatamente il premio dall'assicurato, ma dovrà pagare l'indennizzo, il capitale o la rendita in un momento successivo) comporta che l'impresa di assicurazioni può essere esercitata esclusivamente da un istituto di diritto pubblico o da una società per azioni, nei limiti stabiliti dalla legge e sotto il controllo di una apposita autorità indipendente di garanzia.

Per quanto riguarda infine il gioco e la scommessa, tali contratti producono una cosiddetta *obbligazione naturale*, ovvero non assistita da una corrispondente azione giudiziaria. In altre parole se gioco a burraco pattuendo una posta in denaro, e colui che perde non mi paga, non potrò adire il giudice per costringerlo ad adempiere la sua obbligazione; tuttavia se il debitore spontaneamente adempie, e dunque paga il suo debito, poi non potrà richiedere indietro quanto ha pagato (cosiddetta irripetibilità delle obbligazioni naturali). Ragionevolmente fanno eccezione a tale regola, e sono dunque assistiti da una corrispondente azione giudiziaria, i debiti derivanti da giochi o scommesse basati su attività sportive o su lotterie legalmente autorizzate (che quasi sempre sono gestite direttamente dall'Amministrazione dello Stato). Altre obbligazioni naturali sono quelle derivanti da usi e consuetudini sociali, quali ad esempio il lasciare una mancia al cameriere in albergo o al ristorante; anche per queste obbligazioni vige il principio della irripetibilità, per cui sono assolutamente libero di lasciare o di non lasciare una mancia, ma nel momento in cui la lascio poi non posso più richiederla indietro. A ben vedere si realizza in questo caso una ipotesi nella quale l'ordinamento si disinteressa alle obbligazioni naturali, che sono lasciate all'assoluta discrezionalità di colui che ritiene o meno di adempierle. Ma l'ordinamento torna ad interessarsene nel momento in cui l'obbligazione naturale è adempiuta, sancendone l'irripetibilità, all'evidente scopo di realizzare un sistema assistito da un certo grado di stabilità.

48. *Gli altri contratti atipici.*

Nella prassi economica degli ultimi cinquanta anni gli schemi tipici in cui il codice pretendeva di chiudere i contratti, assicurando loro una disciplina in qualche misura equa, perché elaborata sull'esperienza concreta delle contrattazioni, si sono profondamente incrinati. Nuovi tipi contrattuali sono emersi, soprattutto mutuati dall'esperienza economica anglosassone, mentre tipi contrattuali derivanti dall'esperienza romanistica o medievale, come il contratto estimatorio o i livelli agrari sono andati scomparendo sia nella prassi sia nel codice. La tendenza è generalizzata: il recupero dei crediti viene realizzato attraverso contratti di *factoring* che scontano valori non liquidi, l'utilizzo di beni altamente deperibili o caratterizzati da rapida obsolescenza rende preferibile ai normali contratti di vendita o di locazione l'utilizzo del *leasing*, la complessità dei moderni appalti e la necessità di una stretta interazione tra progettazione e realizzazione rendono spesso necessaria l'estensione dell'appalto al contratto di *engineering*. Anche questi profili contribuiscono a spiegare come le nuove esigenze economiche tendano ad imporsi sugli schemi giuridici consolidati e ad imporre i propri modelli e le proprie tecniche di realizzazione degli interessi. Tendenza questa non sempre condivisibile, perché spesso sacrifica gli interessi meno forti da un punto di vista economico, eliminando quella sostanziale equità che nel corso dei secoli si è stratificata nella disciplina dei contratti tipici. Quello che si può tentare di fare per minimizzare gli effetti deteriori di tale tendenza è utilizzare il criterio della liceità della causa e della meritevolezza dell'interesse che il contratto atipico tende a raggiungere. Non sempre questa meritevolezza è presente, e l'interprete deve dunque sforzarsi di ricondurre la causa concreta del contratto atipico ad un interesse che per la propria natura sia meritevole di tutela da parte dell'ordinamento, diffidando da forme contrattuali che distorcono il corretto assetto di interessi proprio dell'operazione economica.

In realtà la pretesa di indirizzare l'autonomia privata verso forme contrattuali tipiche appare ormai destinata all'irrilevanza, perché sempre più il legislatore si orienta verso strumenti diversi, che vanno ad incidere sulla qualità delle parti, prescindendo da quale modello contrattuale viene concretamente scelto: si pensi alla tutela del consumatore, che prescinde dal tipo contrattuale utilizzato. In questa direzione, ulteriormente, si realizza il fenomeno della scomposizione fra la funzione e la struttura (unica) idonea a realizzarla. In altre parole non è detto che quello che viene realizzato attraverso un contratto debba per forza essere modificato attraverso un contratto. L'utilizzo degli strumenti dell'autonomia privata in chiave unilaterale consente di superare gli schemi della bilateralità imperfetta o delle fattispecie a formazione progressiva (che permettevano a tale tendenza di non uscire dagli schemi classici del contratto) e dunque di realizzare il risultato funzionale di un assetto di interessi che poggi non necessariamente sulla nozione tradizionale di contratto, ma che si affidi a strutture negoziali diverse, solitamente più semplici. Il superamento di una netta distinzione tra tipicità e atipicità contrattuale comporta quindi il superamento dello stesso strumento "contratto" quale principale mezzo di realizzazione degli interessi economici delle parti: una tendenza non sempre condivisibile ma che tuttavia appare inarrestabile.

49. *La responsabilità civile.*

Dopo aver esaminato il contratto, deve essere affrontato il tema della responsabilità per fatto illecito, altrettanto rilevante in una società moderna in cui l'evoluzione della tecnica rende il danno, ed il rischio che si può ad esso ricollegare, di primaria rilevanza non solo individuale ma addirittura sociale. Tanto è vero che tutti gli stati moderni tendono in qualche misura a socializzare i rischi più frequenti, come il rischio da lavoro (attraverso l'assicurazione sociale) ed il rischio da incidente stradale, attraverso forme di assicurazione obbligatoria che garantiscono il risarcimento.

L'articolo 2043 del codice civile con il suo sintetico testo scolpisce i termini del problema: "*Qualunque fatto doloso o colposo che cagiona ad altri un danno ingiusto, obbliga colui che lo ha commesso a risarcire il danno*". Si tratta di un articolo fondamentale, che individua sia gli elementi soggettivi della fattispecie, e cioè il dolo e la colpa, sia l'elemento oggettivo del danno ingiusto. Un testo sostanzialmente simile a quello degli altri codici europei, che nel corso dei secoli ha però modificato le proprie finalità, caratterizzandosi in un primo momento a tutela del danneggiante (perché evitando un indiscriminato risarcimento si favoriva l'impresa e dunque l'economia capitalistica), mentre in anni più recenti a tutela del danneggiato, sul presupposto che chi trae guadagno da una attività imprenditoriale deve anche risarcire tutti i danni che ne conseguono.

Venendo agli elementi soggettivi: il *dolo* è costituito dalla volontà, dalla previsione e dalla consapevolezza di causare un danno a qualcuno od a qualche bene, mentre la *colpa* si declina nella imperizia (non so guidare un'automobile, e quindi guidandola produco un incidente), imprudenza (guido a velocità troppo elevata) e negligenza (mi distraggo con il telefonino), o nel mancato rispetto di una norma: se, ad esempio, non mi fermo al semaforo rosso e produco un incidente, il mio atteggiamento psicologico sarà appunto quello della colpa. Sebbene ancor oggi i requisiti soggettivi del fatto illecito siano fondamentali nella valutazione dei comportamenti, soprattutto con riferimento alle attività imprenditoriali si sta affermando il concetto di responsabilità oggettiva, la cui definizione discende appunto dall'irrilevanza dei requisiti soggettivi. Si è infatti notato che, quando una delle parti è un imprenditore, rendere certa la sua responsabilità mediante un criterio di imputazione oggettivo (ad esempio, nel caso dei rifiuti: chi inquina, paga) diminuisce il rischio del danno. Se infatti l'imprenditore è ben consapevole che, qualora produca dei danni, sarà obbligato a risarcirli, si porrà in una dimensione di maggiore attenzione nel produrli, perché è proprio chi li produce che ha la massima capacità di evitarli o comunque di ridurli. Sempre a proposito del dolo, negli ultimi decenni è stata elaborata la nozione di *dolo eventuale*, che costituisce un punto di incontro tra il dolo e la colpa. Quando la colpa è particolarmente grave, si ritiene che essa si avvicini al dolo perché l'autore del comportamento colposo non poteva non prevedere l'alta probabilità di causare un danno. Se guido un'automobile a forte velocità nel centro urbano, devo prevedere l'alta possibilità di investire un pedone, e quindi la sanzione del mio comportamento sarà più grave, e si avvicinerà alla sanzione prevista per il dolo e non per la colpa: questa evoluzione si è manifestata inizialmente nel diritto penale, e da qui si è trasferita, correttamente, anche al diritto civile.

Nell'evoluzione della responsabilità uno degli elementi fondamentali è dato dalla nozione di danno ingiusto: in passato si riteneva che solo la lesione di un diritto soggettivo assoluto comportasse l'obbligo risarcitorio, con la conseguenza che le situazioni in cui tale regola si esplicava erano la lesione della salute umana e della proprietà, in quanto solo tali diritti erano di natura assoluta. In anni più recenti la giurisprudenza ha esteso la risarcibilità anche alla lesione di situazioni giuridiche relative (si vedano le sentenze sul caso Superga e sul caso Meroni, discendenti da tragici episodi del mondo del calcio), come ad esempio il contratto. In breve, se uccido una persona non procuro soltanto un danno al defunto, ma anche a chi aveva un credito nei suoi confronti, perché sarà più difficile, o a volte impossibile, ottenere l'adempimento. In questa direzione ci si è poi spinti ancora in avanti, giungendo (attraverso la nota sentenza della Cassazione n. 500 del 1999) a teorizzare anche la risarcibilità della lesione di un interesse legittimo, ovvero di una situazione soggettiva non piena, derivante dalla violazione dell'obbligo della Pubblica Amministrazione di avere un comportamento legittimo, corretto ed uguale nei confronti di tutti i cittadini. Si aggiunga che negli ultimi anni il legislatore ha privilegiato la giurisdizione amministrativa quale giurisdizione esclusiva in tema di risarcimento del danno da parte di una pubblica amministrazione, assorbendo in tale giurisdizione esclusiva anche il risarcimento, da parte delle pubbliche amministrazioni, di un diritto soggettivo. L'indirizzo contrasta con la storia della giustizia amministrativa italiana ed è un sintomo dell'espandersi della giurisdizione amministrativa ad àmbiti che non le sono mai stati propri: comunque un indirizzo che – a parte alcuni condivisibili distinguo della Cassazione – sembra essere assecondato da un giudice ordinario che, invece di difendere i propri spazi, sembra accettare pigramente tale indirizzo.

Ma un altro aspetto che si è andato evolvendo negli ultimi decenni è quello della misura del risarcimento del danno. Infatti in un primo tempo si è ritenuto che il danno risarcibile fosse esclusivamente quello patrimoniale, commisurato alla misura di reddito prodotto dal danneggiato. Con la conseguenza che lo stesso danno veniva risarcito al ricco molto più che al povero. Peraltro il codice limitava, all'articolo 2059, il risarcimento dei danni non patrimoniali ai soli casi stabiliti dalla legge, che sostanzialmente coincidevano con i fatti illeciti che fossero contemporaneamente anche dei reati, il che diminuiva ulteriormente le possibilità di un risarcimento adeguato. Negli anni Settanta si ritenne di dover aggiungere al danno patrimoniale anche il danno biologico, fondato sulla considerazione che il danno fisico incideva in misura uguale su tutti gli uomini, ricchi o poveri che fossero, e che lo stesso potesse essere misurato attraverso una perizia medica e delle tabelle contenenti i coefficienti di invalidità.

Quindi al danno patrimoniale e biologico si venne ad aggiungere il cosiddetto danno esistenziale, elaborato in ragione dell'acquisita consapevolezza che non tutti i danni incidono allo stesso modo sulle persone. La frattura di una gamba è uguale per tutti sotto il profilo del danno biologico, ma è molto diversa se chi la subisce è un professore universitario, che lavora con il cervello, oppure uno sciatore olimpionico, che sull'uso delle gambe ha progettato il proprio avvenire ed i propri successi sportivi. In questa prospettiva il danno esistenziale si è affermato nella dottrina giuridica, anche se la giurisprudenza ha espresso delle perplessità che però riguardano più la sua collocazione sistematica che non l'esistenza stessa della categoria.

Infatti la Cassazione, con tre sentenze dell'11 novembre 2008, ha stabilito che il danno esistenziale non rileva quale categoria autonoma ma come sottovoce del danno non patrimoniale, sancendo inoltre che deve trattarsi di un danno connesso alla violazione di un diritto della personalità, quando si è verificata una importante diminuzione della qualità della vita. Ancora occorre sottolineare come nella misura del risarcimento del danno rilevi il concorso di colpa del danneggiato, nel senso che "*Se il fatto colposo del danneggiato ha concorso a produrre il danno, il risarcimento è diminuito secondo la gravità della colpa e l'entità delle conseguenze che ne sono derivate*" (articolo 1227, primo comma del codice civile). Appare infatti evidente come sarebbe ingiusto che il danneggiante dovesse risarcire anche la parte di danno che egli non ha causato, ma che è stata causata dal fatto colposo del danneggiato (si pensi ad un incidente stradale, in cui spesso tutti e due gli automobilisti hanno concorso a causare il danno).

Oltre all'elemento soggettivo del dolo o della colpa, ed all'elemento oggettivo del danno ingiusto, perché si abbia responsabilità extracontrattuale è necessaria l'esistenza del *nesso causale*. Il nesso causale consiste nel collegamento tra la propria condotta e l'evento dannoso, nel senso che occorre dimostrare che senza quel determinato comportamento (che può essere commissivo o omissivo) non si sarebbe prodotto il danno. In passato la teoria più seguita era quella della *causa sine qua non*, che individuava il comportamento come antecedente temporale necessario del danno. In tempi più moderni si è preferita la tesi della *causalità adeguata*, che collega il fatto al danno tenendo conto della normalità statistica degli eventi naturali e valutando l'adeguatezza della causa a produrre l'evento solo con riferimento a situazioni normali, dunque a serie causali ragionevolmente prevedibili. Se investo una persona e gli rompo una gamba risponderò solo di questo, anche se il ferito, a bordo dell'autoambulanza che lo trasporta in ospedale, occorre in un incidente e muore; applicando la tesi della *causa sine qua non* dovrei rispondere anche di omicidio, perché se non avessi investito il soggetto quest'ultimo non sarebbe salito sull'ambulanza e dunque non sarebbe morto. Al contrario, se applico la tesi della causalità adeguata, non rispondo della morte perché questa si è verificata come ipotesi eccezionale, essendo assai raro (e dunque ragionevolmente imprevedibile) che il ferito trasportato in ambulanza abbia un incidente e muoia.

Una riflessione conclusiva sulla responsabilità civile non può non riguardare gli effetti che l'estensione dei danni risarcibili e della misura del loro risarcimento può comportare. Se da un lato essa costringe l'imprenditore ad essere più attento e responsabile, dall'altro potrebbe portare ad atteggiamenti difensivi (tipico il caso della medicina difensiva, consistente in un atteggiamento, per lo più omissivo, che limita l'assunzione di responsabilità ed è a volte attuata dai medici al fine di evitare possibili azioni di risarcimento), per cui si tende ad evitare attività troppo rischiose, anche quando esse sarebbero, potenzialmente, utili. Anche con riferimento a questa materia si potrebbe dire che il meglio è nemico del bene, e che – ferma l'inarrestabilità di tale tendenza all'ampliamento del danno risarcibile, per molti versi certamente giusta – appare giunto il momento di un complessivo ripensamento delle regole in tema di responsabilità professionale, quanto meno al fine di evitare gli effetti distorsivi che esse, ove non attentamente calibrate, possono generare. Effetti distorsivi che, sebbene non sempre correttamente percepiti, possono incidere in misura significativa sui rapporti contrattuali.

Bibliografia essenziale.

ALPA G., *L'interpretazione del contratto. Orientamenti e tecniche della giurisprudenza*, Milano, 1983.

ALPA G., *Il danno biologico*, Padova, 1987.

ALPA G., *La causa e il tipo*, in E. GABRIELLI (a cura di), *I contratti in generale,* 1, in *Trattato* Rescigno-Gabrielli, Torino, 2006.

ALPA G., *Il contratto in generale. I, Fonti, teorie, metodi*, in *Tratt. dir. civ. e comm.*, diretto da Cicu, Messineo, Mengoni, Schlesinger, Milano, 2014.
ANDRIOLI V., *Divieto del patto commissorio*, in *Comm.* Scialoja-Branca, VI, Bologna-Roma, 1955.
BARCELLONA M., *Della causa. Il contratto e la circolazione della ricchezza*, Padova, 2015.
BENEDETTI G., *Dal contratto al negozio unilaterale*, Milano, 1969.
BOZZI G., *Accertamento negoziale e astrazione materiale*, Padova, 2000.
BRECCIA U., *Diligenza e buona fede nell'attuazione del rapporto obbligatorio*, Milano, 1968.
CARNELUTTI F., *Teoria giuridica della circolazione*, Padova, 1933.
CATAUDELLA A., *Sul contenuto del contratto*, Milano, 1974.
CERVALE M.C., *Struttura dell'appalto e responsabilità dell'appaltatore*, Milano, 2016.
CESARO E., *Il contratto e l'opzione*, Napoli, 1969.
DEL PRATO E., *La minaccia di far valere un diritto*, Padova, 1990.
DE NOVA G., *Il tipo contrattuale*, Padova, 1974.
DE NOVA G., *Le clausole vessatorie*, Milano, 1996.
DI MAJO A., *Rilevanza del termine e poteri del giudice*, Milano, 1971.
DI MAJO A., *Le modalità dell'obbligazione*, Bologna, 1986.
FALZEA A., *La condizione e gli elementi dell'atto giuridico*, Milano, 1941.
FERRI G.B., *Causa e tipo nella teoria del negozio giuridico*, Milano, 1968.
FERRI G.B., *Il negozio giuridico tra libertà e norma*, 2ª ed., Rimini, 1989.
FRANZONI M., *Dalla colpa grave alla responsabilità professionale*, Torino, 2011.
GAZZONI F., *Equità e autonomia privata*, Milano, 1970.
IRTI N., *Idola libertatis. Tre esercizi sul formalismo giuridico*, Milano, 1985.
IRTI N., *Testo e contesto*, Padova, 1996.
IRTI N., *Studi sul formalismo negoziale*, Padova, 1997.
LECCESE E., *Incapacità naturale e teoria dell'affidamento*, Napoli, 1999.
LUMINOSO A., *Mandato. Commissione. Spedizione*, Milano, 1983.
MACARIO F., *Principi generali e nuovi scenari nel sistema della responsabilità patrimoniale*, in *Giust. civ.*, 2015, 59.
MALOMO A., *Risarcimento da inadempimento di obbligazione pecuniaria*, Napoli, 2012.
MARINELLI F., *Il tipo e l'appalto*, Padova, 1996.
MARINELLI F. (a cura di), *Dimensioni del contratto*, Torino, 2019.

MAZZAMUTO S., *La responsabilità contrattuale*, Torino, 2015.
MOSCARINI L.V., *I negozi a favore di terzo*, Milano, 1970.
MOSCATI E., *La disciplina generale delle obbligazioni*, Torino, 2015.
NATOLI U., *La rappresentanza*, Milano, 1977.
NUZZO M., *Utilità sociale ed autonomia privata*, Milano, 1975.
PENNASILICO M., *Contratto e interpretazione. Lineamenti di ermeneutica contrattuale*, Torino, 2015.
PERLINGIERI G., *Regole e comportamenti nella formazione del contratto. Una rilettura dell'art. 1337 codice civile*, Napoli, 2003.
PERLINGIERI P., *Il diritto civile nella legalità costituzionale*, Napoli, 2006.
PERLINGIERI P., *Diritto dei contratti e dei mercati*, in *Rass. dir. civ.*, 2011, 3, p. 877.
PIETROBON A., *Errore, volontà e affidamento nel negozio giuridico*, Padova, 1990.
POLIDORI S. *Discipline della nullità e interessi protetti*, Camerino-Napoli, 2001.
POLIDORI S., *Appalto*, Napoli, 2015.
RESCIGNO P., *Introduzione al codice civile*, Roma-Bari, 1992.
RIZZO P., *Interpretazione dei contratti e relatività delle sue regole*, Napoli, 1985.
RODOTÀ S., *Le fonti di integrazione del contratto*, Milano, 1965.
SALANITRO U., *Contratti onerosi con prestazione incerta*, Milano, 2003.
SANTORO PASSARELLI F., *Dottrine generali del diritto civile*, Napoli, 1944 e successive ristampe.
TROIANO S., *La ragionevolezza nel diritto dei contratti*, Milano, 2005.
VETTORI G., *Consenso traslativo e circolazione dei beni: analisi di un principio*, Milano, 1995.
VILLANACCI G., *Cofideiussione e obbligazione solidale*, Napoli, 2005.
VITUCCI P., *I profili della conclusione del contratto*, Milano, 1968.

Capitolo quinto
L'impresa e il lavoro

Sommario: 50. L'imprenditore. – 51. L'impresa collettiva. – 52. Il lavoro autonomo. – 53. Il lavoro subordinato.

50. *L'imprenditore.*

Il libro quinto del codice è quello dove si manifestano con maggiore evidenza i cambiamenti introdotti dalla nuova codificazione, primo fra tutti l'unificazione del diritto civile e del diritto commerciale, scelta contrastata durante i lavori preparatori ma poi sostanzialmente accolta senza riserve dalla dottrina commercialistica. Alcune intuizioni che si trovavano originariamente in questo libro, come il tentativo di saldare la disciplina del lavoro con quella dell'impresa, o di rendere compatibile l'ordinamento corporativo con la disciplina liberale dei mezzi di produzione, permetteranno agli interpreti di attualizzare tale disciplina alla luce dei nuovi valori che la Costituzione repubblicana portava con sé. Il risultato sarà positivo, e la disciplina codicistica del lavoro e dell'impresa non verrà modificata che marginalmente ed in tempi lunghi, come – ad esempio – mediante l'approvazione dello statuto dei lavoratori, una riforma che adeguerà il lavoro ai valori costituzionali della dignità del lavoro e della persona, ma che si farà attendere per quasi trent'anni.

Sta di fatto che al di là delle contrastanti interpretazioni che l'unificazione ebbe a suscitare, il diritto commerciale, pur perdendo la sua autonomia legislativa, ha saputo elaborare una significativa autonomia scientifica, che gli ha permesso di giovarsi di tutte quelle fonti extrastatuali che ne hanno sempre caratterizzato lo sviluppo. Si pensi soltanto, in tempi recenti, a quell'organica compilazione elaborata da Unidroit (Istituto internazionale per l'unificazione del diritto privato, con sede in Roma) che va sotto il titolo di *Principi dei contratti commerciali internazionali*, divulgati nelle principali lingue, nei quali si coordinano le pratiche contrattuali internazionali con i principi generali del diritto universalmente accolti. Si tratta di una compilazione che viene ormai accettata, in modo diffuso, come fonte del diritto e che ripropone in forme nuove e moderne quel processo avvenuto tra Medioevo e Rinascimento chiamato *lex mercatoria*, dove il diritto elaborato dalla corporazione dei mercanti diveniva fonte del diritto a tutti gli effetti.

Venendo al contenuto del libro quinto. Il codice italiano del '42 dedica una parte importante di questo libro all'*imprenditore*, una figura che nella prima metà del Novecento si era ormai affermata come principale attore di un'economia che, sia pur formalmente definita dal regime come corporativa, non si era allontanata, se non nelle ostentate e retoriche dichiarazioni pubbliche, dal liberalismo ottocentesco. Ne consegue un ispessimento di tale figura, a cui dedicheremo, come si è avuto modo di dire in premessa, un'attenzione assai limitata, poiché la partizione del diritto privato dedicata all'imprenditore è tradizionalmente oggetto di studio all'interno della materia del diritto commerciale. Va comunque sottolineata la circostanza che il codice riconosce la centralità non tanto dell'impresa, quanto dell'imprenditore; come per la proprietà, all'interno della quale viene riconosciuta una particolare centralità alla figura del proprietario, il legislatore opera una scelta "di natura ideologica", volta ad inserire sia la proprietà sia l'impresa all'interno di una società che voleva essere statalistica e centralizzata. Tuttavia, il ritorno alla democrazia non è stato ritenuto incompatibile con questa scelta, di tal che proprietà ed impresa, rappresentate attraverso il rispettivo soggetto persona fisica (proprietario ed imprenditore), vengono ad incontrarsi sempre più spesso, specialmente quando i beni oggetto del diritto di proprietà sono beni produttivi.

La differenza, non sempre netta e non sempre giustificabile, tra il soggetto del libro quarto del codice, dedicato alle obbligazioni, ed il soggetto del libro quinto, l'imprenditore appunto, consiste nella circostanza che quest'ultimo esercita professionalmente un'attività economica, ovvero tende ad incentrare la propria esistenza lavorativa proprio su tale aspetto, di tutta evidenza collegato al mondo dei contratti e delle obbligazioni. E l'ordinamento favorisce e protegge lo sviluppo dell'impresa, perché il suo scopo principale, quello di produrre e far circolare la ricchezza, viene ritenuto (ed entro certi limiti certamente lo è) un valore. La stessa Costituzione afferma che l'iniziativa economica privata è libera (articolo 41), sia pur con alcuni limiti derivanti dal rispetto della persona umana e della sua dignità.

Il codice civile realizza nel 1942 l'unificazione del diritto civile e del diritto commerciale in un unico testo normativo, superando la tradizionale separatezza che nell'Ottocento aveva disciplinato le due materie in due codici diversi ed aveva accolto la concezione oggettiva dell'atto di commercio, che reputa l'atto di commercio tale a prescindere dalla qualità di chi lo compie. Al contrario l'unificazione aveva preferito la concezione soggettiva dell'imprenditore, più moderna e maggiormente in linea con le tendenze della scienza commercialistica europea, che proprio nei primi decenni del Novecento aveva visto l'elaborazione teorica di un codice italo-francese delle obbligazioni. Un codice che non diverrà mai testo normativo, ma la cui impostazione influenzerà non poco il codice italiano del '42.

L'articolo 2082 di tale codice stabilisce che è "*imprenditore chi esercita professionalmente una attività organizzata al fine della produzione o dello scambio di beni o di servizi*" ponendo l'accento non solo sul profilo della professionalità, intesa come abitualità, ma anche sullo scopo di lucro, che caratterizza l'attività economica, nonché sull'aspetto organizzativo, costituito dalla capacità di comporre in un insieme organico tutti i fattori della produzione. L'imprenditore, appunto, è colui che coordina razionalmente gli elementi che contribuiscono alla produzione ed allo scambio di beni e servizi, e cioè il capitale (che etimologicamente deriva da *capita*, ovvero i capi di bestiame che in passato costituivano e quindi definivano la ricchezza), il lavoro, le conoscenze e le tecniche necessarie allo sviluppo dell'attività produttiva o distributiva, allo scopo di trarne guadagno (cosiddetto scopo di lucro). In questo senso l'elemento dell'organizzazione si pone esso stesso come elemento qualificante dell'attività dell'imprenditore: un imprenditore che deve essere iscritto nel registro delle imprese, che ha l'obbligo di tenuta delle scritture contabili, che è sottoposto alle procedure concorsuali, ovvero ad una disciplina in caso di insolvenza che garantisca la cosiddetta *par condicio creditorum*, ovvero il pagamento proporzionale dei creditori ed una loro classificazione in relazione sia all'interesse di cui sono espressione (ad esempio imposte, salari, contributi previdenziali) sia alle garanzie poste a tutela del proprio credito (ad esempio ipoteche e privilegi). Dall'impresa si distingue l'azienda: l'impresa è un'attività, mentre l'azienda è il complesso di beni organizzato per l'esercizio dell'impresa. Non necessariamente l'imprenditore deve essere proprietario dei beni che utilizza, ed infatti egli può, ad esempio, prenderli in locazione: tuttavia l'azienda è un complesso di beni unitario, tanto è vero che essa può essere ceduta complessivamente, ed i contratti che permettono l'utilizzazione dei beni facenti parte dell'azienda continuano con il nuovo imprenditore.

Il tema dell'insolvenza dell'imprenditore, disciplinato in passato in termini assai rigorosi attraverso il R.D. 16 marzo 1942 n. 267, "Disciplina del fallimento, del concordato preventivo e della liquidazione coatta amministrativa", è stato negli ultimi anni sottoposto ad ampie revisioni, basate sul principio di salvaguardia dell'impresa come valore collettivo. Di recente la l. 19 ottobre 2017 n. 155 ha delegato il Governo a disporre una ulteriore riforma delle discipline delle crisi d'impresa e dell'insolvenza: si tratta di una legge che dovrebbe, nel rispetto della normativa dell'Unione europea, sostituire al tradizionale termine di *fallimento* quello di *liquidazione giudiziale*, adottando un unico modello processuale per tutte le categorie di debitori, siano essi persone fisiche o giuridiche. Senza addentrarci nel tecnicismo processuale, la legge sembra voler superare la classica distinzione tra debitore imprenditore e debitore non imprenditore, che costituiva un punto fermo del diritto commerciale europeo.

A fianco dell'imprenditore commerciale si pone l'imprenditore agricolo, al quale viene attribuito uno statuto speciale che gli deriva dal carattere particolare della propria attività, che deve fare i conti con le regole e le incertezze della natura e del clima (e che dunque si risolve in una disciplina di favore), nonché il piccolo imprenditore, che si caratterizza per l'utilizzo prevalente del lavoro proprio e spesso (ma non necessariamente) dei propri familiari. Ed ancora, oltre alla ovvia distinzione tra imprenditori privati ed imprenditori pubblici, distinzione che nel corso degli anni è andata sempre più sfumando, abbiamo quegli imprenditori che svolgono una attività che richiede particolari regolamentazioni da parte dello Stato a tutela dell'affidamento dei clienti e dei loro risparmi, come le imprese di assicurazioni e le imprese bancarie.

La nozione di imprenditore agricolo ha una storia travagliata, irrisolta anche dopo che nel 2001 (e quindi nel 2004 e nel 2005) essa è stata modificata nel senso di qualificarlo non più con riferimento al fondo, ma attraverso un riferimento più generale al ciclo biologico. In altre parole l'imprenditore agricolo è quello che si occupa dell'agricoltura e dell'allevamento nel senso più ampio del termine, comprese anche tutte le attività collegate, che sono però funzionali al suddetto ciclo biologico. Proprio questo ampliamento dei suoi confini, segnato dalla produzione anche indiretta di beni e servizi e dalla prevalenza (in passato si parlava di normalità) della loro produzione da un ciclo biologico animale o vegetale, ha reso possibile uno sviluppo economico in senso moderno dell'agricoltura, che si coordina con l'ampia disciplina in materia dettata dalla recente normativa dell'Unione europea. Più in concreto, si è ritenuto di dover favorire l'imprenditore agricolo rendendolo soggetto ad una disciplina fiscale molto semplificata, escludendolo dalla soggezione al fallimento ed alle altre procedure concorsuali, permettendogli delle semplificazioni burocratiche, come ad esempio nel caso dell'agriturismo, che ha lo specifico scopo di permettere all'agricoltore di commercializzare i propri prodotti all'interno di una attività alberghiera o di ristorazione, senza per questo divenire imprenditore *tout court*.

La nozione di piccolo imprenditore ci viene fornita dall'articolo 2083 del codice, il quale afferma che "*sono piccoli imprenditori i coltivatori diretti del fondo, gli artigiani, i piccoli commercianti e coloro che esercitano un'attività professionale organizzata prevalentemente con il lavoro proprio e della propria famiglia*". Dunque il piccolo imprenditore si distingue dall'imprenditore in senso proprio soltanto sotto un profilo dimensionale, quantitativo, ed esso viene ad essere indirettamente favorito attraverso le semplificazioni e le esenzioni riservate all'imprenditore agricolo.

Pur senza poter approfondire il discorso, appare opportuno ricordare come il diritto commerciale risenta da sempre della volontà e capacità degli imprenditori di elaborare da soli il proprio diritto, fenomeno che nella letteratura giuridica ha recepito dal Medioevo – lo si è già notato – la denominazione evocativa di *lex mercatoria*. Come i mercanti del basso medioevo costruivano attraverso le lettere di cambio quelli che sarebbero poi divenuti i moderni titoli di credito, e realizzavano strumenti di limitazione della responsabilità che avrebbero permesso la nascita delle società, ed accanto ad essi del contratto di assicurazione, così i moderni mercanti, gli imprenditori appunto, elaborano una serie di regole che solo in minima parte possono definirsi statali, che permettono loro di disciplinare efficacemente, anche se non sempre equamente, il mercato globalizzato. Ovviamente lo Stato non ha rinunciato a disciplinare con leggi o regolamenti i fenomeni imprenditoriali, ma molto spesso non ha fatto altro che recepire nella propria legislazione delle regole che gli imprenditori avevano già elaborato per proprio conto ed imposto al mercato.

Di particolare rilievo, nella moderna economia, la necessità di proteggere la denominazione (e dunque l'avviamento) dell'azienda, nonché l'utilità economica dell'invenzione attraverso marchi e brevetti. I marchi garantiscono l'imprenditore dalla confusione con altri prodotti simili (la ditta, ad esempio, è il nome sotto cui l'imprenditore esercita l'attività d'impresa), mentre i brevetti permettono un uso esclusivo delle invenzioni industriali che l'imprenditore ha ideato per realizzare un nuovo prodotto o per agevolare la sua costruzione. In questa prospettiva trovano un senso le limitazioni alla concorrenza, che sono assai ristrette e limitate nel tempo, e la repressione della concorrenza sleale, che di fatto renderebbe inefficace il principio costituzionale di libertà dell'iniziativa economica.

Tuttavia, la tutela demandata ai marchi ed ai brevetti è sempre più difficile nell'epoca di internet, ed essa si scontra da un lato con il principio della libera concorrenza e dall'altro con la possibilità di brevettare scoperte scientifiche che in una visione non economicistica dei rapporti umani dovrebbero essere escluse da tale forme di tutela. Si pensi ai farmaci o alle sementi di vegetali geneticamente modificati, che impediscono di fatto a vaste popolazioni dei paesi più poveri di utilizzarle, creando una disparità (gli inglesi parlano di *Human divide*) assolutamente ingiustificata ed inammissibile. Proprio questo sarebbe il caso in cui lo stato, anzi gli stati, dovrebbero riappropriarsi dei propri poteri imponendo alle grandi aziende globalizzate limiti e vincoli che tutelino i piccoli produttori ed i consumatori: in verità la situazione presente sembra andare in direzione inversa, e le imprese multinazionali appaiono in grado – sulla base di una presunta funzione regolatrice del mercato – di imporre la loro volontà ai governi. Sia come sia la privatizzazione delle economie occidentali, e la loro globalizzazione, ha favorito un processo in cui le grandi aziende riescono a diffondere e protegge i propri interessi grazie all'utilizzo diffuso sia dei marchi e dei brevetti sia della propria superiorità economica, che si realizza soprattutto nei paesi più poveri, dove le difficoltà economiche favoriscono lo sfruttamento dei territori oltre la loro sostenibilità, e lo sfruttamento del lavoro mediante l'imposizione di salari tanto bassi quanto iniqui. Sia il processo di globalizzazione, sia la crisi economica hanno sostanzialmente rafforzato tali tendenze, che i governi non riescono a contrastare con la dovuta decisione; peraltro alcuni governi degli stati più poveri non trovano affatto conveniente contrastare tale tendenza, perché bassi salari e politiche industriali non attente alla conservazione dell'ambiente attirano investimenti esteri, e le classi dirigenti di tali paesi sono più interessate a ciò che ad un reale miglioramento delle condizioni di vita delle classi lavoratrici. Probabilmente soltanto una maggiore consapevolezza dell'ingiustizia di tali situazioni da parte dell'opinione pubblica mondiale, anch'essa in qualche misura globalizzata, potrà condurre, in futuro, ad una auspicabile inversione di tendenza.

51. *L'impresa collettiva.*

Ancora più definita, all'interno del libro quinto del codice, è la disciplina dell'impresa collettiva che di recente, proprio nei primi anni del nuovo millennio, è stata ampiamente modificata. Si deve comunque far sempre riferimento all'articolo 2247 del codice civile, il quale definisce il contratto di società come quel contratto con il quale "*due o più persone conferiscono beni o servizi per l'esercizio in comune di un'attività economica allo scopo di dividerne gli utili*". In tal modo l'imprenditore singolo diviene imprenditore collettivo, in quanto la titolarità dell'impresa invece di far capo ad una persona singola fa capo ad una pluralità di persone.

Sin dal medioevo (qualcuno ha spostato all'indietro tale riferimento, individuando forme societarie nel diritto romano, quanto meno sotto il profilo della possibilità di separare una parte del patrimonio di un uomo libero (il cosiddetto *peculium*) attribuendola ad uno schiavo, ma non sembra che ciò sia storicamente, sul piano delle fonti, dimostrabile con certezza) si è manifestata l'esigenza di accrescere il capitale ed il lavoro attraverso forme di società che permettessero da un lato l'aumento del capitale destinato all'impresa, dall'altro un sistema di responsabilità patrimoniale limitata, che favorisse gli investimenti garantendo al socio finanziatore di non rischiare oltre la somma investita.

La commenda (da cui il simbolico titolo di commendatore a colui che si è distinto negli affari) permetteva appunto di legare colui che restando in patria conferiva i capitali necessari all'impresa e colui che al contrario, non avendo a disposizione i capitali, ma solo il proprio coraggio, effettuava materialmente la spedizione commerciale. Alla commenda si sostituirà poi la compagnia che, al contrario della commenda, garantiva la responsabilità solidale di tutti i soci nell'affare e pertanto era in grado di attirare maggiori capitali. In tal modo prende corpo la tendenza a valorizzare la ricchezza, che non è più statica (ovvero rappresentata dalle terre, dalle case e dai castelli) bensì dinamica, ovvero rappresentata dal denaro e dalla sua capacità di crearne sempre di nuovo.

Dopo che l'esperienza del commercio in età medievale si era enormemente accresciuta in seguito alle scoperte geografiche e quindi all'apertura di nuovi mercati, sarà la Rivoluzione francese, e l'affermazione del pensiero liberale e liberista in Europa, a permettere un grande sviluppo dell'economia capitalistica, che nella società rinveniva il suo strumento di lavoro più efficiente. La società anonima, come la si chiamava nell'Ottocento e come la si continua a chiamare in altri paesi, garantisce la spersonalizzazione dell'imprenditore, nonché la separazione della proprietà dell'impresa dalla sua gestione. Quindi le società quotate in borsa, aperte a finanziatori estremamente frammentati ed il cui capitale circola in mercati ristretti e regolamentati, permetteranno un ulteriore rafforzamento dell'istituto.

Nel nostro ordinamento la regolamentazione delle società, oltre a fondarsi sul principio assembleare (per cui è la misura del capitale posseduto a stabilire la capacità decisionale), è disciplinata secondo una rigorosa tipicità, nel senso che sono possibili esclusivamente i tipi societari previsti e regolati all'interno del codice. I privati non possono, così come per i diritti reali, né creare nuovi tipi di società non previsti dal codice né regolare in modo difforme quelle società che sono previste ed alle quali è assegnata una specifica disciplina. Ciò soprattutto allo scopo di tutelare i terzi che entrano a contatto con le società e che devono avere elementi certi su cui orientare la propria fiducia, si tratti di creditori o di risparmiatori. In termini generali le società si distinguono nelle due grandi categorie delle società di persone e delle società di capitali. Le società di persone sono caratterizzate da un rilievo maggiore, rispetto alle società di capitali, delle vicende personali dei soci e comprendono le società semplici, le società in nome collettivo e le società in accomandita semplice. L'autonomia patrimoniale delle società di persone è in ogni caso imperfetta, perché quasi sempre il socio è responsabile personalmente delle obbligazioni della società, mentre nelle società di capitali l'autonomia patrimoniale è tendenzialmente perfetta, ed i soci non sono personalmente responsabili delle obbligazioni assunte dalla società.

Le società di capitali hanno appunto lo scopo di permettere la raccolta di capitale, attraverso i cosiddetti conferimenti, nonché la distribuzione del rischio fra diversi soggetti. La recente riforma del diritto societario ha mantenuto la tradizionale distinzione tra società a responsabilità limitata, di minori dimensioni, e società per azioni, incidendo soprattutto per queste ultime sui sistemi di *governance*. Tuttavia le possibilità offerte dalla riforma, ed ispirate all'esperienza di paesi stranieri, non sembrano essere state recepite se non marginalmente dalle imprese italiane, che hanno preferito attenersi al classico sistema di una *governance* centrata sul cosiddetto consiglio di amministrazione, che ha i poteri esecutivi, ed il collegio dei revisori che ha esclusivamente i poteri di controllo. Cui si aggiunge ovviamente il potere dell'assemblea dei soci che, in prevalenza, ha il compito di approvare i bilanci ed eleggere gli amministratori. Un ulteriore tipo di società di capitali, quale la società in accomandita per azioni, caratterizzata da una compresenza di soci illimitatamente responsabili e di soci solo limitatamente responsabili, viene utilizzata per particolari esigenze e non ha avuto una grande diffusione nell'economia italiana.

A fianco delle società di persone e di capitali si pongono le società cooperative, che vennero identificate nel secondo dopoguerra (identificazione che trova riscontro ed incoraggiamento della Costituzione) come uno strumento atto a valorizzare la solidarietà anche nei tradizionali settori dell'economia. Il loro sviluppo è avvenuto tra luci ed ombre, e si è consolidato in un primo tempo nel settore dell'edilizia, quindi nel settore delle costruzioni e della distribuzione commerciale. Particolari tipi di cooperative si rinvengono nel settore bancario, con le banche di credito cooperativo, ed in quello assicurativo, con le mutue assicuratrici.

In realtà – con riferimento al fenomeno cooperativo – più che di società si tratterebbe di associazioni, perché nel loro caso lo scopo di lucro cui fa riferimento il codice civile è stato in modo convincente posto in dubbio, tuttavia esse vengono tradizionalmente studiate all'interno del diritto commerciale.

Sempre in forma di società (con l'esclusione della società semplice) possono costituirsi i consorzi tra imprenditori, ovvero dei contratti per mezzo dei quali "*più imprenditori istituiscono un'organizzazione comune per la disciplina o per lo svolgimento di determinate fasi delle rispettive imprese*" (articolo 2602 del codice civile). I consorzi hanno lo scopo di favorire lo sviluppo di attività economiche che richiedono la collaborazione di più imprenditori e l'utilizzo di tecniche produttive diverse: da un lato dimostrano l'opportunità di connessioni imprenditoriali sempre più ampie (si pensi alle cosiddette *reti* di imprese), dall'altro dimostrano l'estrema flessibilità dello schema societario, che in ragione della sua neutralità si presta anche a realizzare interessi diversi da quelli strettamente imprenditoriali. L'esperienza delle cosiddette *onlus* nel settore sociale ed assistenziale e l'utilizzo della società per azioni nel mondo dello sport dimostrano, in definitiva, proprio come la forma della società si adatti a funzioni molto diversificate fra di loro, a volte neanche riconducibili all'originaria matrice lucrativa.

Recentemente il cosiddetto terzo settore (ovvero l'insieme delle imprese che operano nel settore dell'associazionismo, dell'assistenza e del volontariato), è stato riordinato dal D.Lgs. 3 luglio 2017 n. 117, chiamato appunto *Codice del Terzo settore*. Si tratta di un insieme di norme che hanno lo scopo di sostenere l'autonoma iniziativa dei cittadini che concorrono, anche in forma associata, a perseguire il bene comune, ad elevare i livelli di cittadinanza attiva, di coesione e protezione sociale, favorendo la partecipazione, l'inclusione e il pieno sviluppo della persona, a valorizzare il potenziale di crescita e di occupazione lavorativa. Tale legge, attuando i principi di cui agli artt. 2, 3, 4, 9, 18 e 118, quarto comma, della Costituzione, riconosce il valore e la funzione sociale degli enti del Terzo settore, dell'associazionismo, dell'attività di volontariato e della cultura e pratica del dono quali espressione di partecipazione, solidarietà e pluralismo. Nella stessa prospettiva si muove il D.Lgs. 3 luglio 2017 n. 112 sulla cosiddetta impresa sociale, ovvero gli enti privati che esercitano in via stabile e principale un'attività di impresa di interesse generale, senza scopo di lucro e per finalità civiche, solidaristiche e di utilità sociale, adottando modalità di gestione responsabili e trasparenti e favorendo il più ampio coinvolgimento dei lavoratori, degli utenti e di altri soggetti interessati alla loro attività.

Diverso è il caso dell'associazione temporanea d'imprese, dove le singole imprese pur mantenendo la loro individualità si associano, temporaneamente, per realizzare un'opera che per sua natura e complessità ha bisogno di un apporto multidisciplinare, come la costruzione di una diga, o di un porto. Il legislatore ha previsto che tali associazioni possano presentare offerte congiunte nella disciplina dei lavori pubblici utilizzando lo strumento del mandato: tuttavia ogni impresa associata mantiene la propria autonomia e dunque attraverso tale figura non si crea un nuovo soggetto imprenditoriale ma soltanto una diversa configurazione organizzativa della realizzazione dell'opera.

Merita infine un cenno la disciplina della concorrenza, che negli ultimi si è affermata come valore grazie soprattutto ad una incisiva opera di indirizzo dell'Unione europea, sia sotto il profilo legislativo sia sotto il profilo giurisprudenziale. Una serie di vincoli che rallentavano il realizzarsi di un mercato veramente libero e che favorivano il proliferare di cartelli e di restrizioni sono stati eliminati, i controlli sulle aziende private e pubbliche (quest'ultime assai spesso operavano in regime di monopolio con elevati indici di inefficienza) grazie alle autorità amministrative indipendenti sono stati intensificati, e la pubblica amministrazione è stata costretta ad utilizzare procedure ad evidenza pubblica ogni qualvolta aveva necessità di reperire sul mercato un bene od un servizio.

Va però osservato come ad ostentate dichiarazioni di intenti non sia seguita una politica concretamente efficace, con la conseguenza che al giorno d'oggi l'esistenza di un mercato dove gli operatori si trovano in condizioni di sostanziale parità (postulato di un'economia realmente libera e competitiva) è ancora lontana.

52. *Il lavoro autonomo.*

L'altro argomento di rilievo trattato nel quinto libro del codice è il lavoro, ed anche in questo caso la sua disciplina risente dell'ormai acquisita modernità dell'impresa, che continua a fare da cornice al luogo simbolo del lavoro, cioè la fabbrica, anche se quest'ultima negli ultimi decenni ha perso quel ruolo centrale (e simbolico, nel bene e nel male) che si era guadagnato nei due secoli precedenti.

Ma il codice si occupa anche del lavoro autonomo, che ha sempre rivestito un grande rilievo nell'economia delle nazioni, e che collega il contratto d'opera, proprio soprattutto dell'artigiano, al contratto di prestazione professionale, che negli ultimi decenni si è considerevolmente sviluppato anche se con caratteristiche non sempre omogenee e condivisibili.

Il sapere, inteso come conoscenza della natura, e dunque con riferimento sia alle scienze materiali sia alle scienze umane, ed il saper fare, inteso come capacità di incidere sulla natura stessa, attraverso la tecnica, sono alla base della distinzione classica tra arti intellettuali o liberali (perché proprie degli uomini liberi, in contrapposizione al normale lavoro materiale che nell'antichità era proprio degli schiavi) ed arti meccaniche, entrambi tradizionalmente ricondotte dai giuristi allo schema del contratto d'opera.

Il codice vigente risente non casualmente di una sostanziale disattenzione nei confronti del contratto d'opera, che realizza uno schema non ancora compiutamente delineato, incerto tra il requisito dell'assenza di subordinazione e quello dell'assenza di organizzazione imprenditoriale (quindi definito per negazione più che per affermazione positiva), tuttora fonte di difficoltà interpretative e di valutazioni discordanti.

Attualmente, una delle principali problematiche relative al contratto d'opera, e particolarmente al contratto d'opera professionale, consiste nel verificare se si tratti di un fenomeno che rientra nell'àmbito dell'impresa (come sembra ritenere la normativa dell'Unione europea in tema di servizi) o al contrario nell'ambito del lavoro, come appare preferibile sulla base della tradizione giuridica continentale e specificamente italiana. Esigenze contrastanti e resistenze corporative hanno impedito in passato, e tuttora esprimono difficoltà, ad una soluzione condivisa, che contemperi le esigenze del mercato con quelle della tutela dei clienti in situazioni, si pensi all'attività medica o legale, che tradizionalmente, e per molti buoni motivi, non sono assimilabili all'attività imprenditoriale. Ma la stessa problematica incide su un ampio ventaglio di professioni "protette", cioè regolamentate (attraverso una disciplina specifica, l'istituzione di un albo, un certo grado di autonomia), che anzi tendono non sempre con seria giustificazione ad espandersi ed a moltiplicarsi.

Occorre sottolineare come le professioni regolamentate sono solitamente disciplinate da regole organizzative e deontologiche demandate ad organismi che sono espressione stessa della categoria, a livello nazionale e locale: si pensi, per gli avvocati, al consiglio nazionale forense ed ai vari consigli dell'ordine istituiti presso le sedi di tribunale. Tuttavia il legislatore non sembra riporre molta fiducia in questi organismi, e se da un lato preferisce introdurre criteri di delegificazione della materia (attraverso un non condivisibile rinvio delle norme di dettaglio al Governo), dall'altro – attraverso liberalizzazioni poco meditate – si ostina a non voler considerare la differenza tra attività professionale ed attività d'impresa. Un fenomeno, quest'ultimo, che, complice la crisi economica e finanziaria degli ultimi anni, dovrebbe essere destinato a favorire la concorrenza tra professionisti e che, al contrario, favorisce soltanto il cliente "forte", come la banca o l'assicurazione, in grado di imporre al professionista sia le proprie tariffe minime, sia i propri schemi organizzativi.

53. *Il lavoro subordinato.*

Come si è notato, quando il codice civile venne approvato esso dovette tener conto delle conseguenze della rivoluzione industriale e dunque di quel particolare contratto, il contratto di lavoro subordinato, che lega in modo tendenzialmente inscindibile il lavoratore al proprio datore di lavoro. Un contratto dunque, ma un contratto assolutamente particolare, perché soprattutto con riferimento al lavoratore esso è centrale nella propria esistenza e dunque non può esser disciplinato come un qualsiasi contratto che, per quanto di rilievo, tende a non assumere mai un ruolo centrale nella vita dell'individuo.

Ovviamente tutta la storia del diritto del lavoro dimostra come non sempre questo aspetto sia stato adeguatamente valorizzato, tuttavia le indicazioni costituzionali vanno nella direzione di ritenere come il lavoro non possa essere relegato a mero oggetto di un contratto, bensì come valore fondante dell'intera comunità nazionale, secondo l'indicazione dell'articolo 1 della Costituzione: "*L'Italia è una repubblica democratica, fondata sul lavoro*", il che vuol dire che la dignità dell'uomo in seno alla società italiana è conseguenza esclusiva del proprio lavoro. Di conseguenza i diritti individuali e collettivi dei lavoratori sono stati consacrati in una legge del 1970, la n. 300, che significativamente è stata chiamata *Statuto dei lavoratori* proprio per sottolinearne la stabilità e l'importanza, mentre si è provveduto alla tutela di tali diritti mediante un processo che almeno nelle intenzioni del legislatore sarebbe dovuto essere più incisivo e veloce, caratterizzandosi per una procedura fondata sui principi della concentrazione, dell'oralità e dell'immediatezza. Infatti solo un processo rapido e giusto permette di rendere effettiva e completa la tutela processuale di situazioni lavorative che spesso costituiscono la sola fonte di sostentamento di una intera famiglia.

In questa direzione deve darsi atto del ruolo che il sindacato ha ricoperto nei decenni immediatamente successivi alla proclamazione della Repubblica, favorendo non solo una presa di coscienza da parte dei lavoratori dei propri diritti, ma anche permettendo che nella coscienza civile del Paese penetrasse un'etica fondata non solo sui doveri (come avveniva nell'Ottocento) ma anche sui diritti. Ruolo che però, negli ultimi anni, appare appannato sia perché la visione del sindacato non ha sempre saputo cogliere gli aspetti di novità che incidevano sul mercato del lavoro (soprattutto la drastica riduzione della fabbrica classica), sia perché a volte ha manifestato tendenze corporative che mal si collegano ad un'economia globalizzata.

Tornando ai profili più strettamente tecnico-giuridici, elemento centrale del rapporto di lavoro subordinato è – ovviamente – la subordinazione, che viene indicata nella circostanza che il lavoro viene prestato alle dipendenze e sotto la direzione dell'imprenditore. In altre parole, è l'imprenditore che decide i tempi ed i modi della prestazione, e dunque il lavoratore è totalmente estraneo all'organizzazione della produzione. Esso inoltre non è sottoposto al rischio d'impresa, nel senso che non risponde mai dei debiti dell'imprenditore, anche se – come è ovvio – indirettamente può ben essere danneggiato da scelte imprenditoriali improvvide che portino alla chiusura dell'impresa e dunque al suo licenziamento.

Sotto altro profilo non si può non riconoscere come lo strumento del contratto non sia sempre adatto a regolare la fattispecie del lavoro subordinato, e tuttavia una delle principali fonti di tale rapporto è proprio il contratto collettivo di lavoro, stipulato per singole categorie di lavoratori dalle organizzazioni datoriali e dai sindacati. Tale contratto collettivo viene dotato dal legislatore di efficacia *erga omnes*, ovvero i suoi effetti si applicano a tutti lavoratori della categoria, anche a quelli che materialmente non lo hanno sottoscritto né personalmente né attraverso i propri sindacati. Sia sufficiente ricordare in questa sede la tutela della cosiddetta "stabilità reale" del rapporto di lavoro che consiste nella circostanza di privilegiare il contratto di lavoro a tempo indeterminato, nel quale il datore di lavoro può recedere soltanto per gravi e determinati motivi, mentre il lavoratore è sempre libero di recedervi. Questa tendenziale stabilità reale del rapporto di lavoro (espressione mutuata dall'assolutezza propria dei diritti reali, nei quali il rimedio è di norma restitutorio), che si configura come l'obbligo di riassunzione di un dipendente licenziato illegittimamente, sembra oggi venuta meno, o almeno sembra essere assai limitata. La crisi economica e la contestuale globalizzazione hanno sviluppato una multiforme varietà di contratti a tempo determinato, che tendono a favorire una maggiore scioltezza (comunemente indicata come flessibilità) del mercato del lavoro. Tale tendenza si è sviluppata prepotentemente nel corso degli ultimi anni, ed il legislatore di fatto ha ritenuto di doverla assecondare, nella speranza (a volte trasformatasi in illusione, a volte no) che il contratto di lavoro subordinato a tempo determinato favorisse lo sviluppo dell'occupazione.

Altri principi in tema di lavoro sono il diritto ad una retribuzione adeguata e dignitosa (normalmente la retribuzione è calcolata sul tempo di lavoro), il divieto di atti discriminatori ed antisindacali, il rispetto sui luoghi di lavoro della libertà, della salute e della dignità umana. In questo senso particolari tutele erano state collegate ai licenziamenti illegittimi, ma gli ultimi anni hanno conosciuto un sensibile affievolimento di tali strumenti di difesa del posto di lavoro. Infatti la globalizzazione dei mercati, dei capitali, della mano d'opera ha favorito procedimenti di delocalizzazione per cui le imprese si trasferiscono dai paesi ad economia matura verso paesi in via di sviluppo, dove il lavoro costa meno (anche perché è meno garantito), si pagano meno tasse, si è sottoposti a minori vincoli burocratici ed amministrativi. Questo fenomeno ha contribuito ad indebolire la tutela del lavoro, perché l'imprenditore che vuole soltanto massimizzare il profitto nel breve periodo non tenta neanche di contrastare i diritti dei lavoratori, ma più semplicemente chiude la fabbrica e si trasferisce altrove, dove le aliquote fiscali sono migliori, la condizione dei lavoratori meno protetta, i salari più bassi, la burocrazia facilmente aggirabile, la tutela dell'ambiente e della salute poco avvertita. Dunque, dove sono possibili maggiori e più facili guadagni.

Accanto al lavoro subordinato si è sviluppata un'ampia e variegata platea di rapporti definiti come parasubordinazione, già presenti nel codice, pur senza l'utilizzo di tale denominazione, con riferimento alla piccola proprietà contadina, al lavoro all'interno della famiglia, agli agenti e ai rappresentanti di commercio, ma che solo di recente hanno assunto una portata più generale. Si tratta di rapporti intermedi tra il lavoro subordinato ed il lavoro autonomo, che sono stati regolati dal decreto legislativo 10 settembre 2003, n. 276 e che, dopo il 2016, vengono definiti come collaborazioni coordinate e continuative. La loro disciplina si giustifica come un tentativo di aumentare la flessibilità del mercato del lavoro, tuttavia si tratta di fenomeni dove il lavoratore cosiddetto parasubordinato si trova assai spesso ad essere un soggetto debole che non sempre riceve da parte dell'ordinamento una tutela adeguata, sia in termini di durata del rapporto di lavoro sia in termini di riconoscimenti giuridici ed organizzativi.

Bibliografia essenziale.

ABRIANI N., *Gli amministratori di fatto delle società di capitali*, Milano, 1998.

ASCARELLI T., *Studi in tema di società*, Milano, 1952.

ASCARELLI T., *Saggi di diritto commerciale*, Milano, 1955.

BARCELLONA P., *Intervento statale e autonomia privata nella disciplina dei rapporti economici*, Milano, 1969.

BARCELLONA P., *Diritto privato e società moderna*, Napoli, 1996.

CAFAGGI F., *Il contratto di rete*, in *Enc. dir.*, *Annali*, VIII, Milano, 2016.

COLAVITTI G., *La libertà professionale tra Costituzione e mercato*, Torino, 2013.

COSTI R., *Il mercato mobiliare*, Torino, 1997.

DI GASPARE G., *Diritto dell'economia e dinamiche istituzionali*, Padova, 2003.

DI GASPARE G., *Teoria e critica della globalizzazione finanziaria*, Padova, 2011.

FERRARA F., *Gli imprenditori e le società*, 4ª ed., Milano, 1984.

FERRO LUZZI P., *I contratti associativi*, Milano, 2001.

GALGANO F., *Lex mercatoria*, Bologna, 2001.

GALGANO F., *La globalizzazione nello specchio del diritto*, Bologna, 2005.

GALLONI G., *Lezioni sul diritto dell'impresa agricola e dell'ambiente*, Napoli, 1999.

GAZZONI F., *Il contratto preliminare*, Torino, 2010.

GRANDI M., PERA G., *Commentario breve alle leggi sul lavoro*, Padova, 2005.

ICHINO P., *Il contratto di lavoro*, in *Trattato di diritto civile e commerciale* diretto da Cicu e Messineo, Milano, 2000.

ICHINO P., *Inchiesta sul lavoro. Perché non dobbiamo aver paura di una grande riforma*, Milano, 2011.

IRTI N., *L'ordine giuridico del mercato*, Bari, 2009.

LAMBERTUCCI P., *Le tutele del lavoratore nella circolazione dell'azienda, Torino*, 1999.

LIBONATI B., *Contratto bancario e attività bancaria*, Milano, 1965.

LIBONATI B., *L'impresa e le società*, Milano, 2004.

MARINELLI F., CAROCCIA F., *Contratto d'opera e prestazione d'opera intellettuale*, in *Trattato di diritto civile del Consiglio nazionale del Notariato*, Napoli, 2013.

MARTONE M., *Contratto di lavoro e beni immateriali*, Padova, 2002.

PERULLI A., *Il lavoro autonomo. Contratto d'opera e professioni intellettuali*, in *Trattato di diritto civile e commerciale* diretto da Cicu e Messineo, Milano, 1996.

RESCIGNO M., SCIARRONE ALIBRANDI A. (a cura di), *Il nuovo diritto delle società di capitali e delle società cooperative*, Milano, 2004.

RODOTÀ S., *Il diritto privato nella società moderna*, Bologna, 1971.

SANTINI G., *Il commercio. Saggi di economia del diritto*, Bologna, 1979.

SANTORO PASSARELLI G., *Il contratto di lavoro parasubordinato*, Milano, 1979.

TONELLO M., *L'abuso della responsabilità limitata nelle società di capitali*, Padova, 1999.

Capitolo sesto

La tutela dei diritti

Sommario: 54. La tutela giurisdizionale. – 55. La trascrizione. – 56. L'ipoteca ed il pegno. – 57. La responsabilità patrimoniale. – 58. I mezzi di conservazione della responsabilità patrimoniale. – 59. Le prove. – 60. La prescrizione e la decadenza.

54. *La tutela giurisdizionale.*

Gli ordinamenti civilistici hanno uno scopo ulteriore, rispetto a quello di regolare in astratto i rapporti tra soggetti privati, che consiste nel permettere di stabilire l'esistenza o meno, in concreto, di un determinato diritto. Ove tale esistenza sussista, esso deve essere esercitabile, ovvero il suo titolare deve poterlo realizzare pienamente. Se qualcuno mi deve una somma di denaro, devo essere in grado di chiedere all'ordinamento che tale obbligazione venga adempiuta: infatti non posso realizzare il mio interesse direttamente, ma devo realizzarlo in via mediata, facendo in modo che un giudice stabilisca prima l'esistenza del mio diritto e quindi le modalità del suo soddisfacimento. In questo senso l'ordinamento giuridico, che come si è detto ha lo scopo di permettere rapporti prevedibili tra gli individui, realizza per conto dei privati il soddisfacimento dell'interesse del singolo, onde evitare che ci si faccia giustizia con sistemi privati, spesso incentrati sulla forza e sulla violenza e non sul diritto.

I giuristi chiamano questi aspetti con il nome assai generale di tutela giuridica, che ovviamente può avere molti e diversi aspetti in relazione alle diverse situazioni soggettive che vengono in considerazione. Così per quanto riguarda i diritti soggettivi assoluti, come i diritti della personalità ed i diritti reali, i quali non necessitano della cooperazione di alcuno per il loro soddisfacimento (se non in senso negativo, ovvero nell'astenersi dall'interferire) si avrà una tutela restitutoria (se qualcuno mi ha sottratto un bene, questo mi dovrà essere restituito); per quanto riguarda i diritti soggettivi relativi, che al contrario necessitano della cooperazione di un altro soggetto, ad esempio il debitore, si avrà una tutela satisfattoria (se qualcuno non paga il debito che ha nei miei confronti, potrò pignorare i suoi beni); in entrambi i casi potrà poi aversi una tutela risarcitoria, conseguenza del danno ricevuto da una condotta illecita di un terzo (il danno subito dovrà essermi risarcito mediante la condanna al pagamento di una somma di denaro), così come sarà possibile in determinati casi una tutela cosiddetta inibitoria, che impedisce ad un soggetto un comportamento illecito prima ancora che questo si realizzi (se taluno sta per pubblicare notizie su un giornale che mi diffamano, posso chiedere al giudice di ordinare all'editore di non stampare l'articolo). Peraltro, nel nostro ordinamento, tende ormai a svilupparsi, sul modello degli altri sistemi giuridici europei, la cosiddetta *class action*, consistente nell'attribuire ai consumatori ed agli utenti, anche in forma associata, la possibilità di proporre azioni collettive a tutela dei propri diritti comuni, diritti che sarebbe assai disagevole, incerto e costoso, far valere singolarmente.

Questa parte del diritto privato, che per molti versi è vicina alle norme processuali oggetto del diritto processuale civile e raccolte nel codice di procedura civile, è stata inserita, con una scelta all'epoca non da tutti condivisa (Francesco Carnelutti la criticò autorevolmente), ma oggi diffusamente accettata, nel sesto libro del codice, dedicato appunto alla *tutela dei diritti*. Si tratta di un libro che raccoglie norme eterogenee, che nel codice civile del 1865 erano raccolte nel libro terzo, e che al contrario, con una scelta definita "assai felice" da Filippo Vassalli (uno dei principali artefici del codice civile vigente), trovano posto in modo unitario a conclusione del codice, in virtù delle loro caratteristiche, appunto, strumentali al soddisfacimento dei diritti soggettivi. Di certo l'armonia sistematica avrebbe potuto consigliare scelte e collocazioni diverse, tuttavia la contrarietà del legislatore ad anteporre al codice una parte generale, così come aveva fatto il legislatore tedesco di fine Ottocento, rese necessaria una sistemazione particolare ed autonoma di quegli istituti che hanno lo scopo di rendere effettiva la tutela dei diritti. Conseguentemente il libro sesto del codice, pur scontando evidenti difficoltà sistematiche, tratta materie di estremo interesse per il civilista, si pensi ad esempio alla disciplina della trascrizione, che spiega effetti non solo formali ma anche sostanziali sulla disciplina dei trasferimenti della proprietà immobiliare, ed alle regole in materia di prescrizione e di decadenza, che disciplinano la possibilità di estinzione dei diritti stessi mediante il decorso del tempo. Come detto si tratta di una scelta discutibile e discussa, comunque migliore di quella del codificatore post-unitario, che aveva inserito gli istituti collegati alla tutela dei diritti nel libro terzo di quel codice, dedicato alla circolazione dei beni. La collocazione di tali istituti all'interno del codice civile dimostra come a volte i profili sostanziali e quelli processuali della materia si realizzino insieme, ma questa "contaminazione" non deve essere vista come un allontanamento del diritto civile dalla sua dimensione sistematica in qualche misura astratta, ma come un positivo incontro con la realtà della vita, che si realizza sempre, nella sua dimensione concreta, proprio all'interno del processo.

55. *La trascrizione.*

La trascrizione fa parte di quel fenomeno giuridico rappresentato dalla pubblicità, ovvero dalle modalità con cui una determinata situazione viene portata a conoscenza di tutti i consociati o di una parte di essi. La pubblicità si distingue a) in *pubblicità notizia*, che ha la sola funzione di rendere nota una determinata situazione: ad esempio, nelle pubblicazioni matrimoniali, l'intenzione di due persone di sposarsi e di renderlo noto; b) la *pubblicità dichiarativa*, che ha lo scopo di permettere ad un atto di produrre effetti giuridici ulteriori rispetto a quelli che di per sé esso produce, come l'opponibilità ai terzi (è il caso della trascrizione, su cui si tornerà); c) la *pubblicità costitutiva*, senza la quale l'atto cui è collegata non produce alcun effetto giuridico: si pensi all'ipoteca, che non è costituita, ovvero giuridicamente non esiste, se non attraverso l'iscrizione nei pubblici registri. La rilevanza della pubblicità delle situazioni giuridiche nel mondo moderno è assai grande, perché essa permette di selezionare i comportamenti sulla base della buona fede, ovvero collegando effetti favorevoli a colui che si trova in una situazione di buona fede, nel senso di ignorare una circostanza pregiudizievole, ed effetti negativi a chi assume determinati comportamenti pur essendo a conoscenza dei diritti altrui che in tal modo verrebbero ad essere coinvolti.

In particolare alla trascrizione il sistema civilistico italiano collega l'opponibilità degli acquisti immobiliari, per cui essa costituisce nel nostro ordinamento il più importante strumento a tutela dei trasferimenti del diritto di proprietà sui beni immobili. Si tratta di una scelta mutuata dal sistema francese, e non è la sola possibile, perché nei paesi di area austriaca il sistema di circolazione dei beni immobili è diverso (cosiddetto sistema tavolare, perché basato sulle tavole catastali raccolte in un registro fondiario detto libro maestro); ne è rimasta traccia in Italia in quei territori che sino al 1918 sono stati, almeno in parte, soggetti all'Austria, ovvero il

Trentino Alto Adige ed il Friuli Venezia Giulia, in cui si è preferito mantenere, appunto, il sistema tavolare. In tale sistema i diritti non si trasferiscono attraverso atti di disposizione tra soggetti che poi vengono "trascritti" nei pubblici registri, ma attraverso l'iscrizione nel libro fondiario, e tale iscrizione non è una semplice forma di pubblicità bensì il fondamento stesso del diritto di proprietà.

La trascrizione consiste nell'annotazione, all'interno di un registro gestito da una autorità pubblica (chiamata Conservatoria dei registri immobiliari), degli atti di disposizione dei beni immobili. Si distingue in trascrizione a favore, relativa a chi ha acquistato il diritto, e trascrizione contro, relativa a chi si è spogliato del diritto, ad esempio perché lo ha venduto. La trascrizione ha lo scopo di rendere opponibile l'atto ai terzi, nel senso che tutti gli atti di disposizione successivi alla trascrizione non possono non tener conto di essa. In altre parole, la trascrizione non aggiunge effetti ulteriori al rapporto tra venditore ed acquirente; tuttavia il venditore potrebbe vendere lo stesso bene prima ad un soggetto e dopo ad un altro. Se chi ha comprato prima ha trascritto, il secondo acquirente (terzo nel rapporto tra venditore e primo acquirente) non può tutelare il proprio acquisto, nel senso che non può opporlo al primo acquirente. In questo modo si viene a rendere opponibile il primo acquisto (ovvero quello legittimo) a tutti coloro che hanno acquistato successivamente. Ovviamente il principio vale anche in direzione contraria: se acquisto ma non trascrivo e qualcuno acquista dopo di me ma trascrive prima, quest'ultimo verrà tutelato dall'ordinamento ed io non potrò opporgli il mio acquisto per quanto antecedente sotto un profilo temporale.

La trascrizione, quale situazione giuridica soggettiva, è un *onere*, nel senso che essa collega alla propria effettuazione degli effetti positivi per chi la compie: appunto, l'opponibilità ai terzi. Tuttavia essa non è un *obbligo*, perché se non voglio che quegli effetti positivi che l'ordinamento vi collega non si compiano, posso evitare di effettuarla. In altre parole dopo l'atto di trasferimento sono libero di trascriverlo o meno; se voglio che l'atto sia opponibile ai terzi effettuerò la trascrizione, in caso contrario eviterò di trascrivere e non mi gioverò della possibilità che mi viene offerta dall'ordinamento giuridico (a differenza che per il proprietario, la trascrizione è un obbligo per il notaio o per i pubblici ufficiali che stipulano atti di trasferimento di beni immobili, obbligo che trova la propria giustificazione in relazione all'interesse pubblico alla conoscenza dei trasferimenti immobiliari).

Oltre alla trascrizione degli acquisti immobiliari, in qualche misura tipica, esistono delle trascrizioni con efficacia diversa da quella tipica, e sono sostanzialmente la trascrizione delle divisioni, degli acquisti *mortis causa*, delle convenzioni matrimoniali, della cessione dei beni e – infine – la trascrizione delle domande giudiziali, quando queste ultime riguardano la circolazione dei beni immobili e si vuole evitare che la durata del processo, spesso assai lunga, vanifichi l'effettività della tutela. Attraverso la trascrizione della domanda giudiziale gli effetti dell'eventuale decisione favorevole retroagiranno sino al momento della trascrizione, e tutti gli atti compiuti successivamente sui beni oggetto del giudizio saranno inopponibili a colui che ha trascritto in precedenza la propria domanda.

Sulla base delle considerazioni svolte può spiegarsi il principio di continuità delle trascrizioni, espresso nell'articolo 2650 del codice civile, secondo il quale le successive trascrizioni non producono effetto "*se non è stato trascritto l'atto anteriore di acquisto*". È dunque necessario che un atto di acquisto, per essere opposto ai terzi, discenda da una serie interrotta di trascrizioni. Se la continuità non esiste, potrà compiersi ugualmente la trascrizione, ma l'efficacia della stessa sarà semplicemente quella di una prenotazione, che verrà a spiegare i propri effetti sostanziali soltanto quando tutti gli atti precedenti saranno trascritti. In questa prospettiva opera anche la cosiddetta pubblicità sanante, regolata dall'articolo 2652, punto 6, del codice civile, il quale prescrive che qualora la domanda tesa a far valere un vizio dell'atto non sia trascritta entro cinque anni dalla data della trascrizione dell'atto impugnato, sono salvi i diritti acquistati a qualunque titolo dai terzi di buona fede.

Il principio di continuità delle trascrizioni potrebbe condurre a delle situazioni paradossali, perché a volte non è possibile con certezza ricostruire tutti i passaggi che hanno portato l'attuale venditore a dichiararsi tale, con evidente difficoltà nel giustificare un'alienazione corretta. Nella pratica soccorre l'usucapione abbreviata dei beni immobili, che abbiamo visto nel paragrafo dedicato al possesso (paragrafo 32). Se ho acquistato in buona fede in virtù di un titolo astrattamente idoneo a trasferire la proprietà ed ho trascritto, dopo dieci anni divengo comunque proprietario del bene anche se chi me lo ha venduto non ne era proprietario (articolo 1159 del codice civile). Dunque è sufficiente risalire ad un acquisto che si è consolidato attraverso l'usucapione decennale perché non vi sia più bisogno di tornare ulteriormente indietro nelle trascrizioni. Infatti da quel momento può iniziare la continuità delle trascrizioni, perché vi è la sicurezza che il venditore era certamente proprietario: o lo era perché aveva acquistato correttamente, o lo era perché aveva usucapito. Dal punto di vista dell'acquirente il risultato non cambia, ed il suo acquisto è correttamente tutelato.

56. *L'ipoteca ed il pegno.*

L'ipoteca ed il pegno costituiscono dei sistemi di garanzia reale e sono anche definiti diritti reali di garanzia su cosa altrui (l'ipoteca ha per oggetto beni immobili, mentre il pegno ha per oggetto beni mobili). Se ne accenna anche in questa sede perché tali diritti reali hanno principalmente lo scopo di tutelare il soddisfacimento di un proprio credito, il che giustifica la loro collocazione nel libro sesto del codice.

In particolare l'ipoteca viene costruita sin dal *Code civil* come un sistema organico ed efficiente, volto a rafforzare la tutela del credito e contemporaneamente a permettere la circolazione dei beni immobili, e la sua disciplina risente dell'economia prevalentemente agricola nella quale si era dovuta inizialmente calare. Oggi l'ipoteca è, al contrario, utilizzata soprattutto nei rapporti tra cittadini e banche, allo scopo di garantire l'acquisto di beni immobili destinati prevalentemente ad uso abitativo, il che ha anche favorito diversi interventi agevolatori da parte dello Stato, favorendo la possibilità di detrarre dalle imposte che si pagano sul reddito l'ammontare degli interessi pagati all'istituto bancario che ha finanziato, attraverso un contratto di mutuo, l'acquisto della prima casa.

L'ipoteca viene costruita (attraverso l'iscrizione ipotecaria che, lo si è già notato, ha efficacia costitutiva) come un vincolo assai stretto tra un'obbligazione ed un bene, in modo che chiunque diventi, a qualsiasi titolo, proprietario di tale bene, dovrà garantire l'adempimento di tale obbligazione attraverso il bene stesso. Se l'obbligazione non viene pagata, il creditore che ha iscritto ipoteca sul bene potrà venderlo e soddisfare la sua pretesa creditoria, a prescindere da chi ne sia divenuto successivamente proprietario. In qualche misura l'ipoteca, proprio per la sua funzione di rafforzare un determinato rapporto obbligatorio, si scontra con la *par condicio creditorum*, nel senso che quella determinata obbligazione, garantita da ipoteca, verrà soddisfatta in modo più agevole e rapido, a discapito dell'interesse degli altri creditori non garantiti da ipoteca.

Il pegno riguarda, diversamente dall'ipoteca, i beni mobili, che vengono affidati dal debitore al creditore a garanzia della propria obbligazione. Ove il debitore non paghi, perde la proprietà del bene mobile dato in pegno. La differenza consiste che mentre nell'ipoteca il bene immobile ipotecato resta nella disponibilità del debitore, nel pegno il bene mobile passa nella disponibilità e nel possesso del creditore. Al giorno d'oggi il pegno è poco utilizzato nella pratica degli affari, anche con riferimento ai titoli di credito, tuttavia permangono delle società, solitamente collegate ad istituti bancari, che esercitano nelle grandi città un credito di piccole dimensioni, garantito dal pegno di gioielli o altri oggetti di valore, spesso chiamati monti di pietà o banco dei pegni, a ricordo della propria origine medievale, voluta soprattutto dai francescani per combattere la dilagante usura, ma spesso di natura più caritatevole che finanziaria.

Attinente alla tutela rafforzata di alcune obbligazioni è la disciplina dei privilegi, consistenti nella circostanza che alcuni crediti, a ragione della loro natura (ad esempio i crediti derivanti dal lavoro subordinato o autonomo, o quelli relativi al pagamento delle tasse e delle imposte) vengo adempiuti prima di altri, secondo una gerarchia che ovviamente favorisce i primi rispetto ai successivi. Se il patrimonio del debitore è limitato, la gerarchia dei privilegi farà in modo che alcuni crediti vengano soddisfatti prima di altri, con conseguente maggiore tutela per il creditore privilegiato. Anche in questo caso, come nell'ipoteca, la *par condicio creditorum* subisce una limitazione, ma si tratta di una limitazione giustificata dalla particolare natura del credito, relativo a situazioni che vengono apprezzate come maggiormente meritevoli di tutela rispetto ad altre, che pertanto verranno soddisfatte solo in via subordinata.

Il codice stabilisce ancora, all'articolo 2744, il divieto del patto commissorio, ovvero di quell'accordo in forza del quale ove il debito non venga onorato, il bene oggetto di ipoteca passi automaticamente in proprietà del creditore. Il divieto di patto commissorio (segno di un pregiudizio per il trasferimento automatico del bene oggetto della garanzia assai risalente nel tempo) costituisce una ben precisa eccezione all'autonomia privata, e tuttavia esso è stato esteso dalla giurisprudenza a tutte quelle situazioni che pur non configurandosi esattamente come patti commissori realizzano comunque un analogo risultato pratico. Si pensi alla vendita con patto di riscatto (ovvero all'ipotesi in cui il venditore si riservi "il diritto di riavere la cosa venduta mediante la restituzione del prezzo", come recita l'articolo 1500 del codice civile), nell'ipotesi in cui l'esercizio del patto di riscatto coincida con la scadenza dell'obbligazione.

57. *La responsabilità patrimoniale.*

L'articolo 2740 del codice civile stabilisce che "*Il debitore risponde dell'adempimento delle obbligazioni con tutti i suoi beni presenti e futuri*", aggiungendo al secondo comma che "*Le limitazioni della responsabilità non sono ammesse se non nei casi stabiliti dalla legge*". Si tratta di un principio assai importante, perché su di esso trova fondamento l'intero sistema delle obbligazioni, stabilendo che tutto il patrimonio del debitore si trova in uno stato di soggezione rispetto alle legittime pretese del creditore. In tal modo il creditore potrà espropriare il bene del debitore, venderlo e soddisfare così il proprio credito, mentre in alcuni casi potrà addirittura ottenere la cosiddetta esecuzione in forma specifica, consistente nel realizzare direttamente, ed in via coattiva, il proprio interesse specifico ad una determinata prestazione.

Coerentemente alla dottrina tedesca imperante nella prima metà del Novecento l'obbligazione aveva una connotazione specificamente patrimoniale, ed il profilo che rilevava maggiormente era il risultato economico atteso dal creditore. Tuttavia negli ultimi decenni, assecondando una spinta che proviene dal mondo anglosassone, in cui il diritto civile è regolato in modo assai difforme da quello continentale, tale principio è stato messo in crisi da una serie di provvedimenti che hanno allargato, ed in modo consistente, il novero delle eccezioni.

Si tratta di patrimoni, o parti di patrimonio, che vengono separati dalla titolarità del soggetto proprietario, e che dunque non possono essere aggredite da un'azione esecutiva proposta contro quest'ultimo. Espressamente previsto dal legislatore è il caso del fondo patrimoniale (articolo 167 del codice civile), ma negli ultimi anni numerosi sono state le innovazioni legislative che hanno introdotto nuove limitazioni, come i patrimoni separati. Se da un lato la dottrina e la giurisprudenza hanno sottolineato come anche nel sistema della responsabilità patrimoniale abbiano rilevanza alcune categorie generali, come la buona fede, dall'altro si deve rilevare come tali innovazioni, sia legislative sia di altra natura, abbiano profondamente incrinato il principio della responsabilità patrimoniale, rendendo assai più agevole che in passato sottrarsi a tale vincolo da parte del debitore. Tuttavia non va dimenticato che le limitazioni alla responsabilità patrimoniale, intesa appunto in via generale come illimitata, vengono ritenute delle ipotesi tipizzate ed eccezionali, che proprio in quanto tali non sono suscettibili di essere allargate in via analogica.

Assai dibattuto sia in dottrina sia in giurisprudenza è l'istituto, di matrice anglosassone, del *trust* (letteralmente, *fiducia*) che viene utilizzato nei paesi dell'Europa continentale sul presupposto che l'ordinamento comunitario ha implicitamente accolto il *trus*t negli ordinamenti dei vari stati membri. Si tratta di un istituto che in sostanza separa la proprietà di un bene da quella del suo titolare, affidandola ad un altro soggetto (*trustee*) che amministrerà il bene stesso per poi restituirlo all'originario proprietario. Tuttavia la tradizione inglese afferma che il *trustee* non è né un amministratore dei beni per conto altrui, né un rappresentante del proprietario: egli è proprietario dei beni che gli sono stati affidati, può utilizzarli e disporne senza dover rendere conto ad alcuno, in quanto i limiti che egli incontra nell'esplicare il proprio diritto, compreso quello di restituirli dopo un determinato periodo di tempo, non sono di natura giuridica ma solo di natura morale. L'istituto del *trust* può essere utilizzato per scopi leciti, coerenti con le tradizioni giuridiche anglosassoni, ma può essere utilizzato in ordinamenti diversi come quello italiano, anche per finalità tendenzialmente illecite, realizzandosi in tal modo una scomposizione del diritto di proprietà che impedisce ai debitori di soddisfarsi sul bene oggetto di *trust*. Questo profilo, non essendo di tutta evidenza collegato necessariamente ad un interesse meritevole di tutela, ha evidenziato perplessità e resistenze da parte di coloro che ritengono (a mio avviso correttamente) come non tutti gli istituti nati in un determinato contesto socio culturale possano essere applicati in modo automatico in situazioni ed in contesti a volte assai diversi.

Gli aspetti più recenti della responsabilità patrimoniale che si sono evidenziati dimostrano come un principio fondamentale, quale quello stabilito dall'articolo 2740, viene oggi aggirato con facilità: complice la globalizzazione del diritto, ancor prima della globalizzazione dell'economia, le possibilità di sottrarsi consapevolmente, ed a volte fraudolentemente all'adempimento delle proprie obbligazioni si sono dilatate in misura preoccupante. Pensate (in un primo tempo in misura ragionevole) o per favorire i soggetti deboli, qual è il debitore povero, o per contrastare le politiche aggressive delle banche nel recupero dei crediti, le limitazioni alla responsabilità patrimoniale nel loro incessante estendersi rischiano non solo di produrre dei danni all'economia generale, ma anche di favorire i soggetti furbi rispetto ai cittadini onesti.

58. *I mezzi di conservazione della responsabilità patrimoniale.*

L'importanza della responsabilità patrimoniale è sottolineata anche da alcuni strumenti che l'ordinamento mette a disposizione del creditore onde "conservare" il patrimonio del debitore, che costituisce la principale garanzia del suo credito.

L'*azione revocatoria* consiste nel rendere inefficaci nei confronti del creditore gli atti di disposizione del debitore, compiuti con l'intenzione di sottrarre tali beni al soddisfacimento del credito. Pertanto si realizza una situazione per cui è come se il bene tornasse nel patrimonio del debitore e potesse essere utilizzato a garanzia di quella specifica obbligazione (e solo di essa). Ovviamente, perché l'azione revocatoria (una cui variante è l'azione revocatoria fallimentare, che ha una portata più ampia) possa essere utilmente esercitata, dovranno essere presenti tutti i presupposti previsti dalla legge: l'atto di disposizione, il danno, la conoscenza da parte del debitore del pregiudizio che l'atto arreca alle ragioni del creditore. In particolare, con riferimento a tale ultimo aspetto, il legislatore non richiede che vi sia, da parte del debitore, una specifica intenzione di arrecare danno al creditore, ma semplicemente la consapevolezza di tale evento; insomma il debitore deve essere soltanto consapevole di rendere, con il proprio comportamento, più difficile il soddisfacimento delle ragioni del creditore. Questa consapevolezza, unitamente agli altri elementi previsti dalla norma, è sufficiente a legittimare l'esperimento dell'azione revocatoria.

L'*azione surrogatoria* consiste invece nel potere di sostituirsi al debitore che evita di porre in essere azioni a tutela del proprio patrimonio. Il creditore pone in essere tali azioni al posto del suo debitore, onde assicurarsi che il patrimonio del debitore possa soddisfare il suo credito. È evidente la particolarità di tale azione, in quanto solitamente il creditore non può intromettersi nella gestione del patrimonio del debitore. Tuttavia, di fronte all'inerzia del debitore ed al pregiudizio che questa inerzia comporta con riferimento alle ragioni di credito, l'ordinamento ritiene giustificabile l'esercizio dell'azione surrogatoria, pur con alcune importanti limitazioni, legate soprattutto al carattere particolare dei diritti e delle azioni da surrogare, che devono avere natura patrimoniale, con esclusione di quei diritti che, per le loro caratteristiche (si pensi agli alimenti nell'ambito della famiglia), possono essere esercitati solo dal loro titolare. L'azione surrogatoria non attribuisce, comunque, al creditore alcun privilegio sui beni che tornano nel suo patrimonio, e dunque ha un'efficacia esclusivamente conservativa. Diverso è il caso della cosiddetta azione diretta, che garantisce una più incisiva tutela al creditore, e che è accordata, ad esempio, al locatore nei confronti del subconduttore ed agli ausiliari dell'appaltatore nei confronti del committente. Nella stessa logica si pone il sequestro conservativo, che può essere chiesto dal creditore sui beni del debitore quando, una volta intentata l'azione revocatoria, il primo abbia il fondato timore di perdere la garanzia del proprio credito.

59. *Le prove.*

In alcuni casi è necessario dimostrare l'esistenza di alcuni diritti, allo scopo di poterli far valere in giudizio. Sebbene attinenti in modo specifico al diritto processuale, la disciplina di questi aspetti, a causa dei profili sostanziali che vi sono collegati, si trova nel libro sesto e dunque merita quanto meno un accenno.

La prova di un accordo ed i suoi confini sono solitamente contenuti in un documento in cui la forma scritta rappresenta la comune intenzione delle parti. Ed anche negli atti unilaterali quali il testamento è la rappresentazione scritta della volontà del *de cuius* a stabilire i contenuti ed i limiti di questa. Riprendendo quanto già accennato a proposito della forma dei contratti, le due principali fonti documentali sono la scrittura privata e l'atto pubblico. Mentre la scrittura privata è un documento redatto dalle parti, contenente la loro comune volontà e sottoscritto da entrambe, l'atto pubblico è un documento redatto da un pubblico ufficiale (il notaio, nel caso di una compravendita immobiliare, il sindaco o il parroco nel caso del matrimonio) il quale raccoglie le volontà delle parti e le riporta fedelmente, sottoscrivendo poi l'atto insieme alle parti stesse. Quest'ultimo, cioè l'atto pubblico, fa fede fino a querela di parte, ovvero il suo contenuto non può essere disconosciuto se non iniziando un processo di natura (quasi) penale nei confronti del sottoscrittore dello stesso. Solo all'esito di tale giudizio sarà possibile stabilire se quanto scritto nel documento sia o meno corrispondente al vero.

In alcuni casi, però, non esiste un documento, o perché non è reputato necessario dall'ordinamento, come nella ordinaria circolazione dei beni mobili, o perché pur dovendo essere redatto, in concreto non lo è stato. In questo caso sarà necessario servirsi di testimoni, ovvero di soggetti che raccontano al giudice quanto sanno, anche se in alcuni casi vigono delle limitazioni a tal genere di prova, volendo il legislatore da un lato privilegiare il portatore di un documento scritto, e dall'altro diffidando dell'attendibilità di tale prova orale.

Non bisogna poi dimenticare che in materia vige il principio del cosiddetto onere della prova, consistente nella circostanza che chi vuol far valere un proprio diritto deve provarlo nel corso del giudizio per cui, in difetto, la sua richiesta di tutela non verrà accolta. Tale principio è assai rilevante, perché in molte situazioni la consapevolezza di non poter dimostrare nel processo le proprie ragioni convince il potenziale attore (ovvero colui che propone l'azione, e che si contrappone a chi resiste nel giudizio, cioè il convenuto) a desistere dall'iniziare il giudizio. Così come in alcuni casi si parla di inversione dell'onere della prova, ovvero della dispensa, stabilita dall'ordinamento a favore di un soggetto, di provare il rapporto che ne è a fondamento: ad esempio il titolare di una promessa di pagamento non deve provarne la causa, ma sarà il debitore, ove voglia opporsi, a dover dedurre e provare la mancanza di una causa.

Le prove che il codice civile regola sono, oltre a quelle già trattate della prova documentale e della prova testimoniale, le presunzioni, la confessione ed il giuramento. Più in generale si deve sottolineare come le prove si distinguano in prove storiche (ovvero un documento o una testimonianza) che contengono la rappresentazione di un fatto, e le prove critiche (ad esempio le presunzioni) che permettono al giudice di dedurre un fatto incerto da un fatto certo. Esse sono stabilite dalla legge, ma anche in assenza di una precisa disposizione normativa possono essere utilizzate dal giudice, quando siano gravi, precise e concordanti.

60. *La prescrizione e la decadenza.*

Il trascorrere del tempo ha un preciso rilievo sull'esistenza dei diritti, nel senso che l'adempimento deve essere chiesto in un tempo ragionevole. Se qualcuno mi chiede di dimostrare l'avvenuto pagamento di un caffè molti mesi dopo la consumazione, non sono in grado di ricordare se effettivamente l'ho consumato, se l'ho pagato, né se ho conservato lo scontrino. Quindi non sono in grado di dimostrare l'adempimento, ma ragionevolmente sono in grado di ritenere che il pagamento vi sia stato, perché un caffè si paga immediatamente nella maggior parte dei casi. Dunque la *prescrizione* consiste nell'estinzione del diritto per decorso del tempo. La prescrizione ordinaria è di dieci anni, mentre la prescrizione di tutto ciò che deve essere pagato periodicamente, come il canone di locazione o gli interessi monetari si prescrive in cinque anni. Analogamente si prescrive in cinque anni dal momento in cui il fatto si è verificato il risarcimento del danno derivante da responsabilità civile extracontrattuale; ancora, il risarcimento del danno prodotto dalla circolazione dei veicoli si prescrive in due anni. Qualora, inoltre, il fatto che ha causato il danno rivesta anche la fattispecie del reato, e per esso sia prevista una prescrizione penale più lunga, il maggior termine si applicherà anche alla prescrizione civile.

Accanto alle normali prescrizioni si pongono le cosiddette prescrizioni presuntive, che riguardano una serie di prestazioni che solitamente si estinguono in breve tempo. Ad esempio il diritto degli albergatori o degli osti al pagamento dell'alloggio o del vitto si prescrive in sei mesi, quello dei commercianti in un anno, quello dei professionisti in tre anni.

Non ci si meravigli che l'istituto della prescrizione venga disciplinato all'interno di un libro del codice intitolato alla tutela dei diritti, in considerazione della circostanza che attraverso la prescrizione un diritto si perde e non si acquista. In realtà l'effetto giuridico di privare il titolare di un suo diritto deve essere visto in funzione della garanzia che esso offre (in sostanza, non diversamente dall'usucapione) affinché le situazioni giuridiche divengano, con il passare di un determinato tempo, stabili ed inattaccabili anche da parte di colui che, in origine, poteva far valere il proprio diritto e non l'ha fatto.

Diversa dalla prescrizione è la *decadenza*. Anche in questo caso il tempo assume rilevanza, ma la costruzione giuridica è diversa. Nella decadenza occorre compiere uno specifico atto entro un determinato termine: se l'atto, posto a pena di decadenza, non viene compiuto, il diritto cui l'atto è collegato si viene a perdere. La differenza con la prescrizione è agevole. Nel caso della prescrizione il semplice decorso del tempo comporta l'estinzione del diritto. Nel caso della decadenza è il mancato compimento dell'atto da parte del soggetto che vi è tenuto che fa venir meno il diritto.

Mentre la decadenza non si interrompe e non si sospende, la prescrizione può essere interrotta o sospesa. L'interruzione si ha quando il diritto viene esercitato o comunque viene manifestata l'intenzione di esercitarlo (ad esempio attraverso una diffida), e dopo l'interruzione il termine prescrizionale inizia a decorrere di nuovo. La sospensione si ha invece in determinati casi, nei quali il costume sociale ritiene sconveniente la richiesta di adempimento: si può immaginare il caso in cui il creditore sposa la debitrice, per cui la prescrizione relativa a quel credito resterà sospesa per tutta la durata del matrimonio. Quindi la sospensione della prescrizione corrisponde ad una parentesi temporale, al cui interno il tempo decorso non viene conteggiato.

Bibliografia essenziale.

CLARIZIA R., *Garanzie reali e personali*, Padova, 2011.
DI MAJO A., *La tutela civile dei diritti*, Milano, 1987.
NERVI A., *La responsabilità patrimoniale dell'imprenditore*, Padova, 2001.
MACARIO F., *L'ipoteca*, in *Trattato Lipari-Rescigno*, Milano, 2009.
MOSCARINI L.V., *La tutela dei diritti*, Bari, 1998.
NICOLÒ R., *La trascrizione*, I, Milano, 1973.
PERLINGIERI P., *I negozi su beni futuri. La compravendita di "cosa futura"*, Napoli, 1962.
PETRELLI G., *L'evoluzione del principio di tassatività nella trascrizione immobiliare*, Napoli, 2009.
RAVAZZONI A., *Le ipoteche*, Milano, 2006.
RUBINO D., *L'ipoteca immobiliare e mobiliare*, Milano, 1956.
TRIOLA R., *Trascrizione*, in *Enc. dir.*, vol. XLIV, Milano, 1992, p. 937.
VECCHI P.M., *L'azione diretta*, Padova, 1990.
VERDE G., *Prova (dir. proc. civ.)*, in *Enc. dir.*, vol. XXXVII, Milano, 1988, p. 579.

Indice analitico

A

Abitazione (diritto di), 139
Accessione, 135, 136
Accettazione dell'eredità, 107
Accollo, 163
Accordo delle parti, 171
Accrescimento, 110, 111
Acquisto della proprietà, 135
Adozione, 95
Affido familiare, 97
Affinità, 85
Affitto, 196
Affrancazione, 141
Agenzia, 199
Amministrazione di sostegno, 73
Analogia, 52, 56
Anatocismo, 41, 159
Annullabilità, 185
Appalto, 197
Arricchimento senza causa, 164
Artigiano, 222
Assicurazione, 203
Associazione non riconosciuta, 81
Associazione riconosciuta, 80
Associazione temporanea d'imprese, 229
Atti di emulazione, 132
Atto pubblico, 252, 253
Autonomia patrimoniale, 165
Azione di manutenzione, 149
Azione di reintegrazione, 149
Azione di rivendicazione, 138
Azione revocatoria, 251
Azione surrogatoria, 251

B

Banca, 200
Beneficio d'inventario, 108
Beni, 125
Beni comuni, 125
Buona fede, 181
Buon padre di famiglia, 160

C

Capacità di agire, 70
Capacità giuridica, 67
Caparra, 169
Causa (del negozio), 173
Causalità adeguata, 210
Cittadinanza, 69
Class action, 240
Clausola penale, 169
Clausole vessatorie, 191
Code civil francese, 33
Codice (idea di), 33
Codice civile italiano del 1865, 38

Codice civile italiano del 1942, 38
Codice civile tedesco (BGB), 36
Codice del terzo settore, 228
Collazione, 110
Colpa, 207
Comitati, 82
Commissione, 200
Compensazione, 161, 162
Compravendita, 193
Comunione ordinaria, 143
Comunione dei beni (tra coniugi), 92
Comunione ereditaria, 116
Concorrenza, 229
Concorso di colpa, 210
Condizione, 177
Condominio, 144
Confusione, 162
Coniuge, 85
Consiglio di Stato, 49
Consorzio, 227, 228
Contratto (in generale), 164
Contratto a favore di terzo, 169, 170
Contratto di lavoro, 232, 233
Contratto d’opera, 230
Contratto preliminare, 176
Contratti aleatori, 202
Contratti bancari, 200
Contratti consensuali, 167
Contratti del consumatore, 190
Contratti di protezione, 168
Contratti reali, 167
Conversione del contratto, 184
Corpus iuris civilis, 33
Corte d’Appello, 49
Corte di Cassazione, 49, 55
Costituzione, 30, 33, 43, 46, 71, 219, 232

D

Danno biologico, 209
Danno esistenziale, 209
Danno ingiusto, 208
Danno patrimoniale, 209
Decadenza, 255
De cuius, 104
Delazione ereditaria, 110
Delegazione, 162
Deposito, 199
Detenzione, 147
Devoluzione, 105
Diligenza nell’adempimento, 160
Dimora, 78
Direttive comunitarie, 44
Diritti della personalità, 74
Diritti reali, 139
Diritto alla riservatezza, 75
Diritto alla salute, 76, 77
Diritto internazionale privato, 59
Diritto soggettivo, 46, 47
Disconoscimento di paternità, 94
Diseredazione, 114
Disposizioni anticipate di trattamento, 78
Divisione ereditaria, 116
Dolo, 186, 207
Dolo eventuale, 207
Domicilio, 78
Domini collettivi, 145
Donazione, 117
Dottrina giuridica, 41, 51
Drittwirkung, 59

E

Eccessiva onerosità, 190

Efficacia delle norme nel tempo, 49
Emancipazione, 70
Enfiteusi, 140
Engineering (contratto di), 205
Equità, 58
Eredità, 107
Ermeneutica giuridica, 51
Errore, 185
Esecuzione in forma specifica, 177
Espromissione, 163

F

Factoring (contratto di), 204
Fallimento, 221
Famiglia, 84
Famiglia di fatto, 88
Fatti illeciti, 206
Fattispecie, 46, 47
Filiazione adottiva, 95
Filiazione naturale, 94
Fondazioni, 83
Fondazioni bancarie, 84
Fondo patrimoniale, 93
Fonti dell'obbligazione, 155
Forma (del negozio), 175
Formanti del diritto, 41
Funzione sociale della proprietà, 132, 133

G

Gerarchia delle fonti, 56
Gestione di affari altrui, 156
Giudizio ipotetico, 47
Giurisprudenza, 51

I

Immissioni, 131
Impossibilità sopravvenuta, 189, 190
Imprenditore, 217
Imprenditore agricolo, 221
Imputazione di pagamento, 162
Inabilitazione, 73
Inadempimento dell'obbligazione, 160
Incapacità legale, 73, 185
Incapacità naturale, 185
Interdizione, 73
Interpretazione del contratto, 179
Interpretazione della legge, 51
Invalidità, 184
Ipoteca, 142, 246
Ius soli, 69

L

Lavoro autonomo, 230
Lavoro subordinato, 232
Leasing (contratto di), 205
Legato, 107
Lesione, 188
Libro fondiario, 137, 243
Livello (contratto di), 140
Locazione, 194

M

Mandato, 183
Matrimonio, 87
Meritevolezza, 167
Minori di età, 70, 71

Modo, 179
Motivi, 173
Multiproprietà, 144
Mutuo, 201

N

Negozio giuridico, 165
Nesso causale, 210
Norme eccezionali, 53
Norme generali, 53
Norme speciali, 53
Novazione, 161
Nullità, 184

O

Obbligazione naturale, 202
Obbligazioni (in generale), 158, 161
Obbligazioni di mezzi e di risultato, 160
Oggetto (del contratto), 174
Onere, 179
Onere della prova, 158
Onlus, 228
Opzione, 172
Ordinamento di *civil law*, 37
Ordinamento di *common law*, 37

P

Pagamento dell'indebito, 164
Pandette e pandettistica, 46
Parasubordinazione, 235
Parentela, 85
Patrimonio, 248
Patti successori, 104
Patto commissorio, 246
Patto di famiglia, 105
Patto di riscatto, 194
Pegno, 142
Persone fisiche, 67
Persone giuridiche, 80
Pertinenze, 127, 128
Petizione ereditaria, 109
Possesso, 146
Preleggi, 51
Prescrizione, 254
Prestazione in luogo dell'adempimento, 162
Presupposizione, 181
Principi generali, 52
Privacy, 75
Privatizzazioni, 32
Procedure concorsuali, 221
Procura, 182
Professioni intellettuali, 230, 231
Promesse unilaterali, 156
Proprietà, 129
Proprietà privata e proprietà pubblica, 125
Prova, 252
Pubblicità, 242

Q

Quota di legittima, 110

R

Rappresentanza, 182
Rappresentazione, 111
Regola "possesso vale titolo", 148

Regolamenti comunitari, 44
Reintegrazione nel possesso, 149
Remissione, 161
Rescissione, 188
Residenza, 78
Responsabilità civile, 206
Responsabilità educativa, 86
Responsabilità patrimoniale, 248
Retratto successorio, 116
Rinuncia all'eredità, 109
Rinvio (diritto internazionale privato), 60
Risoluzione, 189, 190
Rivendicazione, 138

S

Scioglimento del matrimonio, 90
Scrittura privata, 175, 252
Separazione personale dei coniugi, 89
Servitù prediali, 141
Simulazione, 187
Sindacato, 232
Società cooperative, 227
Società di capitali, 226
Società di persone, 2261
Sostituzione fedecommissaria, 115
Spedizione, 200
Status, 72
Subappalto, 198
Successione a causa di morte, 103
Successione legittima, 110
Successione testamentaria, 112
Sussidiarietà, 33

T

Teoria dei controlimiti, 46
Teoria istituzionale, 29
Teoria normativa, 28
Teoria relazionale, 28
Termine, 178, 179
Testamento, 112
Trascrizione, 136, 242
Trasporto, 198, 199
Trattative, 172
Tribunale, 49
Tribunale regionale amministrativo, 49
Trust, 249
Tutela giurisdizionale, 239

U

Unione europea, 43
Un ioni civili, 89
Usi civici, 144, 145
Uso (diritto di), 139
Usucapio libertatis, 135
Usucapione, 135
Usufrutto, 139

V

Violenza, 186

Finito di stampare nel mese di giugno 2020
nella Stampatre s.r.l. di Torino
Via Bologna, 220